前　言

名人名言，古今中外仁人志士的精辟妙语！

名人名言，集丰富的内涵、深邃的哲理、简练的语言于一身！

名人名言，世代相传，超越国界，如导航的灯塔，为一代又一代沧海夜航者照亮前程，使他们劈波斩浪，勇往直前，获得成功！

每个人的一生，都会面临无数的选择、挫折、困难、困惑：如何追求成功、幸福、理想、健康；如何理解人生、生活、生命；如何创造价值、财富；如何对待爱情、亲情、友情、婚姻、家庭；如何指导求知、读书、学习……所有这些，都需要借鉴前人的经验和智慧来启迪并完善。这也意味着名人名言将永久地为人们所关注。现实生活中，人们想去找寻那些美好的语言，而苦于生活节奏太快，没有时间去选择适用于自己的智语。

鉴于此，本着提炼、收录经典名言的原则，我们从浩瀚的文献中提炼出近 10000 条杰出人物的闪光语言，汇编成这本《名人名言》，献给广大读者。

本书具有以下三个特点：

一、名人“鲜”。在广泛采撷古今中外著名人物（如孔子、孟子、毛泽东、周恩来、鲁迅、郭沫若、莎士比亚、培根、托尔斯泰、高尔基等）言论的同时，又汇集了一些当代名人、英雄、劳模等热门人物的言论（如余秋雨、梁实秋、巴金、雷锋、罗兰、周国平等），尽可能地把具有时代特色的、容易引起人们共鸣的名言收集在一起。

二、主题“全”。本书共分为人生、理想、价值、求知、生活、科技、文艺等 20 多个主题，基本涵盖了生活的方方面面，可以满足读者的不同需求。它既可以启迪人生智慧，提高自身素质，又可以在写作和演讲时引用，更可用来与朋友共勉。

三、栏目“多”。为了开拓大家的知识面，让大家在轻松愉快的阅读中领悟人生真谛，我们还在书中穿插了多位名人的简介、小故事，并配有该名人的相关图片，这样安排，就如同让读者和名人面对面地交流思想。

此外，书后还附有若干主题的英语名言，能让爱好英语的读者获得意外的惊喜。

真诚地希望广大读者在阅读本书时，能在名人名言的指引下，结合自己的实际情况调整人生坐标，踏上新的征程。由于编者水平有限，疏漏之处敬请批评指正！

编　者

一、完美人生

人生与其说是外在的克服，不如说是内在的前进，与其说是目的的完全达成，不如说是力的觉醒与集中。

——奥　铿

二、命运之神

命运不是一种机遇，而是一种抉择；不是等来的，而是争来的。

——布莱恩

三、畅谈理想

世界上最快乐的事，莫过于为理想而奋斗。哲学家告诉我们，“为善至乐”的乐，乃是从道德中产生出来的，为理想而奋斗的人，必能获得这种快乐，因为理想的本质就含有道德的价值。

——苏格拉底

四、发扬美德

一个人的美德不应由他特殊的行动来衡量，而应由他日常的品行来衡量。

——巴斯卡

五、完善自我

世界上最使我们感到羞耻的莫过于不能表现我们自身；最使我们感到骄傲和幸福的也莫过于想、说和做我们自己要想、要说、要做的事。

——弗罗姆

六、有则改之

一个人不应该自我满足。如果有了过错，应该难过才是。什么时候难过了，就说明他认识了错误。

——阿·利哈诺夫

七、个人魅力

美丽使你引起别人的注意，睿智使你得到别人的赏识，而魅力，却使你难以被人忘怀。

——索菲娅·罗兰

八、为人处世

对头脑正常的人说来，判断一个人当然不是看他的声明，而是看他的行为；不是看他自称如何如何，而是看他做些什么和实际是怎样一个人。

——恩格斯

九、深厚友谊

友谊，以相互尊重为基础的崇高美好的友谊，深切的同情，对别人的成就决不恶意嫉妒，对自己培养一种集体利益高于一切的意识。

——奥斯特洛夫斯基

十、浪漫满屋

爱情是叹息吹起的一阵烟；恋人的眼中有它净化了的火星；恋人的眼泪是它激起的波涛。它又是智慧的疯狂，鲠喉的苦味，吃不到嘴的蜜糖。

——莎士比亚

十一、家的港湾

家庭是每个人的城堡，世界上没有一个地方比自己的家更舒适，无论那个家是多么简陋、多么寒碜。

——梁实秋

十二、成就事业

事业是一头力大无比的活生生的猛兽，不善于驾驭它不行，必须给它牢牢戴上嚼环，不然，它就会制服你。

——高尔基

十三、学海无涯

趁年轻少壮去探求知识吧，它将弥补由于年老而带来的亏损，智慧乃是老年精神的养料。所以年轻时应该努力，这样年老时不致空虚。

——达·芬奇

十四、教育之道

教育是帮助被教育的人。给他们能发展自己的能力，完成他的人格，于人类文化上尽一份责任，不是把被教育的人造成一种特别器具，给抱有他种目的的人去应用，……教育是要个性与群体平均发达的。

——蔡元培

十五、立身之本

你要爱惜自己的才能！你的躯体对你来说，并不是重要的东西，而你的才能，却是献给人世间的礼物。

——高尔基

十六、成功之路

如果你要成功，你应该朝新的道路前进，不要跟随被踩烂了的成功之路。

——洛克菲勒

十七、岁月如梭

时间会刺破青春表面的彩饰，会在美人的额上掘深沟浅槽，会吃掉稀世之珍、天生丽质，什么都逃不过他那横扫的镰刀。

——莎士比亚

十八、情感地带

野心、贪婪、自爱、虚荣、友谊、慷慨、公共精神，这些在不同程度上掺杂在一起而遍布社会的情感，自有史以来一直是所有行动和事业的动因。它们已为人类所注视。

——休　谟

十九、清逸生活

生活的意义在于美好,在于向往目标的力量。应当使生活的每一个瞬间都具有崇高的目的。

——高尔基

二十、养生之道

健康的价值,贵重无比。它是人类为了追求它而唯一值得付出时间、血汗、劳力、财富——甚至付出生命的东西。

——蒙　田

二十一、多才多艺

艺术不是享乐、安慰或娱乐;艺术是一桩伟大的事业。艺术是人类生活中把人们的理性意识转化为感情的一种工具。

——列夫·托尔斯泰

二十二、事理方圆

相似不能证明任何事情,这是相当正确的,但它却令人产生一种重归乐园般的亲近感。

——弗洛伊德

附一:英语名言

附二:中外部分名人小传

一、完美人生

人生与其说是外在的克服，不如说是内在的前进，与其说是目的的完全达成，不如说是力的觉醒与集中。

——奥　铿

人生——一座大舞台

人生是患难与欢乐所组成。

——陶行知

没有奋争，人生便寂寞难忍。

——莱蒙托夫

人活一辈子都要建设人生，失掉建设的人生，没有不垮台的。

——池田大作

人生的道路虽然漫长，但紧要处常常只有几步，特别是当人年轻的时候。

——柳　青

据说没有经历贫穷、爱情和战争的人，就没有充分尝到人生的甘与苦。

——欧·亨利

等到自私的幸福变成了人生唯一的目标之后，人生就会变得没有目标。

——罗曼·罗兰

人生只有一生一死，要生得有意义，死得有价值。

——邓中夏

人生就是苦恼。所以人一出娘胎，开口第一声就是哭。绝没有一见天日，就大笑的。哭先于笑，是人生的途径。笑不过是偶尔的表示而已。

——宣永光

何为生？生就是不断地把濒临死亡的威胁从自己身边抛开。

——尼　采

人生不是一支短短的蜡烛，而是一支由我们暂时拿着的火炬，我们一定要让它燃得十分光明灿烂，然后交给下一代的人们。

——萧伯纳

无中不能生有，无缝的石头流不出水来。谁不能燃烧，就只有冒烟——这是真理。

——奥斯特洛夫斯基

人生的一切变化，一切魅力，一切美都是由光明和阴影构成的。

——列夫·托尔斯泰

人生不是一种享受，而是一桩十分沉重的工作。

——列夫·托尔斯泰

太如意的生活便是平凡的生活。

——茅　盾

生如夏花之绚烂，死如秋叶之静美。

——泰戈尔

人生最有趣的事情，就是送旧迎新，因为人类最高的欲求，是在时时创造新的生活。

——李大钊

对我来说，人生既没有美丽，也没有罗曼史。人生就是原来的面目。因此，我预备以原来的面目接受人生。

——萧伯纳

冒险的步骤通常会有成功的结局。

——显克微支

努力不懈的人，会在人们失败的地方获得成功。

——海格门斯顿

人生本来就是一种广义的艺术。每个人的生命史就是他自己的作品。

——朱光潜

我的人生正是：使事业成为喜悦，使喜悦成为事业。

——罗　素

生活真像这杯浓酒，不经三番五次的提炼呵，就不会这样可口。

——郭小川

人生是跋涉，也是旅行；是等待，也是相逢；是探险，也是寻宝；是眼泪，也是歌声。

——汪国真

作为一个人，要是不经历过人世上的悲欢离合，不跟生活打过交手仗，就不可能懂得人生的意义。

——杨　朔

一个尝试错误的人生，不但比无所事事的人生更荣耀，而且更有意义。

——萧伯纳

负着空虚的负担，在严威和冷眼中走着所谓人生的路，这是怎样可怕的事啊！

——鲁　迅

世上只有一个真理，便是忠实于人生，并且爱它。

——罗曼·罗兰

宿命论是那些缺乏意志力的弱者的借口。

——罗曼·罗兰

人生应该如蜡烛一样，从顶燃到底，一直都是光明的。

——萧楚女

冬天已经到来，春天还会远吗？

——雪　莱

成功的意义应该是发挥了自己的所长，尽了自己的努力之后，所感到的一种无愧于心的收获之乐，而不是为了虚荣心或金钱。

——罗　兰

我不能为你提供获取成功的公式，但我可以为你提供获取失败的公式，这就是：试图让所有的人都满意。

——斯沃普

有一点缺陷有一点遗憾的人生，是有味道的人生。有一点怪异有一点风险的命运，是有意思的命运。

——刘心武

人生是一部地地道道的罗曼史，当人们勇敢地过着浪漫的生活时，它便会发出远比任何虚构都要充满快乐的想象。

——爱默生

世界上的事没有绝对成功，只有不断进取。

——巴尔扎克

所谓人生，是一刻也不停地变化着的，就是肉体生命的衰弱和灵魂生活的扩大。

——托尔斯泰

当歌德年迈时，他这样描写人生的各阶段：儿童是现实主义者，青年是理想主义者，成年人是怀疑论者，而老年人是神秘主义者！

——勒纳德·利维古特

十岁时被点心、二十岁被恋人、三十岁被快乐、四十岁被野心、五十岁被贪婪所俘虏。人，到什么时候才能只追求睿智呢？

——卢　梭

我的人生哲学是工作，我要揭示大自然的奥秘，并以此为人类造福。我们在世的短暂的一生中，我不知道还有什么服务比这种服务更好的了。

——爱迪生

价值——用生命来衡量

生命本身迫使我们建立价值；当我们建立起价值，生命本身才会通过我们的评价。

——尼　采

保守主义比较肯坦白地承认别人的价值；改革比较倾向于支持推进自身的价值。

——爱默生

和其他所有的东西一样，一个人是否举足轻重，在于他自身的价值；也就是说，在于他能发挥多大的作用。

——霍布斯

真正的价值并不在人生的舞台上，而在我们扮演的角色中。

——席　勒

他高寿活到一百岁，又有什么价值和意义呢？

——杨　沫

无论一个人的天赋如何优异，外表或内心如何美好，也必须在他的德性的光辉照耀到他人身上发生了热力，再由感受他的热力的人把那热力反射到自己身上的时候，才能体会到他本身的价值的存在。

——莎士比亚

对青年一代来说，关键是要考虑到他们何时才能找到确定的方向和为之献身的参照系。

——弗洛姆

如果人要对人的价值持有信心的话，他必须了解他自己，他必须了解他的本性是否有向善和生产性的能力。

——弗洛姆

一个人对社会的价值首先取决于他的感情、思想和行动对增进人类利益有多大作用。我们就根据他在这方面的态度，说他是好的还是坏的。

——爱因斯坦

仁爱只是一个人的真正价值在他人眼中反映出来的东西。

——爱默生

当你感到一切人都需要你的时候，这种感情就会使你有旺盛的精力。

——高尔基

最美好的人生途径就是创造价值。

——池田大作

思想活跃而又怀着务实的目的去进行最现实的任务，就是世界上最有价值的事情。

——歌　德

由于正义，人对人来说是上帝，而不是狼。

——培　根

要探索人生的意义，体会生命的价值，就必须去追寻能使自己值得献出生命的某个东西。

——武者小路实笃

一个人，若不和其他人一道组成社会，则无法获得精神、道德、物质上的生存。

——勒　鲁

只有当个体的生存历程与人类的生存历程合二为一，个体才能参与历史行程中的人类发展。

——马斯洛

人是最名副其实的社会动物，不仅是一种合群的动物，而且是只有在社会中才能独立的动物。

——马克思

个人主义，在历史的某个时期中有它的价值，但在现在的世界里，我所需要的是社会的，而不是个人的幸福的观点。

——罗　素

人的本质并不是单个人所固有的抽象物。在其现实性上，它是一切社会关系的总和。

——马克思

一个社会只有一直使自己是开放的才能一直是开放的。人也只有同别人一起使社会保持开放才能始终是开放的。

——莫里斯

只有经历过人生的辛劳才知道人生的真价。

——歌　德

人生里有价值的事，并不是人生的美丽，却是人生的酸苦。

——哈　代

生存本身就是一种价值判断。进行呼吸就是进行着判断。

——加　缪

当我们到达终点时，再请你们评判我们的努力到底有多大价值。

——罗曼·罗兰

人生最有价值的就是最好地发展人的最高能力和使较高的功能支配较低的功能。

——包尔生

我们往往在享有一件东西的时候，一点也看不到它的好处；等到失掉它以后，却会格外夸张它的价值。

——莎士比亚

人生最终的价值在于觉醒和思考的能力，而不只在于生存。

——亚里士多德

人的一生犹如一块铁，如果使用它，它就会磨出光泽；如果不用它，它就会被锈侵蚀。

——苏霍姆林斯基

有时候一个人为不花钱得到的东西付出的代价最高。

——爱因斯坦

我们不应该根据一个人的卓越品质来判断他的价值，而应根据他对这些品质的运用来判断他的价值。

——拉罗什夫科

以天下为己任。

——孙中山

一个人的真正价值，首先决定于他在什么程度上和在什么意义上从自我中解放出来。

——爱因斯坦

为了让个人服从，整体就获得大势力。时代越往后推移，势力越大，就越需共同活动。

——奥　铿

在某种场合，一个集体的品格要高于构成它的那些个人的品格；而且，唯有集体才能产生高度的无私和献身精神。

——弗洛伊德

人生赖奋斗而存。

——周恩来

人的真正价值是在逆境中放射光辉。

——池田大作

所谓人生价值，是一种如何生存的质量问题。

——铃木健二

思想活跃而又怀着务实的目的去进行最现实的任务，就是世界上最有价值的事情。

——歌　德

人的价值表现在心灵上。

——高尔基

奉献——毫不利己，专门利人

我所以坚持我们的贡献，我所以一再坚持我们的贡献，那是因为，只有这种看法，才能在世界上有权利赢得人类的同情。

——罗　丹

芸芸众生，孰不爱生？爱生之极，进而爱群。

——秋　瑾

生活中的主要意义不是你做什么，而是你为别人做什么。

——勃朗琼

我没有别的东西奉献，唯有辛劳、泪水和血汗。

——温斯顿·丘吉尔

人只有献身于社会，才能找出那短暂而又有风险的生命的意义。

——爱因斯坦

你不只从生活中汲取，还要向生活贡献。

——巴士卡里雅

历史把那些为了广大的目标而工作，因而使自己变得高尚的人看作是伟大的人；经验则把使最大多数人幸福的人称赞为最幸福的人。

——马克思

如果人仅仅为自己劳动，也许他能够成为著名的学者、伟大的智者、卓越的诗人，但是他永远也不能成为真正完善和真正伟大的人。

——马克思

一棵树怎么样，要看它的果实；一个人怎么样，要看他的贡献。只有猪和各种其他动物才认为，活着——就是全部的事业。可对一个人来说，活着是为了行动、做事和为人民造福！

——格里戈里·麦登斯基

人最宝贵的是生命。生命对于每个人只有一次。人的一生应当这样度过：当回忆往事的时候，他不会因为虚度年华而悔恨，也不会因为碌碌无为而羞愧；在临死的时候，他能够说："我的整个生命和全部精力，都已经献给了世界上最壮丽的事业——为人类的解放而斗争。"

——奥斯特洛夫斯基

记住：人们的生活动力是思想信仰和社会利益。

——亚·索尔仁尼琴

在人生的服务中，牺牲成为美德。

——爱因斯坦

要找出来我值多少，那是别人的事情。主要是能够献出自己。

——屠格涅夫

我们的生命是天赋的，我们唯有献出生命，才能得到生命。

——泰戈尔

我每天上百次地提醒自己：我的精神生活和物质生活都依靠着别人（包括生者和死者）的劳动，我必须尽力以同样的分量来报偿我所领受了的和至今还在领受着的东西。

——爱因斯坦

上天生下我们，是要把我们当作火炬，不是照亮自己，而是普照世界；如果我们的德行不能推及他人，那就等于没有一样。

——莎士比亚

人需要一颗牺牲自己私利的心。

——屠格涅夫

一个人光溜溜的到这个世界来，最后光溜溜的离开这个世界而去，彻底想起来，名利都是身外物，只有尽一人的心力，使社会上的人多得他工作的裨益，是人生最愉快的事情。

——邹韬奋

我不能只要有所得，也要有所贡献。

——罗斯福

老子小传

老　子　(约前580－约前500)春秋时思想家,道家创始人。一说老聃,姓李名耳,字伯阳。楚苦县历乡曲仁里(今河南鹿邑县东)人。做过周朝管理图书的史官。孔子曾向他问礼。晚年见周王朝日趋没落,乃退隐故乡著《老子》(又名《道德经》)。一说老子即太史儋,或老莱子。《老子》一书分上下两篇,约五千言,是一部用韵文写成的哲理诗,言简意赅,善用譬喻,吸收有不少民间谣谚,但对后世的影响主要不在文学,而在思想方面。

老子的故事——柔弱胜刚强

老子的老师商容快病死了,老子赶去探望。老子扶着商容的手问:"先生怕快要归天了,有没有遗教可以告诉学生呢?"商容缓缓回答:"你不问,我也要告诉你。"想了一会儿,商容张开嘴问老子:"你看看,我的舌头还在不?""在啊。"老子回答说。"我的牙齿还在不?"商容问。"一颗也没有了。"老子回答说。商容问:"你知道是什么意思吗?"老子想了想,答道:"知道了,舌头还能存在,不就是因为它柔软吗? 牙齿所以全掉了,不就是因为它太刚强吗?"商容感慨地说:"对啊,天下的事情、处世待人的道理都在里面了,我再没有什么可告诉你了。"

老子因此说:"活着的时候,身体是柔软的,死了以后身体就变得僵硬。草木生长时是柔软的,死了以后身体就变得干硬枯槁。所以坚强的东西属于死亡一类,柔弱的东西属于生长一类。""弱胜过强,柔胜过刚,这个道理普天之下没有谁不知道,就是没有人去实行。"这几句话是老子的名言。

我觉得，只有人类在由衷的感谢下生出的报效之心，才是地球上最美好的东西。

——武者小路实笃

对人来说，最大的欢乐、最大的幸福是把自己的精神力量奉献给他人。

——苏霍姆林斯基

无论动物、植物或是没有生命的物质，上天赋予的生命，就是要为人类的繁荣、和平和幸福而奉献。

——松下幸之助

拯救不幸者，造福于社会——作为社会存在的人，自然人同此心。具有这种社会自觉性的人，才是名副其实的现代人。

——池田大作

人们向命运要求的是幸福、成功、富裕，但是，最富有的不是那些收获最多的人，恰恰相反，是那些把自身慷慨地贡献给别人的人。

——列·列昂诺夫

我们要像蚕一样，将最后一根丝都吐出来贡献给人民。

——周恩来

我从来不把安逸和享乐看作是生活目的本身——这种伦理基础，我叫它猪栏的理想。照亮我的道路，并且不断地给我新的勇气去愉快地正视生活的理想，是善、美和真。

——爱因斯坦

我们来到世界上，是为生活增添我们所能做的东西，而不是为了从生活中得到所能取走的一切。

——奥斯勒

在花中采蜜，是蜜蜂的娱乐；但将蜜汁送给蜜蜂，也是花的快乐。

——纪伯伦

鞠躬尽瘁，死而后已。

——诸葛亮

先天下之忧而忧，后天下之乐而乐。

——范仲淹

人心公则如烛，四方上下，无所不照。

——薛文清

我们在严肃地追求人生理想的时候，爱，作为在价值背后给价值以支持、使价值得以实现的力量是不可缺少的。

——今道友信

生命的用途并不在长短，而在我们怎样利用它。许多人活的日子并不多，却活得很长久。

——蒙　田

贤明的人首先关心的是大家的利益，然后才是个人的利益，因为每一种利益都属于整个人类，而不属于其中的某一个人。

——卢　梭

如果有一天，我能够对我的公共利益有所贡献，我就会认为自己是世界上最幸福的人了。

——果戈理

人的生命是有限的，可是，为人民服务是无限的，我要把有限的生命，投入到无限的为人民服务之中去。

——雷　锋

奉献乃是生活的真实意义。假如我们在今日检视我们从祖先手里接下来的遗物，我们将会看到什么？他们留下来的东西，都是他们对人类生活的贡献。

——阿德勒

对人来说，最大的欢乐、最大的幸福是把自己的精神奉献给他人。

——苏霍姆林斯基

在人生的黄昏时，一代不幸的人在摸索徘徊；一些人在斗争中死去；一些人堕入深渊；种种机缘，希望和仇恨冲击着那些被偏见束缚着的人；在那黑暗泥泞的道路上同样也走着那些给人点亮灯光的人，每一个头上举着火种的人尽管没有人承认他的价值，但他总是默默地生活着、劳动着，然后像影子一样消失。

——普鲁斯

当你往前走的时候，要一路撒下花朵，因为同样的道路你决不会再过第二回。

——欧　文

给予是能使人产生优越感的。

——雨　果

你在开始一天生活的时候应该提醒自己去爱他人，应该努力去发现世间美好的事物，那么，从外界的反映中，你将发现一个可爱的自我。假如在你即将离开人世的时候，身边没有一个人紧紧握住你的手，这说明你在一生中未曾伸出友爱之手去帮助他人。

——巴斯凯利亚

我更需要的是给予，不是收受。

——泰戈尔

你自己和你所有的一切，倘不拿出来贡献于人世，仅仅一个人独善其身，那实在是一种浪费。

——莎士比亚

人当活在真理和自我奉献里。

——庞陀彼丹

生命的长短用时间计算，生命的价值用贡献计算。

——裴多菲

凡可以献上我的全身的事，决不献上一只手。

——狄更斯

一个人无论禀有着什么奇才异能，倘若不把那种才能传达到别人的身上，他就等于一无所有。

——莎士比亚

只要能培一朵花，就不妨做做会朽的腐草。

——鲁　迅

培养人是无偿的奉献。

——岛山芳雄

点燃蜡烛照亮他人者，也不会给自己带来黑暗。

——杰弗逊

落红不是无情物，化作春泥更护花。

——龚自珍

真正的信仰是人们根据理智和知识，与他周围无限的生活所建立的一种关系，这种关系把他的生命同那无限结合在一起，并指导他的行动。

——艾尔默·莫德

要做一个寒天送炭、在痛苦中送安慰的人。

——巴　金

我活在这世界上，不是为了自己的生命，而是来保护世人的心灵的。

——雨　果

埋在地下的树根使树枝产生果实，却并不要求什么报酬。

——泰戈尔

我好像一头牛，吃的是草，挤出的是牛奶、血。

——鲁　迅

造福人群，是一件光荣的事情，假如不但福利普及于更大多数的人，而且受惠者有更大的乐趣，那就被视为更可贵，譬如一个医生，假如他不但使许多人恢复了健康，而且治病时不会令人痛苦，而又使用可口的药物，他就被视为更高明。

——特里西诺

我甘愿当作“人梯”，让青年一代蹬着我的肩膀，攀登世界科学技术的高峰。

——华罗庚

建立不是建造建筑，树立雕像，或在神圣节日里表演悲剧。这种建立是奉献和赞美。

——M.海德格尔

即使是一颗流星，也要把光留给人间，把一切奉献给人民。

——张海迪

只要我还在世一天，就要吐丝；但愿我吐的丝，能替人间增加哪怕一丝温暖。

——朱光潜

正确的道路，乃是那条要求你在个人利益上作出最大牺牲、对别人有最大好处的道路。

——夏洛蒂·勃朗特

个人的生命只有当它用来使一切有生命的东西都生活得更高尚、更优美时才有意义。生命是神圣的，也就是说它的价值最高，对于它，其他一切价值都是次一等的。

——爱因斯坦

毫不利己，专门利人。

——毛泽东

人的价值存在于平凡事业之中，而且在日常生活中得到升华，它的凝聚点体现了一个人的全部人格、情操。

——铃木健二

所谓英雄不是指那些为个别生活目的、为取得成就而进行斗争的人，而是指那些为整体、为生活本身进行斗争的人。谁逃避由于害怕孤独而引起的斗争，谁就是战胜者……只有诚实的人，才知道真正的英雄主义……世界上只有一种英雄主义，这就是要认识生活，而且还要热爱生活。

——茨威格

人类美的理想——这就是具有广阔、热情胸怀的人。这样的人能真正地爱人，对他们来说，爱——就意味着把自己丰富的心灵奉献给最可爱的人。

——苏霍姆林斯基

童年——进入天堂的钥匙

儿童是父母行为映照之镜。

——斯宾塞

儿童之于世界，犹如树叶之于森林。

——朗费罗

男孩子是所有野兽中最难驯服的。

——柏拉图

使儿童从善的最好方法，是使他们快乐。

——王尔德

从儿童时代看出成人，犹如清晨看出一日。

——弥尔顿

儿童喜欢尘土，他们的整个身心像花朵一样渴求阳光。

——泰戈尔

在所有的人当中，儿童的想象力最丰富。

——麦考莱

永远是独一无二不可替代的事物：这是童年的回忆。

——杜伽尔

儿童第一步走向邪恶，大抵是由于他那善良的本性被人引入歧途的缘故。

——卢　梭

幼儿比如幼苗，必须培养得宜，方能发荣滋长。

——陶行知

童年原是一生最美妙的阶段，那时的孩子是一朵花，也是一颗果子，是一片朦朦胧胧的聪明，一种永远不息的活动，一股强烈的欲望。

——巴尔扎克

童年时代是生命在不断再生过程中的一个阶段，人类就是在这种不断的再生过程中永远生存下去的。

——萧伯纳

没有儿童的地方就没有幸福。

——史文朋

举杯祝贺那个无忧无虑的黄金般的孩提时代，它就像冬夜里的星星、五月的晨露。

——奥·霍姆斯

呵，幸福的时代，谁会拒绝再体验一次童年生活。

——拜　伦

童年是理智的睡眠期。

——卢　梭

儿童在学校之所以毫无差别，全是强制的结果。一毕业，这种强制立即告终。

——霍威尔

儿童的情形，便是将来的命运。

——鲁　迅

儿童是人类最珍贵的天然资源。

——胡　佛

我常想，如果没有儿童，这个世界将变得怎样抑郁，而没有老人则会怎样缺乏人情味。

——柯勒律治

我们的孩子是生命的火花，它将放射出照亮许多世纪的火焰。

——高尔基

夫童心者，真心也，若以童心为不可，是以真心不可也。夫童者，绝假纯真，最初一念本心也。若失却童心，便失却真心，失却真心，便失却真人。人而非真，全不复有初矣。

——李　贽

幼儿教育实为人生之基础。

——陶行知

如果你不首先培养活泼的儿童，你就决不能教出聪明的人来。

——卢　梭

青年——生命的盛年

青年的思想愈被榜样的力量所激励，就愈会发出强烈的光辉。

——法捷耶夫

青年长于创造而短于思考，长于猛干而短于讨论，长于革新而短于守成。

——培　根

青年的敏感和独创精神，一经与成熟的科学家丰富的知识和经验相结合，就能相得益彰。

——贝弗里奇

青年之字典，无“困难”之字，青年之口头，无“障碍”之语；唯知跃进，唯知雄飞，唯知本其自由之精神、奇僻之思想、锐敏之直觉、活泼之生命，以创造环境、征服历史。

——李大钊

我们是青年，不是畸人，不是愚人，应当为自己把幸福争过来。

——屠格涅夫

青年人敏锐果敢，但行事轻率却可能毁坏大局。

——培　根

青年时的失误比成年时的凯旋或老年时的成功更为可取。

——迪斯累里

青年时期是豁达的时期，应该利用这个时期养成自己豁达的性格。

——罗　素

青年之文明，奋斗之文明也，与境遇奋斗，与时代奋斗，与经验奋斗。故青年者，人生之王，人生之春，人生之华也。

——李大钊

趁年轻少壮去探求知识吧，它将弥补由于年老而带来的亏损。智慧乃是老年的精神养料，所以年轻时应该努力，这样年老时才不至于空虚。

——达·芬奇

世界是你们的，也是我们的，但是归根结底是你们的。你们青年人朝气蓬勃，正在兴旺时期，好像早晨八九点钟的太阳，希望寄托在你们身上。

——毛泽东

青年，性格如同不羁的野马，藐视既往，目空一切，好走极端。勇于革新而不去估量实际条件和可能性，结果常因浮躁而改革不成却招致意外的麻烦。

——培　根

一个年轻人，心情冷落下来时，头脑会变得健全。

——巴尔扎克

我认为青年不应当为虚荣而生；要以自己赤裸裸的身姿在社会中昂首阔步，要拿出全部的力量，在人生的道路上坚定地走到底。

——池田大作

青年，在任何困厄的处境中都有站起来的力量！

——池田大作

年轻人的热情、才华和攻击精神，总比老一辈的更为有力。

——蒙　森

年轻人啊，在你还十分柔和的心灵上要打上真理的烙印。

——卢　梭

最不会叹息的是最年轻的人，是有时间调整生活的人。

——杜伽尔

几乎所有的伟业都是由青年人创造的。

——迪斯累里

青年应该放责任在自己身上，向前走，把革命的伟力扩大！

——鲁　迅

一个人要去占领自己的生活，最好年轻时就开始。

——海　塞

你们这些生在今日的人，你们这些青年，现在轮到你们了，踏在我们的身体上面向前吧。但愿你们比我们更伟大，更幸福。

——罗曼·罗兰

没有向上心，青年不能叫青年。“向上”二字就是青年的别名。青年的特点也在此。

——池田大作

青年不应当是问国家给了我什么？而是要问：自己为国家做了什么？自己要怎样才更有益于国家？自己为国家的利益做出了多少贡献？

——胡志明

无论哪个时代，青年的特点总是怀抱着各种理想和幻想。这并不是什么毛病，而是一种宝贵的品质。凡是一个意志坚定和理想健全的人，决不能没有幻想。

——加里宁

孩子们，不要害怕现实，不要向现实低头，你们来到这世界，不是为了要服从老朽的东西，而是要创造新的、有理智的、光辉的东西。

——高尔基

青年需要有理想，有梦想，这是青年的特权。

——池田大作

勇敢产生在斗争中，勇气养成在每天对困难的顽强抵抗中。我们年轻人的箴言是：勇敢、顽强、坚定、排除万难。

——奥斯特洛夫斯基

青年人的大部分生活充满希望；希望代表未来，而回忆代表过去。

——亚里士多德

青年是人类最庄严、最活跃的队伍。在一切革命行动中，打先锋的都是青年。

——加里宁

年轻人要有老年人的特质，老年人应有年轻人的精神。

——海明威

勇气是青年人最漂亮的装饰。

——雷马克

青年人满身都是精力，正如春天的河水那样丰富。

——拜　伦

孔子小传

孔 子 (前551－前479)名丘,字仲尼,春秋时鲁国人(今山东曲阜昌平乡人)。孔子生长在春秋末期奴隶制向封建制转化的社会变革时期。他是一位伟大的思想家和教育家。他总结了在他以前的教学经验,传授给下一代,开私人讲学的先例。相传他有三千弟子,七十二贤人。在《论语》中记载有他的教育思想以及教学原则和方法,如"因材施教"、"不愤不启"、"不悱不发"、"学而不思则罔,思而不学则殆"、"温故而知新"、"学而时习之"等,都是有名的警句。

孔子的故事——孔子学琴

《史记》记载,孔子向师襄子学琴,学了十天,还是学同一个曲子。师襄子对他说:"此曲已经学会了,可以学新曲了。"孔子说:"曲调已经学会,奏曲的技巧尚未学好。"过了一些时候,师襄子又说:"技巧已学好了,可以学新曲了。"孔子说:"我还没能领会到这首曲子的志趣神韵呢。"又过了些时候,师襄子说:"你已领会志趣神韵了,可以学新曲了。"孔子说:"我还没有体察到此曲作者为谁,并想象到其为人风貌呢。"又等了些时候,孔子穆然深思,怡然仰望,终于有所领悟地说:"我体察到作者的为人风貌了,此曲除了周文王还有谁能作得出来呢!"师襄子站起来,连连作揖说:"对呀!我的老师传授此曲时正是说此曲是周文王所作的《文王操》呢。"由此可见孔子学琴的态度是何等的认真,他对乐曲的理解是何等透彻、深刻,以至于《论语》上说:"孔子在齐国听到《韶》的乐章,很长时间连食肉也不知肉味。还说,想不到音乐感人之深到了这种程度。"

一个年轻时只顾自己的人，将会变成一个非常吝啬的人，老来便是一个无可救药的守财奴。

——豪　斯

每个人在青年时代都认为自从有了他，世界才开始，一切都是专为他而存在的。

——歌　德

一个人在二十岁上，对世界的想法以及对他可能在这个世界上产生影响的想法，胜过了别的一切。

——司汤达

创造一切非凡事物的那种神圣的爽朗精神，总是同青年时代和创造力联系在一起的。

——歌　德

青年是多么美丽！发光发热，充满了彩色与梦幻，青春是书的第一章，是永无终结的故事。

——朗费罗

青年时代太放纵就会失去心灵的滋润，太节制就会变成死脑筋。

——圣堤布福

每一种新的认识都可以使年轻人精神振奋，只要一旦受到某种感情的鼓舞，他就可以从中取之不尽，这正是青春的意义。

——茨威格

谁勇敢地接受过青春之火的洗礼，谁就毫不惧怕晚年的严寒冰霜。

——兰　多

不经风雨，长不成大树；不受百炼，难以成钢。迎着困难前进，这也是我们革命青年成长的必经之路。有理想、有出息的青年人必定是乐于吃苦的人。

——雷　锋

理智可以制定法律来约束感情，可是热情激动起来，就会把冷酷的法令蔑弃不顾；年轻人是一只不受拘束的野兔，会跳过老年人所设立的理智的藩篱。

——莎士比亚

标志时代的最灵敏的晴雨表是青年人。

——罗曼·罗兰

年轻的同志们，你们要在这方面更加努力地工作，用你们朝气蓬勃的青春力量来建设灿烂的新生活。

——列　宁

斗争的生活使你干练，苦闷的煎熬使你醇化；这是时代要造成青年为能担负历史使命的两件法宝。

——茅　盾

青年的特点是富于创造性、想象力，纯洁而灵活。这似乎是得之于神助的。然而，热情炽烈而情绪敏感的人往往要在中年以后方能成事。……少年老成、性格稳健的人则在青春时代就可成大器……

——培　根

青春——不耐久藏的东西

青春是在它即将逝去的时候最具魅力。

——塞涅卡

以青春之我，创造青春之家庭，青春之国家，青春之民族，青春之人类，青春之地球，青春之宇宙，资以乐其无涯之生。

——李大钊

青春是一本太仓促的书。

——席慕蓉

青春是唯一值得拥有的东西。

——王尔德

噢，我的飘忽的青春！我感谢你给我的欢乐，那忧郁、那可爱的痛苦，那狂飙、喧哗和宴欢，为了你带来的一切礼物，我感谢你。

——普希金

一个民族的年轻一代人要是没有青春，那就是这个民族的大不幸。

——赫尔岑

有了钱，在这个世界上可以做很多事，但无法用来赎买青春。

——雷蒙德

青春是有限的，智慧是无穷的，趁短短的青春，去学习无穷的智慧。

——高尔基

青春——这是无法挽回的。美丽——那优美的灵魂像影子一般来了不去。然而这两个东西是火焰，也是风暴。

——德莱塞

时乎时乎不再来，青春光阴贵如金。

——臧克家

青春应该怎样度过？有的如同烈火，永远照耀别人；有的却像荧光，甚至也照不亮自己。不同的生活理想，不同的生活态度，决定一个人在战斗中站的位置。

——吴运铎

年轻朋友，让青春发出光和热吧，为人民发光发热的青春才是美丽的。

——秦　牧

得到智慧的唯一办法，就是用青春去买。

——杰克·伦敦

青春即使在痛苦之中也闪耀着它的华彩。

——雨　果

有许多人是用青春的幸福作成功的代价的。

——莫扎特

所谓青春，就是心理的年轻。

——松下幸之助

青春是诗歌丰收的季节，而老年则更适宜哲学上的收获。

——叔本华

青春应该是一头醒智的狮，一团智慧的火！醒智的狮，为理性的美而吼；智慧的火，为理想的美而燃。

——哥白尼

少年人不会抱怨自己如花似玉的青春，美丽的年华对他们来说是珍贵的，哪怕它带有各种各样的风暴。

——乔治·桑

莫让青春虚度在昨天创作的呻吟中，莫把希望寄托在明天的幻想上。

——纪伯伦

没有青春的爱情有何滋味？没有爱情的青春有何意义？

——拜　伦

青年人持久地处于一种类似陶醉的状态中，因为青春时代是甜蜜的，而且是在成长中。

——亚里士多德

啊！青春，青春！或许你美妙的全部奥秘不在于能够做出一切，而在于希望做出一切。

——屠格涅夫

真正的青春、贞洁的妙龄的青春，周身充满了新的血液，体态轻盈而不可侵犯的青春，这个时期只有几个月。

——罗　丹

青春啊，难道乐于始终囚禁在狭小圈子里？你得撕破老年的蛊惑人心的网。

——泰戈尔

青春这玩意儿真是妙不可言，外部放射出红色的光辉，内部却什么也感觉不到。

——萨　特

青春是美丽的，但一个人的青春可以平庸无奇，也可以放射出英雄的火光；可以因虚度而懊悔，也可以用结结实实的步子，走到辉煌壮丽的成年。

——魏　巍

青春是人生最快乐的时光，但这种快乐往往完全是因为它充满着希望，而不是因为得到了什么或逃避了什么。

——托·卡莱尔

如果你浪费了自己的年华，那是挺可悲的。因为你的青春只能持续一点儿时间，很短的一点儿时间。

——王尔德

青春啊，永远是美好的，可是真正的青春，只属于这些永远力争上游的人，永远忘我劳动的人，永远谦虚的人！

——雷　锋

青春是人生之花，是生命的自然表现。

——池田大作

一个人不论活多大年纪，最初的二十年是他一生中最长的一半。

——萨　迪

人世间，比青春再可宝贵的东西实在没有，然而青春也最容易消逝。最可宝贵的东西却不甚为人所爱惜，最易消逝的东西却在促进它的消逝。

——郭沫若

青春如初春，如朝日，如百卉之萌动，如利刃之新发于硎，人生最宝贵之时期也。青年之于社会，犹新鲜活泼细胞之在身。

——陈独秀

青春——人的一生中最美好的年岁。它是一个人的生命含苞待放的时期，生机勃发，朝气蓬勃，这意味着进取，意味着上升，蕴含着巨大希望的未知数。

——岑　桑

大胆的想象，不倦的思索，一往直前的行进，这才是青春的美，青春的快乐，青春的本身。

——郭小川

青春的美丽与珍贵，就在于它的无邪与无瑕，在于它的可遇而不可求，在于它的永不重回。

——席慕蓉

青春时期的任何事情都是考验。

——史蒂文森

青春之所以美好，就因为它能追求！青春之所以幸福，就因为它有前途！

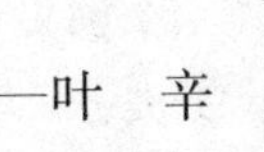

——叶　辛

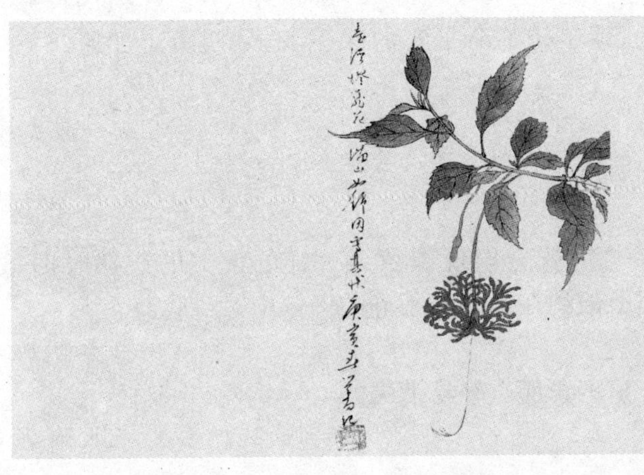

当青春的光彩渐渐消逝，永不衰老的内在个性却在一个人的脸上和眼睛上更加明显地表露出来，好像是在同一地方住久了的结果。

——泰戈尔

青春是多么可爱的一个名词！自古以来的人都赞美它，希望它长在人间。

——丰子恺

啊，青春，青春，你什么都不在乎，你仿佛拥有宇宙间一切的宝藏，连忧愁也给你安慰，连悲哀也对你有帮助，你自信而大胆。

——屠格涅夫

没有人会感觉到，青春正在消逝；但任何人都会感觉到，青春已经消逝。

——塞涅卡

少年时期的放浪是晚年的汇票，大约在三十年后，即可加上利息支付。

——科尔顿

百金买骏马，千金买美人；万金买高爵，何处买青春？

——屈　原

白日莫闲过，青春不再来。

——林　宽

白发无凭吾老矣！青春不再汝知乎？年将弱冠非童子，学不成名岂丈夫。

——俞良弼

青年是革命的柱石。青年是革命果实的保卫者，是使历史加速向更美好的世界前进的力量。

——宋庆龄

青春岂不惜，行乐非所欲。

——文天祥

一个人的青春时期一过，就会出现像秋天一样的优美的成熟时期。这时，生命的果实像熟稻子似的在美丽的平静的气氛中等待收获。

——泰戈尔

充满了精神的青春，是不会那么轻易消失的。

——卡洛萨

青春并不是生命中的一段时光，它是心灵上的一种状况。它跟丰润的面颊、殷红的嘴唇、柔滑的膝盖无关。它是一种沉静的意志、想象的能力、感情的活力，它更是生命之泉的新血液。

——辛尼加

青春远比年轻人想象的更为长久。

——迪亚娜夫人

青春是人们最美妙的季节，然而它又是何等短暂，当你撕去日历上的一页，便会预感到青春的花朵凋落了一瓣。

——鲁特夫拉·木塔里甫

青春是美妙的，挥霍青春就是犯罪。

——萧伯纳

人生最大的悲痛莫过于辜负青春。

——薄伽丘

你不能同时又有青春又有关于青春的知识。因为青春忙于生活，而顾不得去了解；而知识为着要生活，而忙于自我寻求。

——纪伯伦

在青春的世界里，沙粒要变成珍珠，石头要化作黄金……青春的魅力，应当叫枯枝长出鲜果、沙漠布满森林……这才是青春的美，青春的快乐，青春的本分！

——郭小川

青春时代是一个短暂的美梦，当你再醒来时，它早已消失得无影无踪了。

——莎士比亚

如果说青春也有缺点，那就是它消失得太快。

——詹·拉·洛威尔

乐观的人永葆青春。

——拜　伦

春天是自然界一年里的新生季节；而人生的新生季节，就是一生只有一度的青春。

——西塞罗

青春之所以幸福，就因为它有前途。

——果戈理

生活赋予我们一种巨大的和无限高贵的礼品，这就是青春；充满着力量，充满着期待、志愿，充满着求知和斗争的志向，充满着希望、信心的青春。

——奥斯特洛夫斯基

假如青春是一种缺陷的话，那也是我们太快就会失去的缺陷。

——罗威尔

青春是为一生奠定基础的时期。

——池田大作

要紧的事情是别浪费你的青春和元气。现在是工作的时候了。

——契诃夫

青春是无酒的酣醉。

——歌　德

青春在人的一生中只有一次，青年时代要比其他任何时代更能接受高尚的和美好的东西。谁能把青春保持到老年，不让自己的心灵冷却、变硬、僵化，谁就是幸福的人。

——别林斯基

青春一去不复返，事业一纵永无成。

——勃朗宁

明智的人决无重返青春的奢望。

——斯威夫特

青春须早为，岂能长少年？

——孟　郊

题诗寄汝非无意，莫负青春取自惭。

——于　谦

谁虚度年华，青春就要褪色，生命就会抛弃他们。

——雨　果

丝染不复白，鬓白无重黑；努力爱青春，一失不再得。

——施润章

失去信心的青春是一朵枯萎的花朵。

——佚　名

人生难得是青春，要学汤铭日日新。但嘱加鞭须趁早，莫抛岁月负双亲。

——袁玉冰

没有和青春的丧失同等重大的丧失。

——殷格罗

即使是在艰苦的情况下，青春仍然是美好的！

——王　蒙

无所事事——对一个感情热烈的年轻人是很大的危险。

——车尔尼雪夫斯基

只要春风吹到的地方，到处是青春的野草。

——臧克家

青春的精神是点铁成金的奇异的宝石。

——泰戈尔

我们的一切损失均可补救，我们的任何痛苦都可安慰，但当青春作别的时候，它从我们心上把一些东西带走，并且永远也不会回头。

——桑塔亚那

谁能保持得永远的青春，便是最伟大的人。

——郭沫若

迟到的青春是持久的青春。

——尼　采

你们所多的是生力，遇见深林，可以夷成平地的；遇见旷野，可以栽种树木的；遇见沙漠，可以开掘井泉的。

——鲁　迅

要爱惜自己的青春！世界上没有再比青春更美好的了，没有再比青春更珍贵的了！青春就像黄金，你想做什么，就能成什么。

——高尔基

人类的历史在显示出事实之前，通常会在生命的最深处发出预告，而测量天候的最敏感指标，便是青春。

——罗曼·罗兰

青年的朝气，是社会可宝贵的东西，没有它不能前进；老年人的经验、持重，也是可宝贵的东西，没有它社会没有基础。

——谢觉哉

名人名言

孟子小传

孟　子　（约前372—前289）名轲，字子舆，战国邹（今山东邹县东南）人。著名的思想家、政治家、教育家。据《史记·孟子荀卿列传》记载，他是子思（孔子之孙，名伋）的再传弟子，曾游说齐、宋、滕、魏等国。当时“天下方务于合纵连横，以攻伐为贤”，孟子却说“唐虞三代之德”，被诸侯认为迂阔，远离实际，不被采纳。因此，孟子“退而与万章之徒序《诗》《书》，述仲尼之意，作《孟子》七篇”。

孟子的故事——孟母三迁

孟子幼年丧父，母亲带着他艰苦度日。当初，离孟子家不远的地方有块坟地，几乎天天都有人到那儿去上坟，烧纸，摆供品，孟子看什么学什么，便和小朋友一起玩挖坟坑、抬棺材一类的游戏。孟母认为这样不好，于是将家搬到一个新的地方去住。

他们住到了一个靠近集市的地方，邻居家是整天杀猪宰羊的屠户，街口卖假货的小贩谎言满嘴……孟子便学着商人的样子做起了经营买卖的游戏。孟母想这样下去也不行，就又搬了家。

这一次，她的家靠近一所学堂。这次，看到的是读书人，听到的是读书声。孟子也开始学习礼仪，渐渐懂得礼貌并要求上进了。孟母觉得那里的环境适宜孟子成长，就在那儿长住下去了。

以后，孟子进学堂读书了，孟母就教育他一定要好好学习。

青春是人生最有价值的东西，不可任其过去。

——张闻天

青春是一种不可思议的伟大力量。它催发着青年人的躯体，启迪着他们的智慧，同时，它也灌输着热烈的感情和坚强的理智。

——李　准

当你还年轻，你会认为青春永无止境；但最长的一天也有它的黄昏，而你一生只能享受一次青春，它一去永不复返。因此，请把它当作春天一样地利用，在它里面应尽力为漫长及快乐的一生耕耘及播种。

——刺　里

当我们为一去不复返的青春叹息时，我们应该考虑将来的衰老，不要到那时再为没有珍惜壮年而悔恨。

——拉布吕耶尔

人人都有可惊人的潜力，要相信你自己的力量与青春，要不断地告诉自己："万事全赖在我。"

——纪　德

青春是一个普通的名称，它是幸福美好的，但它也充满着艰苦的磨炼。

——高尔基

要获得理智，须付出昂贵的代价，它必须以青春为代价。

——拉法耶特夫人

超乎一切之上的一件事，就是保持青春朝气。

——莎士比亚

青春是玫瑰花环，老年如荆棘王冠。

——谚　语

青春是一个斜坡。

——雨　果

寻常的山花凋谢了，还会再开，而我们的青春却一去不复返。

——王尔德

有了金钱可以在这世界做很多事，唯有青春却无法用钱购买。

——莱曼特

青春应当是鲜红的，永远地鲜红——生命只属于这样的人。

——杨　沫

年年都有一个春天，春天去了能回还。人生只有一度青春，青春去了不复返。

——艾　青

假如说，人生是一串金色的环链，那么青春就是这串环链上熠熠发光的绿宝石；假如说，人生是一组春意盎然的山脉，那么青春就是它引以骄傲的珠峰。

——佚　名

二、命运之神

命运不是一种机遇，而是一种抉择；不是等来的，而是争来的。

——布莱恩

命运——傻瓜失败的借口

一个人的灾祸都是自己的过失造成的。

——弗朗索瓦·莫里亚克

你要是遭遇大不如意的事，反躬省察，就会明白总是咎由自取。

——勒萨日

人的性格，就是他的命运。

——赫拉克利特

命运是性格。

——辛　格

成功之道绝无“秘诀”可言。人之所以失败，多半是因为“搬起石头砸了自己的脚”。

——王　安

无论在任何情况下，都要尽最大的努力在决定人的命运以前纠正错误。

——H. 古德里安

在人的一生中，有时某些成就恰恰是在逆境中创造出来的；有时当形势严重到极难对付时，人们就会去掌握自己的命运，去战胜厄运。

——李·艾阿科卡

有位诗人说过：“你的命运之星，在你心中。”不论你的处境如何，过去如何，构筑未来的命运之星肯定就在你自己心中。

——池田大作

命运害怕勇敢的人，而专去欺负胆小鬼。

——塞涅卡

敢于冲撞命运才是天才。

——雨　果

你该牢记,你的出路就在自己身上。在你以为出路是在别处地方或别人身上时,你是要失败的,你的机会就包裹在你的人格中。你的成功可能性,就在你自己生命中,正像未来的栎树隐伏在栎子中一样,你的成功就是你的自我之演进、开展和表现。

——马尔滕

胜利者不会要出“无助”的把戏,也不会“怪罪别人”。他自己负起生命的责任。他不必让别人虚妄地驾驭,他知道他可以做自己的主人。

——詹姆斯

生活中最悲惨的悲剧因素就是相信可恶的命运。

——爱默生

我要扼住命运的咽喉。它决不能使我完全屈服——噢!能把生命活上千百次真是多美!

——贝多芬

命运的神力只被那些不幸的人们所承认;因为,幸福的人们都把成功归于自己的精明强干。

——乔·斯威夫特

宁可要人们各自决定自己的命运,而不要让自己的命运掌握在别人的手里。

——悉尼·胡克

勇敢的人开凿自己的命运之路,每个人都是自己命运的开拓者。

——塞万提斯

无可否认,外因,如恩惠、机遇、他人之死、合乎美德的诱因等,皆有益于命运。然而,人的命运主要掌握在人自己手中。

——培　根

只有低能的人才被命运所支配。具有一个坚决心灵的人,什么都做得到。

——爱默生

命运对我们并无所谓利害:它只供给我们利害的材料和种子,任那比它强的灵魂随着改变和应用。

——蒙　田

凡人不会因为自己没有成为帝王而痛苦,可是被废黜的帝王却会因为自己成了一个凡人而痛苦万分。

——雷纳·克莱尔

所谓活着的人，就是不断挑战的人，不断攀登命运顶峰的人。

——蒙　田

……人不仅是演员，而且是自己人生之剧的作者。

——阿纳托里·费迪

生活而不为生活俘虏，做着自己的主人！

——罗曼·罗兰

人的解放由他自己来完成！人由他自己的力量获得拯救！

——鲁多夫·洛克尔

胜利不会向我走来，我必须朝胜利走去。

——玛丽安娜·穆尔

可以说，命运是没有的，有的只是钢铁的意志和必要性。

——列·列昂诺夫

命运可以夺去财富，却夺不去勇气。

——塞涅卡

命运压不垮一个人，只会使人坚强起来。

——伯　尔

人有时必须顺从命运，但决不能屈服于它。

——哈里法克斯

灾难是我们能真正照见自己的最完善的镜子。

——达万南特

从最高地位上跌落下来，那变化是可悲的；但命运的转机却能使穷困的人欢笑。

——莎士比亚

正路并不一定就是一条平平坦坦的直路，难免有些曲折和崎岖险阻，要绕一些弯，甚至难免误入歧途。

——朱光潜

人的前途只能靠自己的意志、自己的努力来决定。

——茅　盾

天命是好人的朋友，贤者的引导人，愚人的暴君，坏人的敌人。

——欧　嘉

不管我们漫游到什么地方，命运的引线永远在我们面前。

——利希特

所有成功的人都承认自己是因果论者。他们相信成功不是由于命运,而是由于定律;相信在结合开始与终结的一件事的连贯中并没有一个脆弱的破裂的环节。

——爱默生

对于不会利用机会的人,时机又有什么用呢？一个不受胎的蛋,是要被时间的浪潮冲刷成废物的。

——艾略特

在灰暗的日子里不要让冷酷的命运窃喜;命运既然来凌辱我们,我们就应该用处之泰然的态度予以报复。

——莎士比亚

命运不能妨碍我们的欢乐,让它来胁迫我们吧！我们还是要欢笑度日,只有傻瓜才不是这样。

——高尔基

卓越的人的一大优点是:在不利和艰难的遭遇里百折不挠。

——培　根

因为我对权威的轻蔑,所以命运惩罚我,使我自己竟也成了权威。

——爱因斯坦

平坦的道路,也难免有绊倒的时候。人的命运亦如此。因为,除了神以外,谁都不知真实为何物。

——契诃夫

善于在做一件事的开端识别时机,这是一种极难得的智慧。

——培　根

不论怎样不幸都会带来某种幸运。

——贝多芬

画上了杰作的画布会有什么想法呢？“我被弄脏了,我遭到了粗暴的对待,我被掩盖了。”人们也是如此抱怨着自己的命运,无论命运之神如何善待他们。

——让·利克托

善良正直的人必须遭受苦难,他们的理想才能传播和推广。你必须摇动瓶子,或是把它打碎了,才能把里面的香气散发出来;你必须敲打石头,才能迸发出火花！

——黎萨尔

悔恨在我们走好运时睡去了，但在逆境中却使我们更强烈地感觉到它。

——卢 梭

如果一个人被判定在海中淹死，可能反而为其生命限定了一个有利的范围，保证他永远也不冒险离开陆地。

——欧内斯特·布拉默

每个人的命运之星就在各自的胸中。

——萨 迪

好运和厄运在我看来是两种统治力量。以为人类智慧能够扮演命运女神的角色未免愚蠢。

——蒙 田

天助自助之人。

——史密斯

命运是机会的影子。

——苏格拉底

失势的伟大举目无亲，走运的穷汉仇敌奉迎。

——莎士比亚

能使愚蠢的人学会一点东西的，并不是言辞，而是厄运。

——德谟克里特

聪明人决不等待机会，而是攫取机会，运用机会，征服机会，以机会为仆役。

——卓 宝

在不幸之后，后悔是无用的。

——伊 索

逆境是磨炼人的最高学府。

——苏格拉底

我是我命运的主人，我是我心灵的主宰。

——赫里克

机会老人先给你送上它的头发，当你没有抓住再后悔时，却只能摸到它的秃头了。或者说它先给你一个可以抓的瓶颈，你不及时抓住，再得到的却是抓不住的瓶身了。

——培 根

思想懦弱的人，常被灾难屈服；思想伟大者，相反往往乘机兴起。

——华盛顿

顺境中的好运，为人们所希冀；逆境中的好运，则为人所惊奇。

——培　根

智慧和命运交锋时，如果智慧有敢作敢为的胆识，命运就没有机会动摇它。

——莎士比亚

有时一个人受到厄运的可怕打击，不管这厄运是来自公众或者个人，都可能是件好事。

——歌　德

闲暇的目的不是为了心灵获得充实，而是为了心灵获得休息。

——西塞罗

每一个人的一生中都有能够造成幸福的一小时，如果你能捉住它。

——福莱柴尔

境遇就像不断聚散的云彩，当我们开怀大笑时，祸种已经播进了滋生各种事件的广袤耕地；当我们开怀大笑时，它萌芽、生长，突然结出了我们必须采摘的恶果。

——济　慈

向命运要求一种惠赐比保持其惠赐容易得多。

——贺拉斯

许多人对待时机都像小孩子们在海滨戏沙一样，他们用自己的小手抓取了满把沙砾，却又让它们一粒粒地漏下去，终至漏尽。

——仲　斯

患难可以检验一个人的品格，非常的境遇方才可以显出非常的气节；当命运的铁掌击中要害的时候，只有大智大勇的人，才能够泰然处之。

——莎士比亚

幸运所生的德性是节制，厄运所生的德性是坚忍……

——培　根

对于凌驾命运之上的人来说，信心是命运的主宰。

——海伦·凯勒

运气永远不会帮助没有勇气的人。

——索福克勒斯

人们不存侥幸之心，方可为幸运的主宰；而幸运除了懦夫之外，都是不敢欺凌的。

——乔　叟

幸运并非没有许多的恐惧与烦恼，厄运也并非没有许多的安慰与希望。

——培　根

你应该认定自己的命运；任何人都不可能在每一件事物上都超人一等。

——伊　索

命运与爱情永远与勇者亲善。

——奥维德

命运用两种方式压垮我们：拒绝我们的愿望，满足我们的愿望。

——阿密尔

命运支配我们行为的一半，而把另一半委托给我们自己。

——马基亚维利

一个人若没有可供休息的床铺，没有欢迎他旅行归来的晚间灯火，他的命运确实是很可悲的。

——泰戈尔

凡是限制我们的东西，我们称之为命运。

——爱默生

谁若认为自己是圣人，是埋没了的天才，谁若与集体脱离，谁的命运就要悲哀。

——奥斯特洛夫斯基

命运像水车的轮子一样旋转着，昨天还高高在上，今天却屈居人下。

——塞万提斯

命运有点女人的气质，你越向她求爱，她越远离你。

——查理五世

命运常在给你带来幸福的同时也给你带来不幸。

——托·富勒

当命运递给我们一个酸的柠檬时，让我们设法把它制造成甜的柠檬汁。

——雨　果

管仲小传

管　仲　(?—前645)即管子,春秋时齐国政治家。名夷吾,字仲,又称管敬仲。颍上(今属安徽)人。在齐国公子小白(即齐桓公)与公子纠争夺君位的斗争中,管仲曾支持公子纠。小白取得君位后,不计前嫌,重用管仲;管仲亦辅佐齐桓公,施行改革。在政治上,他推行国野分治的参国伍鄙之制,即由君主、二世卿分管齐国,并在国中设立各级军事组织,规定士、农、工、商各行其业;在经济上,实行租税改革,对井田"相地而衰征",并采取了若干有利于农业、手工业发展的政策,使得齐桓公大会诸侯,成为春秋五霸之一。

管仲的故事——老马识途

公元前663年,齐桓公应燕国的请求,出兵攻打入侵燕国的山戎。齐军赶到燕国时,山戎的军队已经掠夺了许多财物,逃到东面的孤竹国去了。齐桓公在管仲的建议下率领大军继续追击,最后终于取得胜利。

齐军是春天出征的,凯旋而归时已是冬天,草木变了样。大军在一个山谷里迷了路,弄不清楚该从哪里走出山谷。时间一长,军队的给养出现严重不足。再不找到出路,大军就会困死在山谷。管仲思索了好久,有了一个设想:既然狗离家很远也能寻回家去,那么军中的马尤其是老马,也应该会有认识路途的本领。于是他向齐桓公说出了自己的想法。齐桓公同意了这个主意。

管仲立即挑出几匹老马,解开缰绳,任它们在最前面自由行走。这些老马都不约而同地朝一个方向奔去,大家最终跟着老马走出了山谷。

机会来的时候像闪电一般短促，全靠你不假思索的利用。

——巴尔扎克

命运是一个善良的女神，她不愿让小人永远得志。

——莎士比亚

那些不能牢记过去的人，命中注定要一再地重复自己的过去。

——雪　莱

没有哪个胜利者信仰机遇。

——尼　采

一切的成败得失都在我们自己，然而我们却往往诿之于天意。

——莎士比亚

在命运的颠沛中，最容易看出一个人的气节。

——莎士比亚

每个人都是命运的建筑师，辉煌的未来有待我们去筹建。

——朗费罗

命论是那些毅力薄弱者的借口。

——迪斯累里

我们除了由自己呵护命运之星以外，别无他法。即使用大海的全部力量，也无法改变它。

——梅特林克

运气通常照顾深思熟虑者。

——诺贝尔

只有把抱怨环境的心情，化为上进的力量，才是成功的保证。

——罗曼·罗兰

人们总是特别看重机遇，实际上机遇是由人支配的，并非机遇支配人。

——桑塔亚那

弱者坐待时机，强者制造时机。

——居里夫人

没有侥幸这回事，最偶然的意外，似乎也都是必然的。

——爱因斯坦

没有人没碰过好机会，只是没有捉住它。

——卡耐基

我们的命运和我们的意志,常常在不朽的时机邂逅。

——摩洛瓦

命运的大厦全靠自己设计建造。

——贝克尔希

命运只是弱者心目中的一个字,一个错误的借口;强者与圣贤不承认有天命。

——欧　嘉

假如我们有先见之明的话,命运之神啊,你将不再是神了。

——朱文诺

命运:暴君施虐的权力,傻瓜失败的借口。

——比尔斯

"命运不济",只不过是失败者为自己寻找的借口而已。

——何奈尔

智者是自己命运的创造者。谁想改变命运,就得勤奋工作,否则将一事无成。

——普劳图斯

祸与福同门,利与害为邻。

——刘　安

塞翁失马,焉知非福。

——刘　安

征服命运的常常是那些不甘等待机运恩赐的人。

——乌·阿诺德

人人都是自己命运的创造者。

——塞万提斯

人就是人,是他命运的主人。

——丁尼生

命运帮助勇敢的人。

——乔　叟

命运总是取决于个人所感觉的、所想要的和所做的是什么。

——爱因斯坦

命运是有某种巧合的。

——切斯特菲尔德

一个人精神的阴郁和爽朗就形成了他的命运!

——歌　德

我确信,与人作对的命运女神要比殷勤的命运女神有益得多。

——乔　叟

能随着时代和世事而改变他的本性,命运就永远掌握在他手中。

——马基雅维利

有勇气主宰自己命运的人才是英雄。

——海　塞

生命是自由的,不存在什么命运。

——雅斯贝尔斯

当命运在给我们一个重要地位后发现我们在那儿并没有逐步地引导自己,或者没有通过我们的希望提高自己时,我们要继续保持和配上这个地位几乎是不可能的。

——拉罗什夫科

命运就是对一个人的才能考验的偶然。

——蓬皮杜

我相信命运,而且我发现,我工作愈认真,我的运气就愈好。

——勒考克

命运不是一种机遇,而是一种抉择;不是等来的,而是争来的。

——布莱恩

我们自身就是我们命运的原因。

——徐志摩

命运充满着多变的机遇。

——塔西佗

命运从来就是没有固定目标的。

——巴克利

持恒的命运屈服于多变的机运。

——弥尔顿

命运女神常常是无忧无虑的徘徊者的朋友。

——华兹华斯

命运与其说是偶然,不如说是必然。“命运在性格之中”这句话绝不是轻易得来的。

——芥川龙之介

命运的变化犹如月之圆缺，对智者毫无妨害。

——富兰克林

命运女神总是向不把她放在眼里的人大献殷勤。

——约卡伊·莫尔

命运女神与维纳斯常庇佑勇敢的人。

——奥维德

要是命运狠心地欺负您与我，那就不必跟它求情，对它叩头，而要看不起它，笑它，要不然它就会笑我们。

——契诃夫

命运，不过是失败者无聊的自慰，不过是懦怯者的解嘲。

——茅　盾

命运对有些人是生母，而对另一些人却是继母。

——乔·赫伯特

命运是乔装打扮的人物，没有比这张脸更会骗人的了。

——雨　果

幸运每个月都会降临，但是如果你没有准备去迎接它，就可能失之交臂。

——卡耐基

没有所谓命运这个东西，一切无非是考验、惩罚或补偿。

——伏尔泰

向命运大声叫骂又有什么用？命运是个聋子。

——欧里庇得斯

命运往往是严酷的，它能够使一个意志坚强的人产生动摇和颓唐，甚至也能促使一个人在精神上完全垮掉。但是，我坚信真理必胜。正是这种信念支撑着我经受住眼前的严峻考验……

——台尔曼

最悲惨的命运是安全的，因为不用担心它会变得更坏。

——奥维德

人应该只掌握自己的命运，而不应该去主宰他人。

——高尔基

如果有工作要做，就应该立刻做好，如果交运时你自己毫无准备，就不该怪怨命运女神，却应当埋怨你自己。

——克雷洛夫

最困难的时候，也就是我们离成功不远的时候。

——拿破仑

一时的失误不会毁掉一个性格坚强的人。

——车尔尼雪夫斯基

人的生命似洪水奔流，不遇着岛屿和暗礁，难以激起美丽的浪花。

——奥斯特洛夫斯基

命运不是统治者，而是造化的奴隶。

——波尔维

平凡的人听从命运，只有强者才是自己的主宰。

——维　尼

功者难成而易败，时者难得而易失也。时乎时，不再来。

——司马迁

命运造成了我们的亲戚，选择造成了我们的朋友。

——德留耶

命运给我们自由发展的机会。只有当我们自己冥顽不灵时,我们的计划才会遭遇挫败。

——莎士比亚

要是不能把握时机,就要终身蹭蹬,一事无成。

——莎士比亚

善于等待的人,一切都会及时来到。

——巴尔扎克

命运的变换,如磨盘旋转。

——谚　语

命运变化如月亮的阴晴圆缺,无损智者大雅。

——富兰克林

命运是神所想的东西,人只要勤奋工作就行了。

——夏目漱石

命运之神在闭一扇门的同时也打开了另一扇门。

——谚　语

与其……绰绰有余,养成骄气,倒不如……吃些苦、受些艰难,或可以锻炼成器。

——裴斯泰洛齐

生死——为了生存而放弃生存

死并不是人生最大的损失,虽生犹死才是。

——卡曾斯

我们每个人只被赋予一次生命,只要这个生命还活着,我们就要更多、更好地肩负使命。

——武者小路实笃

人不应当害怕死亡,他所应害怕的是未曾真正地生活。

——奥里利厄斯

在我们所有的缺点中最严重的就是轻视自己的生命。

——埃德蒙·伯克

当你解答了生命的一切奥秘,你就渴望死亡,因为它不过是生命的另一个奥秘。生和死是勇敢的两种最高贵的表现。

——纪伯伦

人生最美好的,就是在你停止生存时,也还能以你所创造的一切为人民服务。

——奥斯特洛夫斯基

人活到七十五岁,总不得不时时想到死,我们不会因此而感到不安。太阳看起来好像是沉下去了,其实不是沉下去而是不断地辉耀着。

——歌　德

对死亡的恐惧比死亡本身更可怕。

——赛勒斯

死亡算不了什么,没有充分地生活才是可怕的。

——雨　果

道德赐给我们的最大祝福便是轻视死。这方法使我们的生命得到一种温柔的清静,使我们感到它的甘美与纯洁的滋味,没有这一点,其他一切快乐也就全都熄灭。

——蒙　田

人人必死无疑,干吗不快快活活地活呢?

——尼　采

最最幸福的人生莫过于实现了自己的雄心之后,平静地死去。

——莫洛亚

死是令人伤心的事,而没有充分生活的死更是令人难以忍受的。

——弗洛姆

死还有这一点:就是它打开名誉之门,熄灭妒忌之心。“生时受人妒羡的人死后受人爱”。

——培　根

人只是到了坟墓的边缘才什么事都想通了。

——亨利·亚当斯

死生天地之常理,畏者不可以苟免,贪者不可以苟得也。

——欧阳修

死亡是一个原则对另一个原则的胜利。

——巴尔扎克

说到底，是对死的看法决定了我们在人生中所面临的所有问题的答案。

——哈马·舍尔德

人固有一死，或重于泰山，或轻于鸿毛。

——司马迁

死者倘不埋在活人心中，那就真正死掉了。

——鲁　迅

谁不尊重生命，谁就不配有生命。

——达·芬奇

生命，是事物凭以保持其存在的一种力量。

——斯宾诺莎

从自然科学看来，死，不过是把我们从自然那里借来的财富还给自然罢了。

——黄药眠

倘若你曾在生者中间像晨星那样辉耀，那么此刻在死者群里你便会似晚星闪烁。

——柏拉图

死亡和离别之所以如此可怕，只因为它们是产生永恒和暂时的孤独的源泉。

——黄秋耘

人死之后留下善行才值得称颂，没有人能带走自己一生经营的财富与盛名。

——蔡志忠

生命：一种不断的奋斗想获得更大的沉思的力量。

——萧伯纳

能将自己的生命长存于他人的记忆中，生命就因此增了许多。光荣是我们获得的新生命，它弥足珍贵，不亚于天赋的生命。

——孟德斯鸠

他的生命，就是从最强烈的乐曲中将激荡响亮的痛苦废除。

——兰　波

我们的生命是无止境的，正如我们的视野是没有界限的一样。

——维特根斯坦

生命之后有更宝贵的生命；子孙后代的一片月桂叶比今生大批的月桂树更有价值。

——亚·史密斯

在宇宙的所有奖赏中，人类生命是最稀有的、最复杂的、最珍贵的。

——诺曼·卡曾斯

生和死是无法挽回的，唯有享受其间的一段时光。死亡的黑暗背景衬托出生命的光彩。

——桑塔亚那

无数动物和植物天天都在消亡、死灭，沦为须臾即逝的牺牲品，但是，自然界凭借它那用之不竭的创造能力，一点也不少地又在别的地方造出了别的动物植物，以填补所留下的空虚。

——康　德

痛苦和死亡是生命的一部分，抛弃它们就是抛弃生命本身。

——哈夫洛克·埃利斯

死亡使一个伟大的声音沉寂之后，他生前平淡无奇的话，都成了至理名言。

——白朗宁

人生自古谁无死，留取丹心照汗青。

——文天祥

懦夫在他未死之前，已身历多次死的恐怖了。

——恺　撒

死亡只具有一种恐惧，那就是它没有明天。

——霍　弗

长寿未必是福，短寿未必是祸；活得长久而死得安详，才是真幸福。

——泰戈尔

一个老年人如果能有广泛的兴趣，学会关心他人，使自己的生活汇入到整个世界的生沽中去，他就会像一滴水归入大海，慢慢地忘记了自己的存在，最终，也不会再有对死的恐惧。

——罗　素

以死来鄙薄自己，出卖自己，否定自己的信仰，是世间最大的刑罚，最大的罪过。宁可受世间的痛苦和灾难，也千万不要走到这个地步。

——罗曼·罗兰

名人名言

诸葛亮小传

诸葛亮 (181—234)字孔明，琅玡阳都(今山东沂南)人。三国蜀汉政治家、军事家。东汉末，隐居邓县隆中(今湖北襄阳西)，留心世事，被称为“卧龙”。刘备三顾茅庐，他向刘备提出了“隆中对”。后来，刘备根据其策略，联合孙权攻曹操，取得赤壁之战的胜利，并占领荆州和益州，建立了蜀汉政权。著有《诸葛亮集》。

诸葛亮的故事——诸葛亮出师

据传说，诸葛亮少年时和徐庶、庞统等同拜司马徽为师。三年师满，先生说：“从现在到午时三刻，谁能得到我的允许，走出水镜庄，谁就算出师了。”

弟子们急得抓耳挠腮，有的呼叫：“庄外失火！”有的谎报：“家中来信，母病危，要速回。”庞统说：“如果让我站在庄外，我一定能想出办法，请先生允许我到庄外走走。”这些都没有得到先生的同意。

午时三刻就要到了，诸葛亮一脸怒气摔摔打打地直奔堂上，指着先生的鼻子怒叫道：“你这先生太刁钻，尽出歪题害我们，我不当你的弟子了！还我三年学费！快还我三年学费！”一席话把先生气得浑身颤抖，喝道：“快把这小畜生赶走！”诸葛亮却拗着不走，徐庶、庞统好歹才把他拉了出去。可一出庄，诸葛亮就大笑起来，捡起一根柴棒，跑回庄，跪在先生面前说：“方才为了考试，不得已冲撞恩师，弟子愿受罚！”说着送上柴棒。先生这才转怒为喜，拉起他说：“你可以出师了。”

假如生命是无味的，我不要来生；假如生命是有趣的，今生已是满足的了。

——冰　心

让你的生命轻捷地在时间的边缘上跳舞，就像树叶尖端上的露水那样。

——泰戈尔

人生的许多大困难，只要活着，没有什么是解决不了的。

——三　毛

你热爱生命吗？那么就不要浪费时间，因为生命正是由时间组成的。

——富兰克林

谁能把生死置之度外，他就会成为新人。谁能战胜痛苦和恐惧，他自己就能成为上帝。

——陀思妥耶夫斯基

死亡是我们的朋友，不能取悦于他的人，永远得不到安逸。

——培　根

死是一种古老的玩笑，可是他对每个人都是新鲜的。

——屠格涅夫

假如有人死、有人不死，那么死就确实是可怕的苦难了。

——拉布吕耶尔

死者不为生者所忘——虽死犹生。

——托·坎贝尔

人到临终的时候方才悟得人生的意义，在世一生，末了还是死道出了生之真谛。

——罗·勃朗宁

整个生命就是通向死亡的旅行；既然如此，人死了又有什么稀奇？

——塞内加

岁月赐予我们生命的同时，就开始把它索回。

——塞内加

享尽了生活的福乐，人就该毅然决然地告别人生，像一个酒足饭饱的宾客辞宴离去一样。

——贺拉斯

倘若你懂得如何利用生命，那么一生的时间是够长的。

——塞内加

倘使世界上的一切都不允许你高尚地活着，那么世上就没有一样东西会阻拦你高尚地去死。

——塞内加

死亡，如同降生一样，是大自然的奥秘。

——马可·奥勒利乌斯

死亡是感官印象的中止，是欲望系列的中断，是思想的散漫运动的停息，是对肉体服务的结束。

——马可·奥勒留

生活就像一个山坡。眼望着坡顶往上爬，心里会觉得很高兴，但一旦登上峰顶，马上就会发现，下坡路就在眼前。路走完了，死亡也就来了。上坡很慢，但下坡却很快。

——莫泊桑

光荣地死，胜过耻辱地生。

——伊　索

凡是在世时就将死置之度外、能上能下的人，往往虽死犹生。

——蒙　田

贤者既不厌恶生存，也不畏惧死亡。既不把生存看成坏事，也不把死亡看成灾难。贤者对于生命，正如同他对食品那样，并不单单选多的，而是选精美的；同样的，他享受时间也不是单单度量它是否长远，而是度量它是否最合意。

——伊壁鸠鲁

不去想它，然后坦然接受——这是对待死亡最好的方法。

——帕斯卡尔

如果我们永远不死，我们反而会成为不幸的人。当然，死是很痛苦的，但是，当我们想到我们不能永远活下去，想到还有一种更美好的生活将结束今生的痛苦，我们就会感到轻松的。如果有人允许我们在这个世界上长生不死，请问谁愿意接受这不祥的礼物？

——卢　梭

人生是真实的！人生是诚挚的！墓地并不是终点。

——朗费罗

对于一个知道如何生活的人来说，死神的名字是没有什么可怕的。

——爱默生

害怕死亡，并不是想永远活着，而是为实现人生的使命。

——武者小路实笃

有三件大事人类都要经历：出生、生活和死亡。他们出生时无知无觉，死到临头，痛不欲生，活着的时候却又怠慢了人生。

——拉布吕耶尔

无所事事的人常因想到死亡而害怕，一旦投入紧急的行动，不管这个行动有多大危险，他们不再有工夫想到死亡。战场必定是人们最少想到死亡的场所之一，于是可以得出一个怪论：一个人的生命越充实，就越不怕失去它。

——阿　兰

不论一个人有什么样的命运和名声，只要他死得伟大，那么他生前也一定是伟大的。

——爱·扬格

人之生也柔弱，其死也坚强。

——老　子

生理寿命只是一种进程而非"生命"，心理存在同样也不是生命。生命就是整个世界。

——维特根斯坦

生不如死，死不如生；来不知去，去不知来。

——列　子

生也死之徒，死也生之始，孰知其纪！

——庄　子

知死必勇。

——司马迁

有生者必有死，有始者必有终，自然之道也。

——扬　雄

壮心未与年俱老，死去犹能作鬼雄。

——陆　游

一时人物风尘外，千古英雄草莽间。

——萨都剌

生前富贵草头露，身后风流陌上花。

——苏　轼

生当作人杰，死亦为鬼雄。

——李清照

想到生的乐趣，生固然可以留恋；但想到生的苦趣，无常也不一定是恶客。无论贵贱，无论贫富，其实都是“一双空手见阎王”。

——鲁　迅

男儿得死所，其重如山丘。

——屈大均

福寿康宁，固人之所同欲；死亡疾病，亦人所不能无。

——程允升

生命不怕死，在死的面前笑着跳着，跨过了灭亡的人们向前进。

——鲁　迅

唯独革命家，无论他生或死，都能给大家以幸福。

——鲁　迅

生命是可爱的。但寒冷的寂寞的生，却不如轰轰烈烈的死。

——巴　金

生为百夫雄，死为壮士规。

——王　粲

君子不为苟存，不为苟亡。

——裴松之

生有益于人，死不害于人。

——戴　圣

河清不可俟，人命不可延。

——赵　壹

有始者必有卒，有存者必有亡。

——葛　洪

自古皆有死，莫不饮恨而吞声。

——江　淹

生死本是一条线上的东西。生是奋斗，死是休息，生是活跃，死是睡眠。

——郭沫若

士有忍死之辱，必有就事之计。

——范　晔

十八學士圖

吾不识青天高，黄地厚；唯见月寒日暖，来煎人寿。

——李　贺

蚌死留夜光，剑折留锋芒。

——邵　谒

死生天地之常理，畏者不可苟免，贪者不可以苟得也。

——欧阳修

一朝纩息定，枯朽无妍媸。

——柳宗元

不以死生祸福累其心。

——王安石

死的惨痛大部分是心理上造成的恐怖，被我们践踏的一只无知的甲虫，它的肉体上的痛苦，和一个巨人在临死时所感到的并无异样。

——莎士比亚

物之有成必有坏，譬如人生之有生必有死，而国之有兴必有亡也。

——苏　轼

每一有限的事物都要扮演的角色，就是趋向死亡。

——康　德

望见了海岸才溺死，是死得双倍凄惨。

——莎士比亚

生使一切人站在一条水平线上，死使卓越的人露出头角来。

——萧伯纳

动物也如我们一样会死；但是唯独我们知道自己必定会死，正是这一点使我们成其为人。

——亚·史密斯

逆境——通往真理的第一条道路

人在逆境里比在顺境里更能坚持不屈。

——雨　果

人在身处逆境时，适应环境的能力实在惊人。

——卡耐基

逆境要么使人变得更加伟大，要么使他变得非常渺小。困难从来不会让人保持原样的。

——皮　尔

伟人在逆境中得到欢乐，如同英勇的士兵从战斗胜利中获得喜悦一样。

——塞涅卡

一切幸福都并非没有烦恼，而一切逆境也绝非没有希望。

——培　根

如果斗争只是在有极顺利的成功机会的条件下才着手进行，那么创造世界历史就太容易了。

——马克思

气度狭小就被逆境驯服，宽宏大量则足以把逆境克服。

——雨　果

没有经历逆境的人不知道自己的力量。

——琼　森

在某一段时间里，我们的逆遇也可能成为我们的特色之一。

——弥尔顿

逆境考验朋友。

——普·绪儒斯

逆境有一种科学价值，一个好的学者是不会放弃这种机会来学习的。

——爱默生

犹如黑夜之于星星，逆境会给人带来荣光。

——爱·扬格

灾难是真理的第一程。

——拜　伦

不管怎样困难，不要求人怜悯。

——柏拉图

山重水复疑无路，柳暗花明又一村。

——陆　游

一个人要先经过困难，然后踏进顺境，才觉得受用、舒服。

——爱迪生

逆境是通往真理的第一条道路。

——拜　伦

怜悯是一个人遭受厄运而引起的，恐惧是这个遭受厄运的人与我们相似而引起的。

——亚里士多德

走红运比遭厄运更需要伟大的品质。

——拉罗什夫科

伟大的心胸，应该表现出这样的气概——用笑脸来迎接悲惨的厄运，用百倍的勇气来应付一切的不幸。

——鲁　迅

不少幸运儿在背运时才发现了自己。

——霍·史密斯

逆境造就人才，而顺境却埋没人才。

——贺拉斯

逆境可以使人变得聪明，尽管不能使人变得富有。

——托·富勒

患难困苦，是磨炼人格之最高学校。

——梁启超

困难，是动摇者和懦夫掉队回头的使桥；但也是勇敢者前进的踏脚石。

——爱默生

风如马，任我跨；云如雪，随我踏；哪儿有困难，哪儿就是家！

——郭小川

不因幸运而固步自封，不因厄运而一蹶不振。真正的强者，善于从顺境中找到阴影，从逆境中找到光亮，时时校准自己前进的目标。

——易卜生

有困难是坏事也是好事，困难会逼着人想办法，困难环境能锻炼出人才来。

——徐特立

在逆境中，好人自会表现出闪光的品质；而在顺境中，他的夺目光彩就会被隐没。

——爱·扬格

逆境使我们变得更加聪明，顺境使是非变得含糊不清。

——塞涅卡

故天将降大任于是人也，必先苦其心志，劳其筋骨，饿其体肤，空乏其身，行拂乱其所为，所以动心忍性，曾益其所不能。

——孟　子

人生的道路上常常有这样的情况：逆境使人有所建树。

——艾柯卡

烈火试真金，逆境试强者。

——塞涅卡

即使在人群中找出一百个能忍受逆境的人，也未必找得到一个能正确对待顺境的人。

——卡莱尔

即使是最高尚的人，也难免陷入逆境之中。

——塞涅卡

逆境令人奋斗。

——陶行知

泰然自若是应付逆境的最好办法。

——普劳图斯

要使整个人生都过得舒适、愉快，这是不可能的，因此人类必须具备一种能应付逆境的态度。

——罗　素

任何事业的成功史中必有一段伤心史。

——邹韬奋

挫折就像一块石头，对于弱者来说，它是块绊脚石，让你却步不前；对于强者来说，却是块垫脚石，使你站得更高，看得更远。

——巴尔扎克

顺境的美德是节制，逆境的美德是坚韧，这后一种是较为伟大的德性。

——培　根

人在逆境里比在顺境里更能坚持不屈，遭厄运时比交好运时更容易保全身心。

——雨　果

顺境造就幸运儿，而逆境造就伟人。

——小普林尼

什么是路？就是从没路的地方践踏出来的，从只有荆棘的地方开辟出来的。

——鲁　迅

不幸可以提供意想不到的可能，使人认识生活。

——亨利希·曼

财富——在快乐中证明自身

财富更要把你下到地狱里，比贫穷还要厉害不止十倍，财富连你的肉体都救不了。

——萧伯纳

贫穷的伴侣是自由，束缚伴随着富裕。财富是人创造的，所以人富了以后难以摆脱人世的羁绊。

——木村鉴三

巨额财富使人养尊处优，无求于人，但也有一种危险的倾向，它能使一个意志坚强、知识渊博的人变得怪癖、自负。

——萧伯纳

一切财富都是权力，因此权力定会用种种手段将财富确定无疑地据为己有。

——埃德蒙·伯克

财富掌握在意志薄弱、缺乏自制、缺乏理性的人手中，就会成为一种诱惑和一个陷阱。

——塞缪尔·斯迈尔斯

财富令人起敬，它是社会秩序最坚固的支柱之一。

——罗曼·罗兰

毫无疑问，财产同自由一样，是人类的一项真正权利。

——约翰·亚当斯

穷且益坚，不坠青云之志。

——王　勃

曹操小传

曹　操　（155－220）字孟德，沛国谯（qiáo）（今安徽亳州）人。三国时期著名政治家、文学家。借镇压黄巾起义成为割据一方的军阀，打败袁绍后，逐渐统一黄河流域，进位丞相，后封魏王，死后被称为魏武帝。政治上较为开明，精通兵法。他写的诗歌反映了人民的疾苦，抒发了自己的政治抱负，内容充实，语言质朴，情调慷慨悲壮，风格雄浑深厚，为建安风骨主要体现者之一。代表作品有《蒿里行》、《薤（xiè）露行》、《短歌行》、《龟虽寿》、《观沧海》等。有《魏武帝集》。

曹操的故事——曹操烧信件

公元199年，曹操与实力最为强大的北方军阀袁绍在官渡相持不下。袁绍拥兵10万，兵精粮足，而曹操兵力只及袁绍的1/10，又缺粮，明显处于劣势，当时很多人都以为曹操这一次必败无疑了。曹操的部将以及留守在后方根据地许都的好多大臣纷纷给袁绍写信，准备一旦曹操失败便归顺袁绍。

半年多以后，曹操采纳谋士许攸的奇计，袭击袁绍的粮仓，一举扭转战局，打败了袁绍。曹操在清理从袁绍军营中收缴来的文书材料时，发现了自己部下的那些信件。他连看也不看，命令立即全部烧掉，并宽厚地说："战事初起之时，袁绍兵精粮足，我自己都担心能不能自保，何况其他人！"听到曹操说的话，那些怀有二心的人于是都放心了，对稳定大局起了很好的作用。

人们所努力追求的庸俗的目标——财产、虚荣、奢侈的生活，我总觉得都是可鄙的。

——爱因斯坦

巨大的财富对于一个不惯于掌握钱财的人，是一种毒害，它侵入他品德的血肉和骨髓。

——马克·吐温

乞丐并不羡慕百万富翁，尽管他们一定会羡慕比他们乞讨得更多的乞丐。

——罗　素

财富只有当它为人的幸福服务时，它才算作财富。

——苏霍姆林斯基

林中多疾风，富贵多谀言。

——桓　宽

不贪便是富；不爱购置便是收入。

——西塞罗

恰当的比例对一切事物都是好的，不论豪富或赤贫在我看来都不好。

——德谟克里特

我们手里的金钱是保持自由的一种工具；我们所追求的金钱，则是使自己当奴隶的一种工具。

——卢　梭

你问富贵的适当界限是什么吗？所谓富贵，首先是必需的都有；其次是所需的皆够。

——塞涅卡

诚实与聚积大量财富是不可调和的。

——甘　地

财富的价值取决于财主的思想。对于懂得如何支配它们的人，财富是福祉；而对于拙于利用它们的人，财富又成了祸根。

——忒壬斯

所有超过个人应得的社会产品份额的财富，都是窃夺。

——巴贝夫

对不正当的获利的希望，是失利的开始。

——德谟克里特

只有人们忘掉黄金时，黄金时代才到来。

——切斯特顿

好高骛远往往毁坏了本来已经不错的东西。

——莎士比亚

贪心好比一个套结，把人的心越套越紧，结果把理智闭塞了。

——巴尔扎克

一个人会被财产压垮、腐化、毁灭、逼疯，或者得到新生，大体要看他求财的动机而定。

——佚　名

对金钱的贪恋是一切罪恶的根源。

——勃特勒

我们可将财富比做海水，喝得愈多，愈是口渴，声名亦复如此。

——叔本华

没有充实的心灵，财富只不过是丑陋的乞丐。

——爱默生

财富实际上是空的，它的价值存在于交换中，当它和我们不发生联系时就毫无用处。如果财富使它的所有者得以享受，这在聪明人看来并不值得向往和妒忌。的确的，关于肉体的享受，金钱，既不能开辟一条通向幸福的道路，也不能阻挡痛苦的路途。

——塞缪尔·约翰逊

如果我们能够支配财富，我们将衣食丰盈，自由自在；如果我们被财富所支配，我们将真的穷到骨子里。

——埃·伯克

生财有大道：生之者众，食之者寡，为之者疾，用之者舒，则财恒足矣。

——孔　子

有的人生来就富贵，有的人努力取得了富贵，还有的则享有送上门来的富贵。

——莎士比亚

幸福——一个不断渴望的过程

使人幸福的不是体力，也不是金钱，而是正义和多才。

——德谟克里特

快乐可依靠幻想，幸福却要依靠实际。

——尚福尔

幸福与美不能长久联合在一起。

——歌　德

把别人的幸福当作自己的幸福，把鲜花奉献给他人，把棘刺留给自己。

——巴尔德斯

幸福时代的到来，不会像睡了一宵就是明天那样。

——布莱希特

为人类的幸福而劳动，这是多么壮丽的事业，这个目的有多么伟大！

——圣西门

能把自己生命的终点和起点连接起来的人，是最幸福的人。

——歌　德

那些为大多数人带来幸福的人是最幸福的人。

——马克思

我们只能享有我们所能理解的幸福。

——梅特林克

身强力壮，固然是幸福；然而聪明智慧，还要幸福数倍！

——克雷洛夫

幸福有它的两重性：一方面在于福至心灵，时来运至……另一方面，也是最实际的方面，就是知足常乐地安度日常生活，这也就是说，头脑清醒，不干蠢事。

——冯塔纳

为了要活得幸福，我们应当相信幸福的可能。

——列夫·托尔斯泰

只有在对美好事物的自觉追求中，才有真正的幸福。

——高尔基

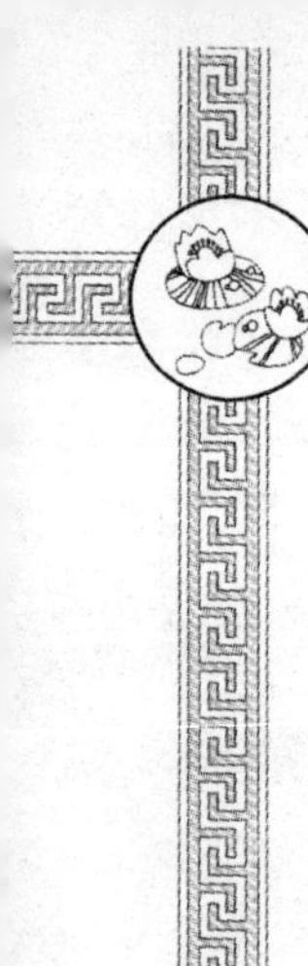

幸福只能降临到为它付出代价，并有毅力取胜的人的身上。

——拉　恩

人生只有一种确凿无疑的幸福——就是为别人而生活。

——列夫·托尔斯泰

人生至高的幸福，便是感到自己有人爱；有人为你是这个样子而爱你，而进一步说，有人不问你是什么样子而仍一心爱你。

——雨　果

幸福没有明天，也没有昨天，它不怀念过去，也不向往未来，它只有现在。

——屠格涅夫

如果你能成功地选择劳动，并把自己的全身精神灌注到它里面去，那么幸福本身就会找到你。

——乌申斯基

每个人都不像他自以为的那样幸福或不幸。

——拉罗什夫科

幸福并不在挥霍金币的房屋底下。

——巴尔扎克

个人的幸福只由全体的幸福造成，当大地上有一切人的幸福的位置时，就不会有嫉妒和憎恨了。

——左　拉

幸福不在于对抗，而在于协调。

——纪　德

幸福是会给予不怕劳动的人，或多于忘我劳动的人。

——苏霍姆林斯基

在我看来，凡是带给我们幸福的东西，我便称之为有用。世界上没有比冥想和幻思更使我们幸福，这正是现代人最易忘却的东西。

——罗　丹

对于我，作一个战士是最大的幸福……一切个人问题都不如社会事业那样永久。

——奥斯特洛夫斯基

在漫长的一生中，无论多苦，只要坚持下去，就会得到幸福。

——大松博文

你想成为幸福的人吗？但愿你首先学会吃得起苦。

——屠格涅夫

幸福是暴风雨中的搏斗，而不是月下弹琴，花下吟诗。

——丁　玲

幸福不在于占有畜群，也不在于占有黄金，它的居处是在我们的灵魂之中。

——德谟克里特

一个人若不经历艰难险阻，没有体验紧张情感，就不会理解幸福。

——苏霍姆林斯基

没有完全的独立，就没有完全的幸福。

——车尔尼雪夫斯基

我宁肯为我所爱的人的幸福而千百次地牺牲自己的幸福。

——卢　梭

幸福的不可少的条件就是信念。

——马卡连柯

我们更感兴趣的是使他人相信我们是幸福的，而不是力图使我们自己感到幸福。

——拉罗什夫科

当人达到目的或有保证达到目的时，一切辛苦都比休息更适意。

——德谟克里特

人的最佳生活方式是拥有尽可能多的快乐和尽可能少的痛苦。这是可以办得到的,只要你不从那些足以致使痛苦的事物中寻找快乐。

——德谟克里特

幸福在于趣味,而不在于事物。我们幸福在于我们拥有自己的所爱,而不在于我们拥有其他人觉得可爱的东西。

——拉罗什夫科

人生在世,只有勤劳,发愤图强,用自己的双手创造财富,为人类解放事业——共产主义贡献自己的一切,这才是最幸福的。

——雷　锋

安得广厦千万间,大庇天下寒士俱欢颜。

——杜　甫

一个人有了远大的理想,就是在最艰苦的时候,也会感到幸福。

——徐特立

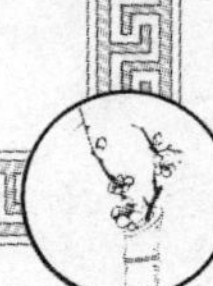

三、畅谈理想

世界上最快乐的事，莫过于为理想而奋斗。哲学家告诉我们："为善至乐"的乐，乃是从道德中产生出来的，为理想而奋斗的人，必能获得这种快乐，因为理想的本质就含有道德的价值。

——苏格拉底

理想——旅行的路线

人需要理想，但是需要人的符合自然的理想，而不是超自然的理想。

——列　宁

人生的最高理想是为人民谋利益。

——德莱塞

理想是世界的主宰。

——霍　兰

理想之路无止境。

——柴科夫斯基

如果能追随理想而生活，本着正直自由的精神、勇敢直前的毅力、诚实不自欺的思想而行，则定能臻于至善至美的境地。

——居里夫人

如果他不是十足的庸人，他就要，而且应该有理想。

——列　宁

进步是目的；理想是标准。

——雨　果

把理想运用到真实的事物上，便有了文明。

——雨　果

英雄失去理想，蜕作庸人，可厌地夸耀着当年的功勋；庸人失去理想，碌碌终生，可笑地诅咒着眼前的环境。

——流沙河

有人说：理想是理想，未必能实行。我以为理想必能实行，不能实行的是梦想。

——宫崎滔天

生活的理想，就是为了理想的生活。

——张闻天

立志是一件很重要的事情。工作随着志向走，成功随着工作来，这是一定的规律。

——巴斯德

在理想的最美好的世界中，一切都是为最美好的目的而设的。

——伏尔泰

确定了人生目标的人，比那些彷徨失措的人，起步时便已领先几十步。有目标的生活，远比彷徨的生活幸福。没有人生目标的人，人生本身就是乏味无聊的。

——姚乐丝·卡耐基

对人类来说，没有比为使命而活着更可贵的了；同时也没有比不知为何生存更为空虚的了。没有使命感，没有目的，便彷徨于人生的路上。

——池田大作

没有目的。个人完了，目的也就完了。

——奥斯特洛夫斯基

一个人年轻的时候需要有一个幻想，觉得自己参与着人间伟大的活动，在那里革新世界。

——罗曼·罗兰

人类总有一种理想，一种希望。虽然高下不同，必须有个意义。

——鲁　迅

可能，有了理想，生活才变得这样甜蜜；可能，正因为有了理想，生活才显得如此宝贵……

——艾特玛托夫

谁有生活理想和实现的计划，谁便善于沉默，谁没有这些，谁便只好夸夸其谈。

——埃尔温·斯特里

我相信我们应该在一种理想主义中去找精神上的力量，这种理想主义要能够不使我们骄傲，而又能够使我们的希望和梦想放得很高。

——居里夫人

人的理想志向往往和他的能力成正比。

——约翰逊

理想使你微笑地观察着生活;理想使你倔强地反抗着命运。理想使你忘记鬓发早白;理想使你头白仍然天真。

——流沙河

理想并不是一种空虚的东西,也并不玄奇;它既非幻想,更非野心,而是一种追求完美的意识。

——莎菲德拉

一切都靠一张嘴来谈理想而丝毫不实干的人,是虚伪和假仁假义的。

——德谟克里特

人在必然世界里有一个有限之极,在希望的世界里则有一个无限之极。

——泰戈尔

生活的理想需要广博的哲理。

——泰戈尔

理想是事实之母。

——叶圣陶

理想的书籍是智慧的钥匙。

——列夫·托尔斯泰

青年的理想并非属于自己,理想应当是属于人民的。为个人的前途是没有意思的,是没有出息的。

——张海迪

理想对于我来说,具有一种非凡的魅力。

——奥斯特洛夫斯基

而正是这种理想才能使一个人怀着较之秘密的爱情更甜蜜、更幸福、更令人心醉的狂喜去珍惜、维持、保护一项抽象的财富。

——托马斯·曼

理想的人物不仅要在物质需要的满足上,还要在精神情趣的满足上得到表现。

——黑格尔

很多的人,分不清理想与梦想的不同。理想,是一种可能实现也可能不实现的观念。而梦想,可以想得天花乱坠,随人怎么想,要实现起来,大半是不成的。

——三　毛

李白小传

李　白　(701—762)唐代诗人。字太白，号青莲居士，祖籍陇西成纪(今甘肃天水附近)。早年在蜀中读书漫游，25 岁出蜀，曾在宫中任职，受排挤，弃官离开长安。后曾入狱，被流放夜郎(今贵州一带)，途中遇赦，病死在安徽当涂。他的诗歌抒发进步理想，抨击权贵，有强烈的爱国主义精神，气势豪放，想象丰富，语言深入浅出。

李白的故事——铁杵磨成针

相传，唐代大诗人李白小时候很贪玩，不爱读书。

有一天，他在屋子里读书，书刚读到一半就打呵欠，伸懒腰，心浮气躁。他看看屋里没人，就悄悄地溜出门去，跑到山下的小河边捉蜻蜓。

没多久他来到了小河边，忽然他发现小河边上蹲着一个老婆婆，手里拿着一根铁棒，在一块大石头上使劲地磨，她干得十分卖力，汗珠不断从她那花白的鬓角流下来。

李白站在那里看了好久，心里纳闷，猜不出来老婆婆磨铁棒是要干什么。他于是走上前问："老婆婆，请问您磨这根铁棒干什么?"

老婆婆抬起头擦了一把汗，回答道："我要把它磨成一根绣花针。"

李白非常吃惊："这么大一根铁棒，怎么能磨成针呢?"

老婆婆看到他惊异的样子，笑呵呵地说："孩子，铁棒总是越磨越细，只要我下定决心，天天磨，月月磨，还怕磨不成针吗? 天下没有做不成的事。"

李白听了，若有所悟，对自己逃学的行为感到十分惭愧，连忙转身跑回家，翻开书本，一遍又一遍地读起书来。从此，他再也不贪玩，开始发愤学习了。

世界上总有人抛弃了理想,理想却从来不抛弃任何人。给罪人新生,理想是灵魂的仙草;唤浪子回头,理想是慈爱的母亲。

——流沙河

让你的理想高于你的才干,你的今天有可能超过昨天,你的明天才有可能超过今天。

——纪伯伦

神圣的工作在每个人的日常事务里,理想的前途在于一点一滴做起。

——谢觉哉

信念——灵魂的抗菌剂

随着信念的指示做事情,事无论大小,我都会感到喜悦。

——巴　金

如果一个人没有精神支柱,他就要受到世界的束缚。

——高尔基

在荆棘道路上,唯有信念和忍耐才能开辟出康庄大道。

——松下幸之助

以利益为主的阵营老是会动摇的,但以信念为主的是分化不了的。

——巴尔扎克

怀疑并不是信念的对立面,而是信念的一个组成部分。

——蒂利希

这种信念的力量是神奇的,它可以使千千万万的老弱信徒和衰弱的年轻人毫不迟疑、毫无怨言地从事那种艰苦不堪的长途跋涉,毫不懊悔地忍受因此而来的痛苦。

——马克·吐温

如果一个人有足够的信念,那么他就能创造奇迹。

——佚　名

我们应该赞美岩石的坚定,我们应该学习岩石的坚定,我们应该对革命有着坚强的信念。在民主革命的战争年代应该如此,在社会主义革命和建设的年代更应该如此。

——陶　铸

信仰是精神的劳动；动物是没有信仰的，野蛮人和原始人有的只是恐怖和疑惑。只有高尚的组织体，才能达到信仰。

——契诃夫

不要害怕生活。坚信生活的确值得去生活，那么你的信念就会有助于创造这个事实。

——威廉·詹姆斯

我一天也没有追求权力，因为在我生命的黎明时刻，我就发现我的力量发自我自己的内心深处，来自我对幸福、正义和美好的绝对信念。

——安瓦尔·萨达特

幸福必不可少的条件就是信念，就是正确地生活下去，就是并不在暗地里隐藏着卑鄙、懦弱、狡猾、陷害以及任何一种其他的败行。

——巴卡连柯

人只要有一种信念，有所追求，什么艰苦都能忍受，什么环境也都能适应。

——丁 玲

一个人的活动，如果不是被高尚的思想所鼓舞，那它是无益的、渺小的。

——车尔尼雪夫斯基

深信不疑对于真理是比谎言更危险的敌人。

——尼 采

支配战士行动的力量是信仰，他能够忍受一切艰难、痛苦，而达到他所选定的目标。

——巴 金

应该用信念去向感官和心灵的一切自私报仇，要抛弃个人，为永恒的思想服务。

——罗曼·罗兰

由大智中产生大勇，由理解中加强信心，才是最坚毅的大勇与最坚强的信心。

——邹韬奋

信念是储备品，行路人在破晓时带着它登程，但愿他在日暮以前足够使用。

——柯罗连科

人有没有信念并非取决于铁链或任何其他外在的压力。

——托·卡莱尔

宁无知，勿有错；没有信念的人比有错误信念的人更接近真理。

——杰弗逊

信念只有在积极的行动之中才能够生存，才能够得到加强和磨炼。

——苏霍姆林斯基

如果信念的热力不能使心灵感到温暖，那一定谈不上什么幸福。

——冈察洛夫

勇敢和必胜的信念常使战斗得以胜利结束。

——恩格斯

通向真正信仰的道路，是要经过无信仰的沙漠才会达到的。

——高尔基

喷泉的高度不会超过它的源头；一个人的事业也是这样，他的成就决不会超过自己的信念。

——林 肯

由百折不挠的信念所支持的人的意志，比那些似乎是无敌的物质力量具有更大的威力。

——爱因斯坦

我的信念是把最好的留着别说。

——惠特曼

每人都有足够的余力去实现自己的信念。

——歌 德

信念不是到处去寻找顾客的产品推销员，它永远也不会主动地去敲你的大门。

——赵鑫珊

最坚强的意志，产生于最坚强的信念和对新生活的向往。

——柯 蓝

信念这强烈的精神搜索之光照亮了道路，虽然凶险的环境在阴影中潜行，我却无所畏惧地走向魔林……

——海伦·凯勒

我有一个信念：事业虽有大小之别，但只要去做，就一定会成功。

——松下幸之助

试图强迫一个人公开声明接受一种他所认为对的信仰，不但是不道德和不合法的，而且也是愚蠢和荒谬的。

——茨威格

信念最好能由经验和明晰的思想来支持。

——爱因斯坦

对于一个有思想的人来说，没有一个地方是荒凉偏僻的。在任何逆境中，她都能充实和丰富自己。

——丁　玲

思想会有反复；信念坚定不移；事实一去就不复返。

——歌　德

坚强的人才会认真走完自己想走的路程。

——罗　兰

追求——吾将上下而求索

人往往异想天开，竭力追求得不到的东西，干办不到的事。结果不是后悔，就是苦恼。

——谢德林

活着却没有目标，是非常可怕的。

——契诃夫

敢于走前人没有走过的路的拓荒者，永远是不朽的。

——武者小路实笃

伟大的热情能战胜一切，因此我们可以说，一个人只要强烈地坚持不懈地追求，他就能达到目的。

——司汤达

物质上无止境的追求，其结果是对个人价值无止境的否定。

——罗　兰

世上一切真正有益的东西无一不是智者通过正确的追求所得到的。

——伯　克

路漫漫其修远兮，吾将上下而求索。

——屈　原

前途并不属于那些犹豫不决的人，而是属于那些决定之后，就不屈不挠、不达目的誓不罢休的人。

——罗曼·罗兰

只见汪洋就以为没有陆地的人，不过是拙劣的探索者。

——培　根

只有执著追求并从中得到最大快乐的人，才是成功者。

——梭　罗

有不少人，他们不追求那些物质的东西，他们追求理想和真理，从而得到了内心的自由和安宁。

——爱因斯坦

强者不自勉，或死而泯灭于无闻；弱者能自力，则必有称于后世。

——欧阳修

一个崇高的目标，只要不渝地追求，就会成为壮举；在它纯洁的目光里，一切美德必将胜利。

——华兹华斯

在这个完全有条件的世界上，去直接追求无条件的事物，没有比这更可悲的景象了。

——歌　德

世间的任何事物，追求时候的兴致总要比受用时候的兴致浓烈。

——莎士比亚

凡是以追求自己的幸福为目标的人，是坏的；凡是以博得别人的好评为目标的人，是脆弱的；凡是以使他人幸福为目标的人，是有德行的。

——托尔斯泰

一个人常常由这个思想引出那个思想，因而远离了他所追求的正确目标，第二个思想往往减少第一个思想。

——但　丁

对精神的追求和对物质的追求都是永无止境的。但是脱离了前者的后者，是虚空、堕落；脱离了后者的前者，是虚假、倒退。

——陈祖芬

人生就是行动、斗争和发展，因而不可能有什么固定不变的目标，人生的欲望和追求决不会停止不动。

——弗兰克林·梯利

不满是向上的车轮，能够载着不自满的人类，向大道前进。

——鲁　迅

时代环境全部迁流，并且进步，而个人始终如初，毫无长进，这才谓之“落伍者”。

——鲁　迅

如果人感受不到对幸福的渴望，他就不会感到自己是一个活着的人；没有幸福的欲望，人就无法生存。

——列夫·托尔斯泰

缺乏进取精神的民族意味着堕落。唯有开拓和竞争，才能立于不败之地。

——怀　特

不要为过去的时间叹息！我们在人生的道路上，最好的办法是只向前看，不要回头。

——罗　兰

只要持续地努力，不懈地奋斗，就没有征服不了的东西。

——塞内尔

我们，我们活着！岁月是我们的，而活着的人就应该有所追求！

——席　勒

人们往往忽略在眼前的事物，而一味渴求远在天边的东西。

——小普林尼

如果你掌握了审时度势的艺术，在你的婚姻、你的工作以及你与他人的关系上，就不必去追求幸福和成功，它们会自动找上门来。

——阿瑟·戈森

如果你们不努力上进，超过一般人，那么你们只有落在别人后边。

——泰戈尔

天地万物都在追求自身的独一无二的完美。

——泰戈尔

追求理想是一个人进行自我教育的最初的动力，而没有自我教育就不能想象会有完美的精神生活。

——苏霍姆林斯基

人生最大的快乐不在于占有什么，而在于追求什么的过程。

——班　廷

生活的目的在于自我完善，而灵魂不死的完成，则是人生唯一的目的。

——列夫·托尔斯泰

对真理和知识的追求并为之奋斗，是人的最高品质之一，尽管把这种自豪喊得响的往往是那些努力最小的人。

——爱因斯坦

志向——有志者事竟成

老当益壮，宁移白首之心；穷且益坚，不坠青云之志。

——王　勃

丈夫生有四方志，东欲入海西入秦。安能龌龊守一隅，白头章句浙与闽。

——刘　过

古之成大事者，不唯有超世之才，亦有坚忍不拔之志。

——苏　轼

立志用功如种树然，方其根芽，犹未有干，及其有干，尚未有志不立，天下方可成之事。

——王守仁

人之学也，不志其大，虽多而何为？

——苏　辙

燕雀安知鸿鹄之志哉！

——司马迁

人敬能自立志，则圣贤豪杰何事不可为？何必借助于人！

——曾国藩

有志者事竟成也。

——范　晔

治天下者，必先立其志。

——程　颢

慷慨丈夫志，可以耀锋芒。

——孟　郊

没有雄心壮志的人，他们的生活缺乏伟大的动力，自然不能盼望他们会有杰出的成就。

——华罗庚

青年应立志做大事，不可立志做大官。

——孙中山

老骥伏枥，志在千里；烈士暮年，壮心不已。

——曹　操

夫英雄者，胸怀大志，腹有良谋，有包藏宇宙之机，吞吐天地之志者也。

——曹　操

贫不足羞，可羞是贫而无志；贱不足恶，可恶是贱而无能。

——吕　坤

人云百年树人，我知终身树志。志在何方，终身见之；志在何事，终身行之；志可有节，困难试之；志可有价值，大评议之。志为立身之本，事业之本，人生要有意义，志在脑中不可须臾辞也。

——申耀东

人不论志气大小，只要尽力而为，矢志不渝，就一定能如愿以偿。

——乔·赫伯特

志不立，天下无可成之事，虽百工技艺，未有不本于志者。志不立，如无舵之舟，无衔之马，漂荡奔逸，终亦何所底乎？

——王守仁

确定目标，即意味着为了达到目标必然要把自己逼进艰难困苦的境地中去；不能确定目标，则意味着他是没有这种勇气的人。

——德田虎雄

没有志向的人，就好比没有动力的船，只能随波逐流。

——魏　琼

志向是天才的幼苗，经过热爱劳动的双手培育，在肥沃土地里成长为粗壮的大树。不热爱劳动，不进行自我教育，志向这棵幼苗也会连根枯死。确定这个志向，选好专业，这是幸福的源泉。

——苏霍姆林斯基

各存愚公之愿，即可移山；共怀精卫之心，不难填海。

——蔡　锷

世界上的万事万物，特别是我所佩服、惊异、欣赏的一切事物，都在“志气”两个字的“统率”之中。

——秦兆阳

如果你志在最高处，那么即使滞留在第二高处甚至第一高处，也并不丢脸。

——西塞罗

少年立志要远大，持身要谨严。立志不高，则溺于流俗；持身不严，则入于匪辟。

——张履祥

有心之人，即立志之坚者也，志坚则不畏事不成。

——任弼时

士之所以能立天下之事者，以其有志而已。

——朱　熹

吾志所向，一往无前，愈挫愈奋，再接再厉。

——孙中山

为了迎合风向而改变自己风铃的人，人们认为是糟糕的、卑鄙的、毫无信念的人。

——杜勃罗留波夫

李清照小传

李清照　号易安居士，南宋女词人，李格非之女。夫赵明诚为金石考据家。早期生活优裕，夫妇共同致力于书画金石的搜集整理、考证鉴别。金兵入踞中原后，流落江南，夫病死，李远走金华依弟，晚景凄凉。清照多才多艺，工诗文，善丹青，词的成就尤高，被誉为“婉约”之宗，在文学史上地位极高。

李清照的故事——一张画

李清照18岁那年，同丞相赵挺之的儿子赵明诚结了婚。夫妻俩情趣相投，感情很好。

有一次，两人把3个月积蓄下来的1500钱，用来买了一张东晋大书法家王羲之的字。不久，又有一人拿着一幅古画找上门来，李清照和赵明诚展开古画，共同仔细地辨认，断定是大画家徐熙所画的真品。画上的牡丹形态不一，花瓣艳丽逼真，茎叶嫩绿可爱。特别是花朵上的粒粒露珠，画得晶莹闪亮，像是在滚动似的，而空中的蝴蝶，也和真的一般。俩人越看越喜爱，忙把那人迎进客厅，问道：“这画确是真品，不知你要多大的价才肯卖呢?”“20万钱。”那人回答。“这么多？少一些不行吗?”“不行。少一文也不卖。”赵明诚和李清照把家里能卖的物品核算了一下，可仍然凑不起那笔钱，只得叹了口气。“那就不要买了。”赵明诚泄气地说。无奈之下，他们把画还给了那个人。夫妻二人为这件事惋惜了好几天。

不积跬步，无以至千里；不积小流，无以成江海。

——荀　子

合抱之木，生于毫末；九层之台，起于垒土；千里之行，始于足下。

——老　子

心不清则无以见道；志不确则无以立功。

——林　逋

非才无以济其志，非志无以辅其才。

——朱　熹

追求科学需要特殊的勇敢。

——伽利略

如果一个人不知道他要驶向哪个码头，那么任何风都不会是顺风。

——小塞涅卡

一个没有原则和没有意志的人就像一艘没有舵和罗盘的船一般，他会随着风的变化而随时改变自己的方向。

——斯迈尔斯

人最凶恶的敌人，就是他的意志力的薄弱和愚蠢。

——高尔基

志向不过是记忆的奴隶，生气勃勃地降生，但却很难成长。

——莎士比亚

不闻人论，则志不宏；不听至言，则心不固。

——傅　玄

非淡泊无以明志，非宁静无以致远。

——诸葛亮

弃燕雀之小志，慕鸿鹄以高翔。

——姚思廉

志在富贵，则得志便骄纵，失志则便放旷与悲愁而已！

——程　颐

名人名言

希望——心灵的灯塔

我们经常保持旧的记忆和新的希望。

——毛　姆

在走向人生这个征途中，最重要的既不是财产，也不是地位，而是在自己胸中像火焰一般熊熊燃起的一念，即“希望”。

——池田大作

希望是热情之母，它孕育着荣誉，孕育着力量，孕育着生命。一句话，希望是世间万物的主宰。

——普列姆昌德

当没有希望的时候，也就没有忍耐。

——塞缪尔·约翰逊

为了取得前进的力量，我们就必须怀抱达到一个乐土的希望。

——列夫·托尔斯泰

伟大的希望造就伟大的人物。

——托马斯·富勒

我们生命中最宝贵的时光都用来期待未来。

——赫兹里特

我不敢断言一根稻草是否曾救活过溺水者，但我明白仅仅朝那根稻草看一眼就足以中止绝望。因为事实上我们是易冲动的生物，而不是易绝望的生物。

——约瑟夫·康拉德

希望价值连城。

——托马斯·富勒

希望本身就是一种幸福，而且说不定是这个世界所能提供的最主要的幸福。

——塞缪尔·约翰逊

希望你们年轻的一代，也能像蜡烛为人照明那样，有一分热，发一分光，忠诚而忠实地为人类伟大的事业贡献自己的力量。

——法拉第

如果一个人的愿望都得到了满足，这对他并无益处。

——赫拉克利特

希望是附丽于存在的,有存在,便有希望,有希望,便有光明。

——鲁　迅

只要有生命就会有希望;只要有希望就会有欢乐。

——查尔斯·里德

最有把握的希望,往往结果终于失望;最小希望的事情,反会出人意料地成功。

——莎士比亚

一粒珍珠是痛苦地围绕着一粒沙子所建造起来的庙宇。是什么愿望围绕着什么样的沙粒,建造起我们的躯体呢?

——纪伯伦

只有能够实现的希望才能产生爱,只有希望才能保持爱。

——奥维德

一个最困苦、最微贱、最为命运所屈辱的人,只要还抱有希望,便可无所恐惧。

——荷　马

希望就是我们自己。

——A. 内图

希望总是告诉我们,明天将更美好。

——提布卢斯

希望中的快乐是不下于实际享受的快乐的。

——莎士比亚

没有希望的地方就没有奋斗。

——塞缪尔·约翰逊

希望——不平静的人生海洋上空的一颗明星。

——保·穆·詹姆斯

生活便是活命,尽管它有可怕的地方,可是它仍然强有力,就是因为它带着永恒的希望!

——左　拉

希望是恋人的手杖,带着它前行,可以对抗绝望。

——莎士比亚

幸运的不是始终去做你所希望做的事而是始终希望达到你所做的事

情的目的。

——列夫·托尔斯泰

上帝为了补偿人间诸多烦恼事,给了我们希望和睡眠。

——伏尔泰

幸运并非没有许多的恐惧与烦恼;厄运也并非没有许多的安慰与希望。

——培　根

希望与忧虑是分不开的,从来没有无希望的忧虑,也没有无忧虑的希望。

——拉罗什夫科

希望是人在逆境中的救星。

——米南德

强大的勇气,崭新的意志——这就是希望。

——路　德

强烈的希望,比任何一种已实现的快乐,对人生具有更大的激奋作用。

——尼　采

希望会使你变得年轻,因为希望和青春是同母所生。

——雪　莱

没有了希望,一个人就不能维持他的信仰,保守他的精神,或保全他的内心纯洁。

——巴尔扎克

希望之桥就是从"信心"这个字开始的——而这是一条把我们引向无限博爱的桥。

——安徒生

四、发扬美德

一个人的美德不应由他特殊的行动来衡量，而应由他日常的品行来衡量。

——巴斯卡

美德——不朽的名誉

不患位之不尊，而患德之不崇；不耻禄之不伙，而耻智之不博。

——张　衡

每一个人对于在朋友身上所要求的美德及良好品格，都可开列出一张长长的清单；但很少有人将这些美德在自已身上培植。

——爱迪生

人不能像走兽那样活着，应该追求知识和美德。

——但　丁

丧失了财富，可以说没丧失什么；丧失了健康，等于丧失了某种东西；但当丧失品德时，就一切都丧失了。

——约翰生

生命短促，只有美德能将它留传到遥远的后世。

——莎士比亚

一切违反人性的不自然的美德，勉强的自我牺牲，大半只是一种空想，实际上是不可能的。

——赫尔岑

美德是意志的行动，是一种增加生活中质、量的习惯。它能建立、加强和显示个性。

——卡瑞尔

我们为子孙打算的时候，必须记住美德是不遗传的。

——佩　恩

美德是高尚的，但美德需要付出和给予。

——乔安山

不朽的名誉，只存在于美德之中。

——彼特拉克

自尊心是一种美德，是促使一个人不断向上发展的原动力。

——毛　姆

真理和美德是艺术的两个密友。你要当作家、当批评家吗？请道德做一个有德行的人。

——狄德罗

道德的最大秘密就是爱。或者说，就是逾越我们自己的本性，而溶入于旁人的思想、行为或人格中存在的美。

——雪　莱

对一个人的评价，不可视其财富出身，更不可视其学问的高下，而是要看他真实的品德。

——培　根

道德的基础，不是对个人幸福的追求，而是对整体的幸福，即对部落、民族、阶级、人类的幸福的追求。

——孟德斯鸠

道德是人们行为的规范和准则，是有客观是非、善恶标准的。它是不成文的法律，但又不同于法律。它主要靠教育、靠公共舆论、靠人们的自觉认识。

——茅以升

崇高的美德不是等待获得自由，而是为自由而战斗。

——卡赞札基斯

美德可能会遇到攻击，但决不会受到伤害；非正义的力量能使它震动，但却无法使它屈服。

——弥尔顿

美德一无所有，它的价值就在于它自身。

——塞涅卡

德性是每一生物特殊可能性的展现；就人而言，是表现出最富有人性的状态。

——弗洛姆

对孩子的责任感是一切美德的基础。

——西塞罗

光凭美德就足以得到幸福。

——柏拉图

幸福存在于美德之中，因为美德是这样一种心理状态：它倾向于使整个生活完全和睦。

——芝　诺

美德本身也需要限制。

——孟德斯鸠

德行是灵魂的力量。

——卢　梭

德行是由常做正当的事情学来的。

——夸美纽斯

德行的实现是由行为，不是由文字。

——夸美纽斯

德性是正常的意志力量，它有助于保护和发展人的精神生活。

——包尔生

德性比人情世故更难获得。

——洛　克

一种美德的幼芽、蓓蕾，这是最宝贵的美德，是一切道德之母，这就是谦逊；有了这种美德我们会其乐无穷。

——加尔多斯

承认低于我们的事物高于我们，也是一种美德。

——歌　德

美德像是一块绝妙无比的宝石，最好不要用金子或其他装饰品去打扮它。

——培　根

尽管美德中含有天性所赐的某些优点，教育却能使它们变得更加完美。

——昆体良

仅有美德是不够的，因为美德犹如一门艺术，应当加以运用。

——西塞罗

培养美德就意味着抛弃罪恶。

——塞涅卡

修养——修其身而天下平

文化修养的目的在于增强和提高鉴赏那些最高尚、最深奥的事物的真和美的能力。

——波伊斯

修养的本质如同人的性格，最终还是归结到道德情操这个问题上。

——爱默生

君子之守，修其身而天下平。

——孟　子

有文化教养的人能在美好的事物中发现美好的含义。这是因为这些美好的事物里蕴藏着希望。

——王尔德

对别人诉说自己，这是一种天性。因此，认真对待别人向你述说他自己的事，是一种修养。

——歌　德

道德修养所能达到的最高境界是：我们认识到应当控制自己的思想。

——达尔文

欲修其身者，先正其心；欲正其心者，先诚其意。

——《礼记·大学》

教养是有教养的人的第二个太阳。

——赫拉克利特

多行无礼，必自及也。

——《左传》

精神的教养，在幸运的人是用作装饰，而在不幸的人是用作庇护所。

——德谟克里特

性情的修养，不是为了别人，而是为自己增强生活能力。

——池田大作

以我们一般人而言，最简便的修养方法是读书。

——梁实秋

人必其自爱，然后人爱之；人必其自敬，然后人敬之。

——扬　雄

虔诚不是目的，而是手段，是通过灵魂的最纯洁的宁静而达到最高修养的手段。

——歌　德

平静的心灵，不会受到窘困或恐惧，无论在幸与不幸中，都以其独自的步伐，继续前进，宛如雷雨中的时钟。

——斯蒂文森

人之过误宜恕，而在己则不可恕；己之困辱当忍，而在人则不可忍。

——洪应明

在获得胜利之后而能克制自己的人，获得了双重的胜利。

——培　根

忍耐能化怯懦为力量，焦急却化力量为懦弱。

——科尔顿

修养将使人有能力维护他的意志，因为人是有意愿的生命体。

——席　勒

人的思想是可塑的：一个人如果每天观赏一幅好画，阅读某部佳作中的一页，聆听一支妙曲，就会变成一个有文化修养的人——一个新人。

——罗斯金

人生最重要的事莫过于提高自己的修养。

——柏拉图

微笑乃是具有多重意义的语言。

——施皮特勒

每天反省有没有做出违背良心的事，有没有愧对他人，这是个人修养中最重要的事。

——松下幸之助

闹时练心，静时养心，坐时守心，行时验心，言时省心，动时制心。

——金　缨

如果通过修养达不到提高鉴赏力的目的，修养二字也就毫无意义了。

——波伊斯

强烈的求知欲和求美欲发展下去就是修养。

——贝内特

关心公益事业应当是每个有相当教养的人所共同的事情。

——列夫·托尔斯泰

名人名言

孙中山小传

孙中山 (1866—1925)中国近代民主革命的伟大先行者。名文,字德明,号日新,后改名逸仙;在日本从事革命活动时曾化名中山樵。诞生于1866年11月12日,广东香山(今中山市)翠亨村人。出生于农民家庭。孙中山早期曾努力争取日、英、法、美等国援助中国的革命和建设,但均无所获。他在斗争中认识到,要争取中国独立富强就必须努力推翻帝国主义。晚年,他同帝国主义进行了坚决的斗争。1925年3月12日,因患肝癌在北京逝世。

孙中山的故事——一生酷爱读书

孙中山先生一生酷爱读书,当有人问他有什么嗜好时,他回答说:"我一生的嗜好,除了革命之外,只有好读书。我一天不读书,便不能够生活。"

孙中山一生中有许多时间是流亡在海外的,生活极不安定。光绪三十年(1896)十月,他从清驻英公使馆脱险后,曾在伦敦小住了一段时间。当时,他生活十分窘困,有时竟连吃饭也成问题。但他仍坚持读书,常到大英博物馆潜心学习和著述。一次,他手头的钱又快花完了,当时在伦敦的一些中国留学生慷慨解囊,凑起三四十英镑送给他。几天后,这些学生前来拜访他,只见桌上堆着一大叠新书,他们诧异起来:孙先生的生活不是很困难吗?怎么有钱买这么多的书?一问才知,他们送来的钱,孙中山大部分都拿去买书了。孙中山接着向他们解释说:"生活苦一点不要紧,我就是这样:一两顿饭不吃倒不在乎,可是不看书,就受不了。"

如果不学好治理自己，就会陷入灭亡的深渊。

——池田大作

人须有自信之能力，当从自己良心上认定是非，不可以众人之是非为从违。

——章太炎

啊，有修养的人多快乐！甚至别人觉得是牺牲和痛苦的事，他也会感到满意、快乐；他的心随时都在欢跃，他有说不尽的欢乐。

——车尔尼雪夫斯基

既不能妄自菲薄，也不盲目自夸。

——鲁　迅

我们现在进修，目标是在社会的善，方法是向社会实际活动，是靠团结的力量，靠做事的磨炼，来促进修养的功夫，衡量修养的成绩。

——杨贤江

一个人必须把他的全部力量用于努力改善自身，而不能把他的力量浪费在任何别的事情上。

——列夫·托尔斯泰

凡是有良好修养的人有一禁诫，勿发脾气。

——爱默生

只有不够聪明的人才批评、指责和抱怨别人。但是，善解人意和宽恕他人，需要修养和自制的功夫。

——卡耐基

宏则希望远大，毅则艰苦卓绝，百折不回。青春修养，果能做宏毅二字，成功者盖十之八九也。

——陈独秀

清旷的襟怀和高远的想象力未必定须由对目而形成，把仰望的双眼移到地面，同样可以收到修养上的效益，而且更见切实。

——叶圣陶

要使人成为真正有教养的人，必须具备三种品质：渊博的知识、思维的习惯和高尚的情操。

——车尔尼雪夫斯基

夫君子之行，静以修身，俭以养德。

——诸葛亮

求取知识，锻炼能力，讲究生活的意义跟实践，这些项目可以说称为修养。无论处于什么时代，修养都是需要的。遇到社会大转变的时代，修养尤其不能马虎，不然就不能适应，不能在大众之中尽个人的本色。

——叶圣陶

人不自爱，则无所不为；过于自爱，则一无所为。

——吕　坤

指责旁人没有教养的人，表明其本身同样缺乏教养。

——普鲁塔克

一个人只要有耐心进行文化方面的修养，就决不至于蛮横得不可教化。

——贺拉斯

百年养不足，一日毁有余。

——王安石

修养之于心地，其重要犹如食物之于身体。

——西塞罗

真诚——力量的象征

一个诚挚、热心、为着光明而斗争的人，不能够不是刻苦而负责的。

——鲁　迅

真实与朴实是天才的宝贵品质。

——斯坦尼斯拉夫斯基

真诚是使一个人伟大的基本力量，它使一个人的缺点或过失也变得能被原谅。

——罗　兰

始终不渝地忠实于自己和别人，就能具备最伟大才华的最高贵品质。

——歌　德

即使那些行为并不坦白正直的人也会承认坦白正直地待人是人性的光荣，而真假相混则有如金银币中杂以合金一样，也许可以使那金银用起来方便一点，但是把它们的品质却弄贱了。

——培　根

哪怕你身居高官显位，享尽荣华富贵，只要有虚饰，就绝对体味不到真正的幸福。

——池田大作

坦率要求在每一个思想里都坦率，不欺骗任何人，尤其在自己相信的事上不欺骗自己。可是坦率并不苛求我们去做办不到的事，它要求我们永远而且只是按照我们相信的事去行动。

——罗曼·罗兰

真诚才是人生最高的美德。

——杰弗雷·乔叟

只有真诚的人才会成为独创者。

——托卡莱尔

最可爱的人是心地单纯的人，谁也比不上他们。多交朋友主要不是靠头脑灵活，而是靠心地善良、单纯，性格热情、坦率，对这一点我深信不疑。

——奥古斯丁

真正的真诚必然伴随着平等。平等是友爱的唯一可靠的基础，而友爱又给平等的感情增添更美丽的光彩。

——葛德文

美好的东西时常是由于它的真诚。

——傅　雷

许多誓言不一定可以表示真诚，真心的誓言只要一个就够了。

——莎士比亚

对人的热诚和照顾，应看作是安慰，不应看成义务。

——菊池宽

我希望我将具有足够的坚定性和美德，借以保持所有称号中我认为最值得羡慕的称号：一个诚实的人。

——乔治·华盛顿

如同是性格的唯一的基础那样，深邃的真诚也是才能的唯一基础。

——爱默生

我这颗心，对一颗开诚相见的心，是极易流露的，对诡计和狡诈却要关上大门。

——卢　梭

对友情唯一的考验，还是长久不变的真诚。

——柯 蓝

最真诚的慷慨就是欣赏。

——歌 德

真诚是一种心灵的开放。

——拉罗什夫科

在人与人的交往中，忠实、真诚、正直对于人的幸福而言是至为重要的。

——本·富兰克林

真正打动人心的是认真二字，是真诚二字。

——池田大作

生命之最在于交流；成功之最在于自信；理解之最在于真挚。

——爱默生

精诚所至，金石为开。

——范 晔

人与人之间最大的信任是精诚相见。

——培 根

真实是我们所拥有的最有价值的品性。有效地使用它吧。

——马克·吐温

生活中，谅解可以产生奇迹，谅解可以挽回感情上的损失，谅解犹如一个火把，能照亮由焦躁、怨恨和复仇心理铺就的道路。

——穆尼尔·纳素夫

虚伪永远不能借它生长在权力中而变成真实。

——泰戈尔

坦白是诚实与勇敢的产物。

——马克·吐温

你在个人生活或工作当中，可能由于诚实而丢掉某些你想要的东西。但是，在漫长的人生旅途中失掉一次应有的回报算不了什么。

——艾琳·C·卡瑟拉

真正的魅力是真诚的自我表露。……当你把自己独有的一面显示给别人，魅力就随之而来。

——索菲娅·罗兰

没有什么手段比说谎更下贱、更可怜、更卑鄙了。

——杰弗逊

蒙蔽是不能长久的。

——鲁　迅

捣鬼有术，也有效，然而有限，所以以此成大事者，古来无有。

——鲁　迅

诚挚坦然的态度比处处防范他人的态度有益得多。

——罗杰斯

一个诚实的人，不论他有多少缺点，同他接触时，心情会感到清爽。

——池田大作

墨写的谎言，决掩不住血写的事实。

——鲁　迅

伟大人格的素质，重要的是个诚字。

——鲁　迅

人心恶假贵重真。

——白居易

世间最纯粹、最暖人胸怀的乐事，恐怕莫过于看见一颗伟大的心灵对自己开诚相见吧。

——歌　德

生活中最摧人断肠的，莫过于相处不真诚。

——戴尔·卡耐基

夫高论而相欺，不若忠论而诚实。

——王　符

君子坦荡荡，小人长戚戚。

——孔　子

不诚则有累，诚则无累。

——杨　时

政治上采取诚实态度，是有力量的表现，政治上采取欺骗态度，是软弱的表现。

——列　宁

勇敢产生于斗争中，勇气是在每次对困难的顽强抵抗中养成的。

——奥斯特洛夫斯基

善良——灵魂最美的音乐

善良的品格同美有着不可分割的联系。

——苏霍姆林斯基

善良即是历史中稀有的珍珠，善良的人便几乎优于伟大的人。

——雨　果

没有单纯、善良和真实，就没有伟大。

——列夫·托尔斯泰

凶恶每“战胜”一次善良就把自己压缩了一次，因为它宣告了自己的丑恶。善良每败于凶恶一次，它就把自己弘扬了一次，因为它宣扬了自己的光明。

——王　蒙

对于心地善良的人来说，付出代价必须得到报酬，这本身就是一种侮辱。美德不是装饰品，而是美好心灵的表现形式。

——纪　德

大凡善良的人总喜欢把人往好处想，总是把人想得比实际上更好，总爱夸大他们的好处。对于这样的人来说，以后的幻灭是很难过的，在他们觉得自己负有责任时就更难过了。

——陀思妥耶夫斯基

生活中的善越多，生活本身的情趣也越多。二者水乳交融，相辅相成。

——列夫·托尔斯泰

根据心灵的基本原则，人类是能够为了善本身而追求善的。

——雪　莱

真有才能的人总是善良的，坦白的，爽直的，决不矜持。

——巴尔扎克

善良——这是天才者的伟大品质之一。

——安格尔

灵魂最美的音乐是善良。

——罗曼·罗兰

对于丑恶没有强烈憎恨的人，也不会对于美善有强烈的执著。

——茅　盾

善良人一生的精华，便是他那些无可称道而又不记在心上的小小的仁爱的行为。

——华兹华斯

善良的东西、美好的东西，能达到一种极致。在一定的时代，在一定的环境，可以达到极致。

——孙　犁

善与恶是同一块钱币的正反两面。

——罗曼·罗兰

一切恶出于自私，而通于一切之善者就在不自私，以至舍己而为公。

——梁漱溟

义务与良心——这些道德情操是人区别于动物的最重要之点。

——苏霍姆林斯基

没有善良——一个人给予另一个人的真正发自肺腑的温暖——就不可能有精神的美。

——苏霍姆林斯基

有善有恶是知，审美辨恶是格，为善去恶是致。

——宋教仁

在一切道德品质之中，善良的本性在世界上是最需要的。

——罗　素

凡是能够促进人类向上发展的，都是美的，都是善的，也都是诗的。

——艾　青

善良是优秀的品性，但不能过分，不然就变得愚钝了。一切不能因善良而失去原则。

——一　凡

一个热情的人，尤其青年，过火是免不了的；只要心地善良、正直、胸襟宽，能及时改正自己的判断，不固执己见，那就好了。

——傅　雷

善良的感情和情感的修养是人道精神的中心。

——苏霍姆林斯基

如果"善"有原因，它就不再是善。如果"善"有它的结果，那也不能称为"善"，"善"是超乎因果联系的东西。

——列夫·托尔斯泰

善是社会的功利性，善的批判以人民的利益为准则。

——艾　青

人类先天就要有一种对善美的追求、对生命的歌颂和对造物者的佩服。越是善良的灵魂，越是对造物者有至高的敬意。

——罗　兰

善与恶在川流中是混杂的。但是，每个人都在他的生活过程中改造自己的血液。

——罗曼·罗兰

不知道善意不一定就不能为善。善不是一种学问，而是一种行动。

——罗曼·罗兰

善良与品德兼备，有如宝石之于金属，两者互为衬托，益增光彩。

——萧伯纳

认为美就是善，这完全是一种错觉。

——列夫·托尔斯泰

善恶的区别，在于行为的本身，不在于地位的有无。

——莎士比亚

世界上最美丽、最高贵、最伟大的事情，莫过于报善和惩恶。

——大仲马

善良，不管怎么说，是基于原谅和宽恕过失的。我们在对待自己，以及对待生活中的一般交际和事务时，善良都要求我们要公正。

——爱迪生

善良的行为有一种好处，就是使人的灵魂变得高尚了，并且使它可以做出更美好的行为。

——卢 梭

不会有一个善良、正直的人愿去做窃夺别人劳动果实的盗贼，更不会在享受“赃物”的时候反而感到幸福。

——魏 巍

如果心中藏有善意，它一定会流露。

——托马斯·富勒

感人肺腑的人类善良的暖流，能医治心灵和肉体的创伤。

——罗佐夫

善的源泉是在内心，如果你挖掘，它将汩汩地涌出。

——奥勒利乌斯

谦虚——美德的护卫

人愈谦虚愈高尚；水愈流动愈低下。

——比哈利拉尔·德沃德特

放谦虚点。自己把自己捧得太高，摔下来可会粉身碎骨。

——萨 特

在谦虚里包含着一个人的道德力量和纯洁，而吹牛则表现了一个人的渺小和无知。

——帕乌斯托夫斯基

谦逊，是那偏僻的山崖中的泉眼，所有的崇高美德都是由此潺潺流出的。

——莫 尔

毛泽东小传

毛泽东 （1893－1976）字润之，笔名子任。1893 年 12 月 26 日生于湖南湘潭韶山冲一个农民家庭。1976 年 9 月 9 日在北京逝世。中国人民的领袖，马克思主义者，伟大的无产阶级革命家、战略家和理论家，中国共产党、中国人民解放军和中华人民共和国的主要缔造者和领导人，诗人，书法家。中国共产党中央军事委员会主席（1936～1976），中国共产党中央政治局主席（1943～1945）和中央委员会主席（1945～1976），中华人民共和国中央人民政府主席（1949～1954）和中华人民共和国主席（1954～1959）。他的主要著作收入《毛泽东选集》（四卷）、《毛泽东文集》（八卷）。

毛泽东的故事——不爱弄枪爱弄笔

毛泽东终其一生不喜欢带枪。据说他投身革命后第一次带枪是在朱、毛井冈山会师的时候。当时他任第四军党代表兼第八师师长，挎上了匣子枪，幽默地说："背上驳壳枪，师长见军长。"会师仪式一结束，他便把枪交给了警卫员。以后再也没带过枪。毛泽东喜欢弄笔，即使在残酷的战争年代，甚至在长征途中，他也随时带着"文房四宝"。他曾经开玩笑说："我要用'文房四宝'打败国民党大家族。"后来的历史事实证明：一身戎装的赳赳武夫果然被一身便装的潇洒文人打败了。

毛泽东虽然不带枪，但却十分重视枪杆子的重要性，在大革命失败后的"八七"会议上，他批判了陈独秀的右倾投降主义政策，提出"枪杆子里出政权"的著名论断，此后毛泽东以主要精力来领导武装斗争。一个不带枪的军队领导，指挥过无数次战斗战役，取得了无数次胜利，靠枪杆子打下了新中国。

对骄傲的人不要谦逊，对谦逊的人不要骄傲。

——杰弗逊

当你意识到自己是个谦虚的人的时候，你马上就已经不是个谦虚的人了。

——列夫·托尔斯泰

切莫轻信过度谦虚的人，尤其对方摆出讽刺他自己的态度时，更不能骤然相信。因为，这种谦虚的背后，八成隐藏了强烈的虚荣心和功名心。

——希尔泰

在骄傲自大和虚伪的谦逊之间，我宁愿选择骄傲。骄傲至少能有所成就，而虚伪的谦虚却无所作为。

——弗兰克·劳埃德·怀特

谦逊可以使一个战士更美丽。

——奥斯特洛夫斯基

果子的事业是尊贵的，花的事业是甜蜜的，但是，让我们做叶的事业吧，叶是谦逊的，专注地垂着绿阴。

——泰戈尔

扶危周急，固为美事；能不自夸，则其德厚矣。

——《史典·愿林集》

能虚心接受人家的意见，能虚心去请教他人，才能集思广益。

——松下幸之助

当我们最为谦卑的时候，便是我们最近于伟大的时候。

——泰戈尔

无论在什么时候，永远不要以为自己已知道了一切。

——巴甫洛夫

一知半解的人，多不谦虚；见多识广有本领的人，一定谦虚。

——谢觉哉

对于自己不满足，是任何真正有天才的人的根本特征。

——契诃夫

钻研然后知不足，虚心是从知不足而来的。

——华罗庚

真正的虚心，是自己毫无成见，思想完全解放。

——邓　拓

虚伪的谦虚，仅能博得庸俗的掌声，而不能求得真正的进步。

——华罗庚

科学的自负比起无知的自负来还只能算谦虚。

——斯宾塞

虚假的谦让一出现，真正的谦让就即时消亡。

——马克·吐温

谦逊不仅是一种装饰品，也是美德的护卫。

——鲁　迅

谦虚是不可缺少的品德。

——孟德斯鸠

善于吸取来自各方面的思想，问题不在于是谁提出答案，而在于什么是对的什么是错的。

——布朗尼科夫斯基

只有坚强的人才谦虚。

——赫尔岑

善良和谦虚是永远不应令人厌恶的两种品德。

——斯蒂文森

美丽只有同谦虚结合在一起，才配称为美丽。没有谦虚的美丽，不是美丽，顶多只能是好看。

——塞万提斯

伟人多谦虚，小人多骄傲。太阳穿一件朴素的光衣，白云却披了灿烂的裙裾。

——泰戈尔

大多数的科学家，对于最高级的形容词和夸张手法都是深恶痛绝的，伟大的人物一般都是谦虚谨慎的。

——贝弗里奇

人应该谦虚，不要让自己的名字像水塘上的气泡那样一闪就过去了。

——契诃夫

真正的谦虚，为最高的美德，也即一切美德之母。

——但尼生

谦虚的人并不希望别人夸奖，尽管人们常常夸奖他。骄傲的人时时想叫别人夸奖，但除了在别人面前夸耀自己外，再也没有第二个人夸奖他。

——加里宁

一个人在受到赞扬而不是受到责备之后仍能保持谦虚，那才是真正的谦虚。

——让·保·里克特

谦虚是对不完善或有缺点的默认。

——博　克

劳谦君子，万民服也。

——《周易》

贤者任重而行恭，知者功大而辞顺。

——《战国策·赵策》

反听之谓聪，内视之谓明，自胜之谓强。

——司马迁

谦虚的目的是为了正确看待自己；一个人如果令人费解地把自己贬得太低，就不能称其为谦虚了。

——查·斯珀吉翁

一切真正的和伟大的东西，都是淳朴而谦虚的。

——别林斯基

谦虚是映照功德的烛光。

——亨·菲尔丁

谦虚者对自己的功绩从来都是闭口不谈的。

——小乔治·科尔曼

人越是高贵，对自己的评价就越是谦虚。

——查·斯珀吉翁

正直——君子坦荡荡

一个人对待以个人或以集体形式出现的敌人和反对者的态度是对他正直品质的真正检验。

——包尔生

如果能追随理想而生活，本着正直自由的精神、勇敢向前的毅力、诚实不自欺的思想而行，则定能臻于至美至善的境地。

——居里夫人

对待工作的严肃态度，高度的正直，形成了自由和秩序之间的平衡。

——罗曼·罗兰

正义是我们从千百年的颠沛中学来的，是在战争、瘟疫、饥荒、地震及其他天灾之后学到的。

——阿卜杜拉·侯赛因

离开了正直和信任，就没有爱情，没有友谊。

——普里烈扎耶娃

生活是欺骗不了的，一个人要生活得光明磊落。

——冯雪峰

做人应该正直，而且有帮助亲友的义务。有时候应该连自身都不顾惜。

——屠格涅夫

喜欢炫耀与爱好正直，这两者是很难结合在一个灵魂之内的。

——卢　梭

对任何人，都要拿正直的眼光看他；一条狗向你扑过来也要这样，这样它就退后了……

——高尔基

受苦并不是恶，因为忍耐可以战胜一切。世界上共有一个善，那就是正义。

——屠格涅夫

正直的人是一切人中最不为不安所苦者，不正直的人永远为不安所苦。

——伊壁鸠鲁

做一个圣人，那是特殊情形；做一个正直的人，那却是为人的正轨。你们尽管在歧路徘徊、失足、犯错误，但是总应当做个正直的人。

——雨　果

正直的人最吃力的工作是经常把最难消除的恶念从人类的灵魂上消除。

——雨　果

你如果真正是一个善良而正直的人，那么，当你行仁守义的时候，永远不会遇到伤害。

——柏拉图

聪明正直者为神。

——柳宗元

正直无私，扬眉吐气；我不怕人，人皆敬我，就是天堂快乐之境。

——戚继光

正直的人必须和正直的人为伍，因为谁能够那样刚强，不受诱惑呢？

——莎士比亚

受苦并不是恶，因为忍耐可以战胜一切，世界上只有一善，那就是正义。

——屠格涅夫

我大胆地走着正直的道路，决不有损于正义与真理而谄媚和敷衍任何人。

——卢　梭

正直意味着有勇气坚持自己的信念。这一点包括有能力去坚持你认为是正确的东西，在需要的时候义无反顾，并能公开反对你确认是错误的东西。

——阿瑟·戈森

要正直地生活，别想入非非！要诚实地工作，才能前程远大。

——陀思妥耶夫斯基

人之生也直，罔之生也幸而免。

——孔　子

人类之所以充满希望，其原因之一就在于人们对正直具有一种近于本能的识别能力，而且不可抗拒地被它所吸引。

——阿瑟·戈森

人要正直，因为在其中有雄辩和德行的秘诀，有道德的影响力。

——阿密埃尔

做一个正直的人，就必须把灵魂的高尚与精神的明智结合起来。

——爱尔维修

正直者心胸总是坦荡，不仁者常充满极度混乱。

——伊壁鸠鲁

正直的人是神创造的最高尚的作品。

——蒲　柏

一个真实的人也是正直的人。他不论在生活上还是言论上，都与自身相一致，不夸大也不缩小。

——亚里士多德

正直是最好的策略。

——塞万提斯

我能确保正直，却不能保证没有偏见。

——歌　德

你若正直，不要怕人诽谤。

——萨　迪

给人幸福的不是身体上的好处，也不是财富，而是正直和谨慎。

——德谟克里特

节俭——俭以养德

奢侈总是跟随着淫乱，淫乱总是跟随着奢侈。

——孟德斯鸠

侈则多欲。君子多欲则贪慕富贵，枉道速祸。

——司马光

爱俭朴限制了占有欲。

——孟德斯鸠

君子忧道不忧贫。

——孔　子

侈而惰者贫，而力而俭者富。

——韩　非

不念居安思危，戒奢以俭；斯以伐根而求木茂，塞源而欲流长也。

——魏　徵

历览前贤国与家，成由勤俭破由奢。

——李商隐

奢者狼藉俭者安，一凶一吉在眼前。

——白居易

家有千金之玉，不知治，犹之贫也。

——韩　婴

业精于勤，荒于嬉。

——韩　愈

锄禾日当午，汗滴禾下土。谁知盘中餐，粒粒皆辛苦。

——李　绅

奢者心常贫，俭者心常富。

——谭　峭

量入以为出，上足下亦安。

——白居易

千淘万漉虽辛苦，吹尽狂沙始到金。

——刘禹锡

一人知俭一家富，天者知俭天下富。

——谭　峭

栽培剪伐须勤力，花易凋零草易生。

——苏舜钦

夫君子之行，静以修身，俭以养德，非淡泊无以明志，非宁静无以

致远。

——诸葛亮

由俭入奢易，由奢入俭难。

——司马光

豪华尽出成功后，逸乐安知与祸双？

——王安石

人常咬得菜根，则百事可为。

——朱　熹

俭则常足，常足则乐而得美名，祸咎远矣；侈则常不足，常不足则忧而得訾恶，福亦远矣。

——田　况

从来好事天生俭，自古瓜儿苦后甜。

——白　朴

常将有日思无日，莫待无时想有时。

——张居正

俭则约，约则百善俱光；侈则肆，肆则百恶俱纵。

——吕　坤

技工于习，事成于勉。

——宋懋澄

富贵本无根，尽从勤里得。

——冯梦龙

忧勤是美德，太苦则无以适性怡情；淡泊是高风，太枯则无以济人利物。

——洪应明

财迷精心致力于积聚他自己诚然享受不到的钱物，这是不可思议的；浪子挥金如土去追逐他断然不应奢求的富贵，这不也是不可思议的吗？

——蒲　柏

与其大手大脚临了向人乞讨，不如省吃俭用而求终年暖饱。

——富兰克林

傻瓜随随便便花掉一分钱，聪明人却把它攒起来。

——富兰克林

当一个人用工作去迎接光明，光明很快就会来照耀着他。

——冯雪峰

如果你的孩子懂得积攒东西，你千万别去泼冷水；把一分分钱攒起来，而不是用来买蛋糕，这样的孩子至少不是馋嘴子。

——塞缪尔·约翰逊

勤能补拙是良训，一分辛苦一分才。

——华罗庚

获取你能获取的，保住你所拥有的；这就是能使你所有的船变成金子的砥石。

——富兰克林

对从未享受过的奢侈品，人们可以没有，但一旦得到之后，人的本性决定了他不可能自愿将其放弃。

——哈里勃尔顿

节俭是一门艺术，它能使人最大程度地享用生活。热爱节俭是一切美德的根本。

——萧伯纳

管家犹如治国，需要很多学问，但从中人们也能学到很多知识。

——爱默生

在创业时期必须靠自己打出一条生路来，艰难困苦即此一条生路上必经之途径，一旦相遇，除迎头搏击外无他法，若畏缩退避，即等于自绝其前进。

——邹韬奋

清贫、洁白、朴素的生活，正是我们革命者能够战胜许多困难的地方。

——方志敏

潜藏于自身的奢侈、愚昧和邪念是我们斗争的大敌。

——西塞罗

守财并不比聚财轻松；因为后者靠的是运气，而前者则要求有本领。

——奥维德

幼稚不可免，困难不可怕，最最重要的是脚踏实地地学习，勤修苦练，持之以恒。

——夏　衍

周恩来小传

周恩来 (1898－1976)中国人民解放军主要创建人和领导人、军事家、外交家、为世界人民和平而斗争的一代杰出伟人。1898 年 3 月 5 日生于江苏省淮安府山阳县(今淮安市)。原籍浙江省绍兴县(今绍兴市)。1920 年赴法国勤工俭学。1921 年春,加入巴黎共产主义小组(中国共产党八个发起组之一)。1924 年 9 月,奉调回国抵广州。回国后,到 1949 年期间为中国人民解放事业作出了巨大贡献。1949 年 10 月 1 日中华人民共和国成立之后,被任命为政务院总理兼外交部长。随后又担任全国政协副主席、中国人民革命军事委员会副主席等职。周恩来为中国人民解放军的创建和建国后的发展付出了一生的心血,最后因积劳成疾于 1976 年 1 月 8 日在北京逝世。

周恩来的故事——中国人民银行有多少资金

有一次,周总理在北京举行记者招待会,介绍中国经济建设的成就及对外方针,一名西方记者出于对中国贫穷的讥笑,突然提问道:“请问,中国人民银行有多少资金?”周总理妙语以对:“中国人民银行货币资金嘛,有 18 元 8 角 8 分。”对此回答,记者们不禁愕然。周总理不慌不忙地细作解释:“中国人民银行发行面额为 10 元、5 元、2 元、1 元、5 角、2 角、1 角、5 分、2 分、1 分的 10 种主辅币人民币,合计为 18 元 8 角 8 分。中国人民银行是由全中国人民当家做主的金融机构,有全国人民作后盾,信用卓著、实力雄厚,它所发行的货币,是世界上最有信誉的一种货币,在国际上享有盛誉。”周总理此话一出,语惊四座,激起了场内听众雷鸣般的掌声。

节俭中蕴藏着一切美德。

——西塞罗

节约是避免不必要开支的科学，是合理安排我们财富的艺术。

——塞内加

当囊空如洗时才开始节约就为时太晚了。

——塞内加

保住一件东西和搞到一件东西同样费劲。

——乔　叟

爱国——天下兴亡，匹夫有责

为祖国倒下的人，他的死是光荣的。

——荷　马

为了国家的利益，使自己的一生变为有用的一生，纵然只能效绵薄之力，我也会热血沸腾。

——果戈理

热爱祖国，这是一种最纯洁、最敏锐、最高尚、最强烈、最温柔、最有情、最温存、最严酷的感情。一个真正热爱祖国的人，在各个方面都是一个真正的人。

——苏霍姆林斯基

锦城虽乐，不如回故乡；乐园虽好，非久留之地。归去来兮。

——华罗庚

黄金诚然是宝贵的，但是生气勃勃、勇敢的爱国者却比黄金更为宝贵。

——林　肯

真正的爱国主义不应该表现在漂亮话上，而应该表现在为祖国谋福利、为人民谋福利上。

——杜博罗留波夫

能够献身于自己祖国的事业，就是牺牲生命，也在所不惜，这就是报国的大义。

——福泽谕言

我重视自己的祖国，甚于自己的生命和我所珍爱的儿子。

——莎士比亚

人类最高的道德是什么？那就是爱国心。

——拿破仑

宁做流浪汉，不当亡国奴。

——丰子恺

爱国是文明人士的首要美德。

——拿破仑

真理决不能和祖国分开。这两种事业是合二为一的。

——罗曼·罗兰

科学没有国境，但科学家有祖国。

——巴斯德

再没有比保卫祖国的和平与庄严更为普通、更为正当的事业了。

——蒙　田

谁不属于自己的祖国，那么他就不属于人类。

——别林斯基

我们的祖国是我们所有人共同的生身父母。

——西塞罗

爱祖国，为祖国的前途而奋斗，是时代赋予我们的神圣职责。

——苏步青

锦绣河山收拾好，万民尽作主人翁。

——朱　德

我唯一的遗憾是，我只有一个生命奉献给祖国。

——内森·黑尔

对于所有有良心的人来说，祖国是多么可亲啊！

——伏尔泰

一个人只要热爱自己的祖国，有一颗爱国之心，就什么事情都能解决。什么苦楚、什么冤屈都受得了。

——冰　心

蓬勃、勇敢的爱国者比黄金更为宝贵。

——卡尔·桑德堡

一个人，只有热爱、珍惜并尊重自己祖先积累和保存下来的一切东西，才可能成为一个真正的爱国主义者。

——米哈尔科夫

天下兴亡，匹夫有责。

——顾炎武

只有热爱祖国，痛心祖国所受的严重苦难，憎恨敌人，这才给了我们参加斗争和取得胜利的力量。

——阿·托尔斯泰

我是你的，我的祖国！都是你的，我的这心这灵魂；假如我不爱你，我的祖国，我能爱哪一个人？

——裴多菲

爱国主义的力量多么伟大呀！在它面前，人的爱生之念，畏苦之情，算得了什么呢！在它面前，人本身也算得了什么呢！

——车尔尼雪夫斯基

愿得此身长报国，何须生入玉门关。

——戴叔伦

每一个伟大人物的历史意义，是以他对祖国的功勋来衡量，他的人品是以他的爱国行为来衡量。

——车尔尼雪夫斯基

祖国的尊严高于一切，人民的利益重于一切，为了祖国和人民，我愿意献出一切。

——刘成乾

我们要把心灵里的美丽的激情献给祖国。

——普希金

祖国重于生命，是我们的母亲，我们的土地。

——居里夫人

我死国生，我死犹荣，身虽死精神长生，成功成仁，实现大同。

——赵博生

祖国，这个字眼包含着多少魅力啊！她是指引巡礼者的明星，使之免于跌进深渊。

——里·帕尔玛

国人无爱国心者，其国恒亡。

——李大钊

祖国！只要你有祖国，你就有财富，你就有力量，大家都需要你。

——冈察尔

爱国主义深深扎根于人的本能和感情之中，爱国之情则是放大了的孝心。

——菲尔德

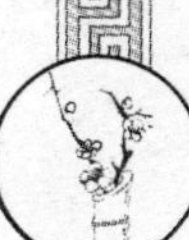

五、完善自我

世界上最使我们感到羞耻的莫过于不能表现我们自身；最使我们感到骄傲和幸福的也莫过于想、说和做我们自己要想、要说、要做的事。

——弗罗姆

个性——日常生活的食盐

每个人都有三种特性：一种是他显露出来的，一种是他所具备的，另一种是他自以为拥有的。

——卡　尔

欲望加以训练便是个性的背景。

——洛　克

个性是由境遇造出来的。用相同的材料，有人造出了宫殿，有人却建成了陋室。

——刘易斯

一个人的个性应该像岩石一样坚固，因为所有的东西都建筑在它上面。

屠格涅夫

没有个性，人类的伟大就不存在了。

——萨　特

没有个性的文化是一种使人感到注定毁灭的悲剧性变化。

——罗曼·罗兰

我谁也不模仿。我不会像奴隶似地跟着时尚走。我只要看上去就像我自己，非我莫属。

——索菲娅·罗兰

个性就是差别，差别就是创造。

——爱迪生

模仿者是没有个性的，因为个性恰好在于思想方式的独创性，它的行为举止汲取的是由它自己所开辟的源泉。

——康　德

玫瑰正因为有刺，才在阳光下尽情地开放。

——易卜生

对一个人来说，真正重要的不是他的背景、他的肤色、他的种族，或是他的宗教信仰，而是他的性格。

——尼克松

要测量一个人真实的个性，只需观察他认为无人发现时的所作所为。

——麦考莱

个性的造就由婴孩时代开始，一直继续到老死。

——艾琳诺·罗斯福

良好的个性胜于卓越的才智。

——爱迪生

天性的影响力大于教育。

——伏尔泰

你不能凭梦想形成自己的个性，你一定要千锤百炼为自己构成个性。

——夫鲁德

个性像白纸，一经污染，便永不能再如以前的洁白。

——黑格尔

人们生而平等，但又生来个性各有千秋。

——弗洛姆

专心致志是个性的唯一基础，同样也是才干的唯一基础。

——爱默生

个性的全面发展意味着精神丰富、道德纯洁和体魄完美在个性中的和谐的结合。

——赞科夫

教育的目的是培养人的个性。

——斯宾塞

思想就是力量。个性的力量也是无穷的。两者结合在一起，人就能创造出历史。

——亨利·詹姆斯

个性的生活在社会中，好比鱼在水里，时时要求相适应。

——瞿秋白

作为个人来讲，只有发挥自己的个性，才能明确自己存在的理由，才会感到生活的意义。

——大松博文

个性是一个人的最大的需要和最大的保障。

——斯宾塞

知教育者，与其守成法，毋宁尚自然；与其求划一，毋宁展个性。

——蔡元培

一个人的悲剧，往往是个性造成，一个家庭的悲剧，更往往是个性的产物。

——柏　杨

假如世界上的人都是一样的脸，我必不愿见人。

——冰　心

不要无事讨烦恼，不作无谓的希求，不作无端的伤感，而是要奋勉自强，保持自己的个性。

——德莱塞

每个人都有自己的特点，没有两个人一样：真是人跟人各异，石头跟石头不同。然而大家合在一起，就成了相互交织在一起的群英谱。

——富尔曼诺夫

我们不必羡慕他人的才能，也不必悲叹自己的平庸；各人都有他的个性魅力。最重要的，就是认识自己的个性，而加以发展。

——松下幸之助

自尊——恢弘志士之气

对人来说，最最重要的东西是尊严。

——普列姆昌德

每一个正直的人都应该维护自己的尊严。

——卢　梭

谁自尊，谁就会得到尊重。

——巴尔扎克

如果你想受人尊敬，那么首要的一点是你得尊敬你自己；只有这样，只有自我尊敬，你才能赢得别人的尊敬。

——陀思妥耶夫斯基

自尊是我们保存之工具，它类似物种永存的工具，它是必需的，它对我们是可贵的，它给我们快乐，它必须隐藏起来。

——伏尔泰

任何人都应该有自尊心、自信心、独立性，不然就是奴才。但自尊不是轻人，自信不是自满，独立不是孤立。

——徐特立

产生自尊心的是理性，而加强自尊心的则是思考。

——卢　梭

一个人的自尊自重是克服万恶的首要条件。

——培　根

没有自尊心的人是渺小的，自尊心——这是可以用来推动地球的阿基米德杠杆，但是同时，只有像骑手善于驾驭马那样善于控制自己的自尊心的人，才配得上人的称号。

——屠格涅夫

我从未廉价出卖过自己。我从来都不用别人的标准来衡量自己。

——索菲娅·罗兰

人应该谦逊，但不能自卑。

——姚乐丝·卡耐基

自尊心是多数美德的源泉，而虚荣心几乎是所有恶德恶癖的源泉。

——桑　弗

自尊心是一个人品德的基础。若失去了自尊心，一个人的品德就会瓦解。

——斯达尔夫人

一个人能否有成就，只看他是否具备自尊心与自信心两个条件。

——苏格拉底

在影响学生的内心世界时，不应挫败他们心灵中最敏感的一个角落——人的自尊心。

——苏霍姆林斯基

葉展青綃色
花開白玉姿
墨井道人作

自信心与自尊心是相辅相成的，没有自尊心的人，决不会有自信心。

——毛　姆

自重是一个人可穿着的最华贵的衣饰，它能激起人们最高尚的情感。

——斯迈尔斯

自尊心是一种美德，是促使一个人不断向上发展的一种原动力。

——毛　姆

没有自尊心的人，即近于自卑。

——莎士比亚

唯一真正的那种尊严，就是不会因他人的漠视而有所减损的尊严。

——哈利法克斯

人的尊严可用一句话来概括：即他的信念比金钱、地位、权势，甚至比生命都更有价值。

——海卡尔

自尊心是那样地对我们灌输嫉妒心，但它也经常起到缓和嫉妒心的作用。

——拉罗什夫科

不要让一个人去守卫他的尊严，而应让他的尊严来守卫他。

——爱默生

也许人类最真实的尊严就是能够轻视自我。

——桑塔亚那

我相信你，我的灵魂，但我决不使别人向你屈尊，你也不应该对别人自低身份。

——惠特曼

生命的尊严正是超越等价物的一切事物的基点。

——池田大作

因自尊心受损而萌发的怒气是冥顽的，直到最终也减退不了半分。

——桑塔亚那

自敬，则人敬之；自慢，则人慢之。

——朱　熹

一个自重的人恰似身着盔甲，任何东西都无法将它戳穿。

——朗费罗

名人名言

邓小平小传

邓小平 (1904—1997)1904年生于四川省广安县协兴乡牌坊邓村。他是全党全军全国各族人民公认的享有崇高威望的卓越领导人,伟大的马克思主义者,伟大的无产阶级革命家、政治家、军事家、外交家,久经考验的共产主义战士,中国社会主义改革开放和现代化建设的总设计师,建设有中国特色社会主义理论的创立者。邓小平的一生,是光辉的战斗的一生。在70多年波澜壮阔的革命生涯中,他为中国新民主主义革命的胜利和新中国的成立,为中国社会主义的创建、巩固和发展,建立了永不磨灭的功勋。1997年2月19日因病逝世于北京。

邓小平的故事——喜吃川菜

邓小平是一个地地道道的四川人,自然喜欢吃川菜。在家吃饭,桌边常放一碟盐渍辣椒,即四川泡菜。

1982年9月24日,邓小平会见英国首相撒切尔夫人,当撒切尔夫人问到邓小平四川之行的感受时,邓小平回答说:“我们在四川吃过好几次川菜,我本身很喜欢川菜,中国是以川菜和粤菜最为著名。”说到这里,邓小平转问陪同在侧的港督尤德爵士是喜欢川菜还是粤菜,尤德说:“两样我都喜欢。”在谈正题之前,大谈饮食之道,这就是邓小平的风度。

如果还有点自尊心，就不应该由于疏懒或者忠厚而置人身侮辱和诽谤于不顾。

——普希金

自尊心是进步之母，自贱心是堕落之源，故自尊心不可无，自贱心不可有。

——邹韬奋

有人认为自卑感始于比较。但这种自卑感大多都不是理智地判断自己和他人在哪一点上怎样不如他人，而是从茫然的比较中产生的。

——宫城音弥

自尊并不是自我夸大，惟我独尊。自信也不是只信自己，固执己见，走向刚愎自用的道路上去；也不是专信别人，没有耳骨骼，没有定见，走向盲从逢迎的道路上去。

——华盛顿

珍视思想的人，必然珍视自己的尊严。

——苏霍姆林斯基

如果你不爱自己，你将永远不会去爱他人。一个人不可能完美无缺，但这并不等于说他无足轻重。每个人都有一些别人所不具备的东西。

——巴斯克里

自律——先自律然后人恒敬之

应该学会克制自己。克制，才能达到谅解，萌发友谊和感情。

——范　泽

以人为鉴，明白非常，是使人能够反省的妙法。

——鲁　迅

我憎恶那些拿了鞭子，专门鞭打别人的人们。

——鲁　迅

一个人太容易满足固然不行，太不知足而引起许多不现实的幻想也是不健全的。

——傅　雷

自我批评，这是一所严酷的培养良心的学校。

——罗曼·罗兰

要经常跟自己打官司。

——谢觉哉

我的确时时解剖别人，然而更多的是更无情面地解剖我自己。

——鲁 迅

反省是一面莹澈的镜子，它可以照见心灵上的玷污。

——高尔基

天下无万能的人，人贵有自知之明。

——邹韬奋

我们倒不怕承认自身的“弱”，愈知道自身弱在哪里，愈好在各人自己的岗位上来尽力加强它。

——闻一多

哪怕对自己的一点小小的克制，也会使人变得强而有力。

——高尔基

要找出时间来考虑一下，一天中做了些什么：是正号还是负号。假如是正号——很好。假如是负号，那就采取措施。

——季米特洛夫

有了自制力，就不会向人翻脸，或暴露出足以引起不幸的弱点来。

——莱 特

轻财足以聚人，律己足以服人，贵宽足以得人，身先足以率人。

——高攀龙

自尊，自治，自制，只有这三者才能把自己引向最尊贵的王国。

——丁尼生

能约束自己的人，最有威信。

——塞涅卡

测量一个人的力量的大小，应看他的自制力如何。

——但 丁

要进行严厉的自我克制，因为这种克制本身就可以作为人的一种精神上的寄托。

——泰戈尔

能自制的人，就是最强有力的人。

——塞尼卡

一个人不能永远做一个英雄，但一个人能永远做一个人。

——歌　德

一个人的真正价值首先决定于他在什么程度上和什么意义上能自我解放出来。

——爱因斯坦

青年人应有老年人的沉着，老年人应有青年人的精神。

——海明威

最有智慧的人常常假装做傻瓜。

——林语堂

能命令自己的人就很快能命令别人。

——希　翰

我有一种本领，可以把我对许多事物的感觉深藏不露，但遇到我比平常更敏感的时刻，如果有人激怒了我，我就会比别的任何人爆发得更猛烈。

——贝多芬

人必自侮，然后人侮之。

——孟　子

人必其自敬也，然后人敬之。

——扬　雄

正己然后可以正物，自治然后可以治人。

——岳　飞

自信——成功的第一秘诀

自信，这是一切伟大事业的创业者所必须具备的首要品质。

——塞缪尔·约翰逊

定有自信的勇气，才会有工作的勇气。

——鲁　迅

自信是一种感觉,有了这种感觉,人们才能怀着坚定的信心和希望,开始伟大而光荣的事业。

——西塞罗

信心是力量的源泉。

——卡尔·桑德堡

信心是强大的力量。一个人失掉信心,那就一切都完了。

——毕尔文采夫

自信是成功的第一秘诀。

——爱默生

充分自信、完全自给的人是最幸福的。

——西塞罗

有了信心,你就会在你严肃的献身生活中找到乐趣。

——泰戈尔

一切的美德都包含在自我信赖里。

——爱默生

不论什么人,倘若要活动,必须自信他的活动是重要的、有益的。

——列夫·托尔斯泰

我们要以信心充实自己,就像我们每天以食物充实自己一样。

——马尔兹

没有信心,人什么也不能做,甚至连一步都动不了。一个人相信他能做好这种或那种事情的信心越强,那么他会把事情做好的可信程度就越大。

——乌申斯基

从普遍和深刻的意义上说:人,作为历史的创造者,他的基本行为的目的是什么呢?那就是自我肯定,捍卫自己创立的思想,获得解释事实意义的自由。

——高尔基

自信是走向成功之路的第一步,缺乏自信是失败的主要原因。

——莎士比亚

自信是英雄的本质。

——爱默生

信心是行为的父亲。你只要相信你的目标，就可以说你已经走了一半的路程了。

——鲁多夫·洛克尔

我们应该警惕这一点，应该对自己事前经过深思熟虑得到的结论有坚定不移的信心，使自己有力量去克服那些令人动摇的一时的印象。

——克劳塞维茨

只有满怀信心的人，才能在任何地方都满怀自信地沉浸在生活中，并实现自己的意志。

——高尔基

一个人如果要像领袖那样克敌制胜，就必须相信自己。如果要像领袖那样自找苦吃，就必须相信自己的事业。只有自己相信自己，才能说服别人相信自己。

——尼克松

自信心就是自己看得起自己，要自尊。卑己而尊人是不好的，尊己而卑人也是不好的。谦虚，如果是卑己而尊人，就非常要不得。

——别林斯基

自信和希望是青年的特权。

——大仲马

要有自信,然后全力以赴——假如具有这种观念,任何事情十之八九都能成功。

——威尔逊

只要你能够自信,别人也就会相信你。

——歌　德

一个人如果有了迅速的判断力和坚决的自信力,他的机会之多,远非那犹豫不决、模棱两可的人可比拟。

——俾斯麦

我们应该有恒心,尤其是要有自信心。必须相信自己是有能力的,而且要不惜任何代价把这种能力发挥出来。

——博宾斯卡

"不能"这个词只有在愚人的字典里才有。

——拿破仑

凡事总要有信心,老想着"行"。要做一件事,先就担心着:"怕不行吧?"那你就没有勇气了。

——盖叫天

假如现在你碰到无从着手的困难,你应下定决心投入其中,如此,你原本认为不可能的事,也会变得可能了。只要你完全相信自己的能力,势必水到渠成。

——戴尔·卡耐基

我们的生活都不容易,但是那有什么关系?我们必须有恒心,尤其要有自信心!我们必须相信,我们的天赋是用来做某些事情的,无论代价多大,这些事情必须做到。

——居里夫人

能自立者必有骨也。

——李　贽

自暴者,不可与有言也;自弃者,不可与有为也。

——孟　子

首先要敢于相信自己——自己和自己的内脏!谁不相信自己,谁必永远说谎。

——尼　采

缺乏自信与缺乏知识是同床共枕、如胶似漆般紧紧拥抱在一起的。一个充满自信的人，事业总是一帆风顺的，而没有自信心的人，可能永远不会踏入事业的门槛，因为自信心是远见之子，是由知识哺育的。

——小克尼利厄斯·凡德比尔

妄自菲薄是一条毒蛇，它永远啮噬着我们的心灵，吮吸着其中滋润生命的血液，注入厌世和绝望的毒液。

——马克思

信心，好像是电池中的电流一样，最忌随意糟踏和浪费。

——利德尔·哈特

习惯——习惯成自然

习惯形成性格，性格决定命运。

——凯恩斯

习惯如果不加抗拒，很快变成必需品。

——奥古斯丁

习惯的锁链起初总是微小得令人难以发觉，最终又强大得令人难以砸断。

——塞缪尔·约翰逊

人往往服从于习惯，而不管其是否合理与正确。

——帕斯卡

不断重复的行为很快就会形成习惯；而当习惯继续下去，它就逐渐地获得力量。起初它可能只像蜘蛛网，很易戳破，但如果不予抗拒，它会很快地像铁索似地绑着我们。

——爱德华兹

习惯是我坚强有力的偶像，我们都得臣服于它。

——亚　兰

一个人的后半辈子均由习惯组成，而他的习惯却是在前半辈子养成的。

——陀思妥耶夫斯基

拖延的习惯最能损害和降低人们做事的努力。

——马尔顿

习惯正如在树皮上刻字，随着树木的成长，文字也会扩大。

——斯迈尔斯

改变好习惯比改掉坏习惯容易得多，这是人生的一大悲哀。

——毛　姆

习惯是人生的主宰，人们应该努力求得好习惯。

——培　根

习惯一旦养成后，便用不着借助记忆，很容易很自然地就能发生作用了。

——洛　克

如果能自由地掌握习惯，在人生中可以大有作为。

——三木清

在恶习的包袱下，真不知有多少崇高的事业甚至杰出的人物遭到了失败与堕落。

——乌申斯基

人应当支配习惯，而绝不是习惯支配人。一个人不能去掉他的坏习惯，那简直一文不值。

——奥斯特洛夫斯基

充满良好习惯的生活，才是合于"自然"的生活。

——梁实秋

在儿童时期没有养成思想的习惯，将使他从此以后一生都没有思想的能力。

——卢　梭

少若成天性，习惯成自然。

——孔　子

事实上一切教育都归结为养成儿童良好的习惯，往往自己的幸福归于自己的习惯。

——约翰·洛克

好习惯是一个人在社交场中所能穿着的最佳服饰。

——苏格拉底

在处世之道上，习惯胜于格言。习惯是活生生的格言，变为本能，成为血肉。

——阿密埃尔

习惯像霜一样重，像生命一样根深蒂固，特别沉重地遮在你的前面。

——华兹华斯

坏习惯起先是一个陌生的访客，后来是一个熟友，最后变为与工作一同破裂了。

——欧利文

事实上，教育便是一种早期的习惯。

——林　肯

从小给儿童一定的习惯，以使之养成——实在不是一件小事。

——亚里士多德

令儿女养成一种勤勉的习惯，胜于留给他们一大笔财产。

——惠特利

人类的习惯譬如树上的叶子，这一张落了那一张又生了。

——但　丁

不良的习惯会促使你走向求名、营利和享乐的路上去。

——莎士比亚

好的习惯愈多，生活愈容易，抵抗引诱的力量也愈强。

——詹姆斯

道德败坏在习惯形成时就已开始了。习惯是铁锈，侵蚀着钢铁的灵魂。

——罗曼·罗兰

紧张是一种习惯，轻松也是一种习惯。坏习惯可以改掉，好习惯可以建立。

——戴尔·卡耐基

起初我们造成习惯，后来习惯造成我们。

——王尔德

习惯真是一种顽强而伟大的力量，它可以主宰人生。因此，人自幼年就应通过教育，去建立一种良好的习惯。

——叶圣陶

习惯可能会贬损最辉煌杰出的天才。

——贝多芬

郭沫若小传

郭沫若　(1892—1978)四川乐山人,中国现代杰出作家、诗人和戏剧家,马克思主义历史学家和古文字学家。原名郭开贞,号尚武,沫若为其笔名,曾用笔名还有麦克昂、易坎人、石沱等。郭沫若出身于封建地主家庭,童年时便开始广泛接触文学作品。1918 年开始写作新诗,1921 年出版的诗集《女神》,充满着狂飙突进、雄伟壮丽的革命浪漫主义特色,突出地表现了彻底的、不妥协的反帝反封建的时代精神,是我国新诗史上的奠基之作。

郭沫若的故事——练静坐

1914 年,郭沫若在日本东京读书时,因学习过于用功,得了神经衰弱症,痛苦不堪,几乎想到自杀。

一天,郭沫若在一家旧书店里偶然发现王阳明的文集,书中提到了"坐忘之说"。他由此想到静坐可能对调节神经有帮助,于是买了一本《冈田式静坐法》,开始练习静坐。每天早上和晚上临睡时各静坐 30 分钟,坚持不懈。两个星期后,即收到显著的疗效。不久,身体即恢复正常了。他后来回忆这段往事时说:"我的身体在同侪之中还算结实,我的精神在贫困之中也还静定,这和我静坐有一定关系。"

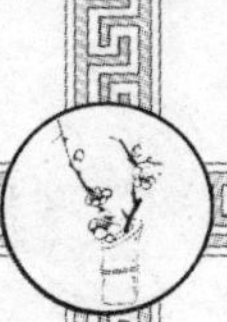

勇敢——勇者无畏

勇者并不是蛮勇之谓：凡见义不为为非勇，欺凌弱小为非勇，贪图便宜、使乖取巧、自私自利皆为非勇。

——郁达夫

胜者靠的是勇气而不是力量。

——高尔基

勇敢是智慧和一定程度教养的必然结果。

——列夫·托尔斯泰

勇敢者是到处有路可走的。

——陀思妥耶夫斯基

勇气是衡量灵魂大小的标准。

——卡耐基

在劳动和创造的领域里，不要担心大胆鲁莽和奋不顾身。

——高尔基

只要是行为正当，那么勇气会使你获得一切。

——贝多芬

应当惊恐的时刻，是在不幸还能弥补之时。在它们不能完全弥补时，就应以勇气面对它们。

——丘吉尔

在大胆的行为面前，议论和争辩显得如何的贫乏可怜。

——惠特曼

敢于正视现实是有胆量的表现。

——爱默生

英勇是一种力量，但不是腿部和臂部的力量，而是心灵和灵魂的力量，这力量并不存在于战马和武器的价值之中，而是存在于我们自身之中。

——蒙　田

伟大的胸怀，应该表现出这样的气概：用笑脸来迎接悲惨的厄运，用百倍的勇气来应付一切的不幸。

——鲁　迅

勇气是人类最重要的一种特质，倘若有了勇气，人类其他的特质自然也就具备了。

——丘吉尔

勇气很有理由被当作人类德性之首，因为这种德性保证了所有其余德性。

——丘吉尔

勇敢，世界就会让步。如果有时候你被它打败了，不断地勇敢再勇敢，它就会屈服。

——萨克雷

一个勇士的成功常常会激励一代人的勤勉和勇敢。

——茨威格

太胆小是懦弱，太胆大是鲁莽，勇敢是适得其中。

——塞万提斯

失去财富固属损失，失去朋友是更大的损失，而失去勇气则是损失一切。

——塞万提斯

在每一个艺术家身上都有一颗勇敢的种子。没有它，就不能设想会有才能。

——歌　德

我们应该不仅把那对敌人取得胜利的人看作是勇敢的人，而且也把那对自己的欲望取得胜利的人看作是勇敢的人。

——赫拉克利特

勇敢寓于灵魂之中，而不单凭一个强壮的躯体。

——卡赞扎基

第一次吃螃蟹的人是很可佩服的，不是勇士谁敢去吃它呢？螃蟹有人吃，蜘蛛一定也有人吃过，不过不好吃，所以后人不吃了。像这种人我们当极端感谢的。

——鲁　迅

凡是知道在恐怖的和危险的情况中怎样使自己行动得很好的人是勇敢的人，而不能这样做的人是懦夫。

——苏格拉底

一支由驯鹿所率领的狮军，是绝不可能再是狮军的。

——拿破仑

勇气如爱情，需要希望来滋养。

——拿破仑

人们常常是通过软弱而达到坚强，通过怯懦而达到勇敢。

——拉罗什夫科

勇敢是人类美德的高峰。

——普希金

勇气是一架梯子，其他美德全靠它爬上去。

——卢 斯

只有鼓起勇气才是办法！凡是无法逃避的事情，如果光害怕、着急，那只能算是幼稚、软弱。

——莎士比亚

勇敢，这不是说没有畏惧，而是要克服畏惧；是人为了崇高目的而掌握着自己的本能及情感。

——凯洛夫

勇气是年轻人最漂亮的装饰。

——雷马克

英勇精神是向往崇高目标的人的财产。

——福尔多乌西

世上如果还有真要活下去的人们，就应该敢说，敢笑，敢怒，敢骂，敢打，在这可诅咒的地方击退那可诅咒的时代。

——鲁 迅

说真实自然须有极大的勇气的；假如没有这勇气，而苟安于虚伪，那也便是不能开辟新的生路的人。

——鲁 迅

对工作有了浓厚的兴趣，遇到困难，才能顽强攻克，百折不回。

——童第周

唯有对外界事物抱有兴趣，才能保持人们精神上的健康。

——罗　素

在任何行业中，走向成功的第一步，是对它产生兴趣。

——奥斯勒

对一切来说，只有兴趣才是最好的老师，它远远超过责任感。

——爱因斯坦

成功的真正秘诀是兴趣。

——杨振宁

世间的任何事物，追求时的兴致总要比享用时候的兴致强烈。

——莎士比亚

天才就是强烈的兴趣和顽强的入迷。

——木村久一

有重要的独创性贡献的科学家，常常是兴趣广泛的人。

——贝弗里奇

自己感兴趣，是引起别人兴趣的首要条件。

——维斯康特·约翰·莫里

认为用强制的责任感就能增进观察和探索的兴趣，那是一种严重的错误。

——爱因斯坦

全心全意地投入工作，要靠浓厚的兴趣支持。

——松下幸之助

哪里没有兴趣，哪里就没有记忆。

——歌　德

没有强烈、入迷的兴趣，就没有科学家。

——涅斯米扬诺夫

人们在为自己的趣味辩护时往往最容易大动肝火。

——爱默生

就我可能回忆的我在学校时期的性格来说，其间对我后来发生好影响的，就是我有强烈的、多样的兴趣，非常热爱使我感兴趣的东西。

——达尔文

如果你表现得“好像”对自己的工作感兴趣，那一点表现就会使你的兴趣变得真实，还会减少你的疲惫、你的紧张以及你的忧虑。

——戴尔·卡耐基

有两种好奇心，一种是出于兴趣，它使我们去探索对我们有用的东西；另一种是出于好胜心，它使我们去探求别人所不知道的东西。

——拉罗什夫科

所有科学的进步，都在乎这好奇心。好奇心，就是趣。科学发明，就是靠这个趣字而已。哥伦布发现新大陆，科学家发现声光化电，都是穷理至尽求知趣味使然的。

——林语堂

告诉我你喜欢什么，我就可以说出你是什么样的人。

——拉斯金

对小事毫无兴趣的人常会对大事发生错误的兴趣。

——拉斯金

志趣比一切人为的阻力都强。

——巴尔扎克

世上不存在毫无趣味的事，只有对一切都毫无兴趣的人。

——切斯特顿

好奇是一个有创造力的知识分子身上固有和永久的特点之一。

——塞缪尔·约翰逊

任何形式的耽迷沉溺都是有害的，无论是酒精、吗啡还是空想。

——荣　格

培养出一种消遣嗜好。在没事可做的退休状态下，嗜好可以带来许多幸福，不管这个退休状态是自愿的或是被强迫的。

——卡耐基

好奇会克服恐惧，甚至比勇敢更有效。

——詹姆斯·斯蒂芬斯

自我——走自己的路

说到底，人生是一场比赛。你必须取胜。

——池田大作

只有那不惧艰险在风浪中英勇搏击的人，才能领悟大海的奥妙。

——朗费罗

我早已致力于我决心保持的东西。我将沿着自己的路走下去，什么也无法阻止我对它的追求。

——康　德

当学者被迫以事实和信念去迎合一个权威的教义的需要时，科学便被出卖了。

——布·马林诺夫斯基

老的哲学说了解你自己——新的哲学说改进你自己。

——爱德华·乔治·布尔沃

社会就像一面镜子，你对它笑笑，它也不会对你愁眉苦脸。

——董秀蕾

朋友是另一个自己。

——西塞罗

每个人都应该坚持走他为自己开辟的道路，不被权威所吓倒，不受行时的观点所牵制，也不被时尚所迷惑。

——歌　德

你爱蓝天，蓝天就为你享有；你爱鲜花，花儿就向你展现千姿百娇；你呼唤生活，生活就对你微笑；你为人世增添光明，太阳就为你高照。

——陈祖芬

我纵然是爱你，这对你有什么相干！

——斯宾诺莎

我喜欢做今天的人。

——武者小路实笃

这个人很快乐，也只有他能快乐，因为他能把今天称之为自己的一天；他在今天里能感到安全，能够说："不管明天会怎么糟，我已经过了今天。"

——卡耐基

给你赞扬的人——在被赞扬的时候，只要想着，你并没有走在自己的路上，而是处在别人的路上。

——尼　采

一个人赚得了整个世界，却丧失了自我，又有何益？

——耶　稣

危急之际，唯有专靠自己、不靠他人为老实主意。

——曾国藩

一个健全的头脑是既不能买到，也不能借到的。如果这也出售，我怀疑是否能够找到买主。但不健全的头脑却每天都在被人购买着。

——塞涅卡

他们把思考交付给他人，就不会走自己的路了。

——弗兰西斯·培根

月亮虽好，但萤火虫更好。

——赵鑫珊

实际上，我们绝大多数人都有可能比现实中的自己更伟大。

——马斯洛

在所有缺点中，最无可救药的是轻视我们自己。

——蒙　田

只要你不跪下，你永远不比别人矮。

——杨　蓉

生活里是没有旁观者的。

——伏契克

人就是人的上帝。

——开西里乌斯·斯塔里乌斯

天生我材必有用。

——李　白

我的脑子很简单，只有一个概念：我能成！我一定能学成。

——袁世海

在人生舞台上，只有上帝和天使才能当观众。

——弗兰西斯·培根

我应该比较而且应该超过的不是别人，正是我自己。

——帕瓦罗蒂

最伟大的胜利——就是战胜自己。

——高尔基

你首先当原告，然后作法官，最后才作辩护师。有时候必须对自己严厉些。

——塞涅卡

成功靠运气，失败在自己。

——歌　德

要用自己的脚走路。

——爱默生

做自己的主人。

——拿破仑

愿意的人，由命运领着走；不愿意的人，由命运拖着走。

——塞涅卡

我们不可能改变整个世界，但却可以改变我们自己。

——莫爱智

人，只怕自己倒，别人骂不倒。

——郭沫若

在世界上你只有一个敌人——就是你自己。

——艾森豪威尔

尽量宽恕别人,而决不要原谅自己。

——贺拉斯

真正的救助还是自助。

——尼　采

整个自我应具备对立的能力。

——瓦雷里

谁要是游戏人生,他就一事无成,谁不能主宰自己,便永远是一个奴隶。

——歌　德

走自己的路,让人家去说吧!

——但　丁

唯有敢于孤独者,最强大,也最具有挑战性。

——何　新

倘若你把整个世界弄到手,却丢了“自我”,那就等于把王冠扣在苦笑着的骷髅上。

——易卜生

名人名言

鲁迅小传

鲁　迅　(1881—1936)伟大的文学家、思想家、革命家，中国现代文学的奠基人。原名周树人，字豫才，出生于浙江绍兴一个破落的封建士大夫家庭。1918 年开始用笔名“鲁迅”发表了第一篇划时代的白话小说《狂人日记》，吹响了“五四”思想革命和文化革命的第一声号角。随后又写了中国新文学史上杰出的代表作《阿 Q 正传》，还发表了《孔乙己》、《故乡》、《药》等小说，集为《呐喊》，为中国现代文学和革命现实主义奠定了基础。

鲁迅的故事——按规矩给钱

1926 年，鲁迅在厦门大学任教，由于工作繁忙，往往几个月才理一次发。

有一次，他走进理发店，理发师见他长发垂耳，穿一件褪色的灰长袍，着一双旧布鞋，便马马虎虎地为他理了发。

理完发，鲁迅随手抓了一把铜元放在桌上，那钱是定价的 3 倍多。然后抬头挺胸扬长而去。

一个多月后，鲁迅又来理发，穿着打扮和上次没什么区别，却被理发师视为上宾，送茶敬烟，精工细剪。理完发，鲁迅照价付款，没有多付一个子。理发师有点纳闷，问道：“先生上一次为什么给那么多的钱呢？”

鲁迅笑道：“上次你给我乱剪，我付款也就乱付。这次你认真地理发，我自然地就按规矩给钱。”说得理发师脸上红一阵白一阵。

六、有则改之

一个人不应该自我满足。如果有了过错，应该难过才是。什么时候难过了，就说明他认识了错误。

——阿·利哈诺夫

奉承——面誉者，背必非

奉承者是一个在各方面都不如你，或者假装不如你的朋友。

——亚里士多德

人们的耳朵不能容纳忠言，谄媚却这样容易进去！

——莎士比亚

奉承比憎恨更危险。

——格拉西安

面誉者，背必非。

——林　逋

谄媚也可造成协调，但这种协调是由奴性的无耻的罪过或欺骗所造成的。

——斯宾诺莎

奉承使接受者和给予者两败俱伤。

——埃德蒙·伯克

多数人嘴上漂亮的言辞就像战士在假日里插在枪口上的玫瑰花。

——朗费罗

非我而当者，吾师也；是我而当者，吾友也；谄谀我者，吾贼也。

——荀　子

拍马屁和恋爱一样，不容许有第三者冷眼旁观。

——钱钟书

凡是对随便什么人都要逢迎的人，他除了自己以外，就随便什么都不会爱；凡是对一切都觉得满意的人，这个人就不会做出什么善事来，因为对邪恶不感到痛恨，就不可能有善。

——车尔尼雪夫斯基

宁愿做一朵篱下的野花，不愿做一朵受他恩惠的蔷薇；与其逢迎献媚，偷取别人的欢心，宁愿被众人所鄙弃。

——莎士比亚

朋友的赞美所带来的快乐始终比自我赞美所产生的快乐更加纯真，因为朋友的称赞绝不会使你怀疑自己是否值得赞扬。

——爱德华·马什

奉承是一枚依靠我们的虚荣才得以流通的伪币。

——拉罗什夫科

我们有时误认为自己憎恨奉承，但其实我们憎恨的只是奉承的方式。

——拉罗什夫科

如果我们自己不奉承自己，那么他人的奉承是伤害不了我们的。

——拉罗什夫科

骄傲——骄傲使人落后

自满、自高自大和轻信，是人生的三大暗礁。

——巴尔扎克

念念不忘自己长处的人，会使别人想起他的短处。

——赫兹里特

最大的骄傲与最大的自卑都表示心灵的最软弱无力。

——斯宾诺莎

最刚愎自用的男人往往也是最轻信、最容易上当的。

——蒲　柏

那些不了解别人的人总是自视很高。

——C C. 科尔顿

如果我们自己毫无骄傲之心，我们就不会抱怨别人的骄傲。

——拉罗什夫科

无论谁，在他接受用部属的鲜血、朋友的牺牲挣来的欢呼时，永远要记住谦卑。

——艾森豪威尔

一知半解的人，多不谦虚；见多识广有本领的人，一定谦虚。

——谢觉哉

一个人感到羞愧的事情越多，他就越会受到别人的尊敬。

——萧伯纳

谦卑是件难事。即使你的目标是谦卑，但那也不能保证在你实现这一目标时你就不会为此而感到自满。

——多布里

不要太鄙视自己，过分的自卑只是一种骄傲的表现。

——卡瓦纳

骄傲自满是我们的一座可怕的陷阱，而且，这个陷阱是我们亲手挖掘的。

——老　舍

一个人盲目的骄傲，他就像是一只没有烧好的罐子，只要给别的罐子用力一碰，它就会被碰得不能把原形保持。

——《五卷书》

骄傲者必将倾跌，因为骄傲走在前头，羞耻随后就到。

——海伍德

骄傲犹如戴上头罩的苍鹰，只会翱翔于黑天之下，逞强于蒙昧之中，盲凌于乱云之上。

——杨　格

当我们大为谦卑的时候，便是我们最近于伟大的时候。

——泰戈尔

好炫耀的人是明哲之士所轻视的、愚蠢之人所艳羡的、谄佞之徒所奉承的；同时他们也是自己所夸耀的言语的奴隶。

——培　根

假如一个人一开始就谦虚地承认，他也不是无懈可击的，那么听他再评断你的过失，也许就不那么难以入耳了。

——戴尔·卡耐基

青蛙也许会叫得比牛更响，但是它们不能在田里拉犁，也不会在酒坊里牵磨，它们的皮也做不出鞋来。

——纪伯伦

白云谦逊地站在天之一隅，晨光给他戴上了霞彩。

——泰戈尔

我认为，蠢材的特征是高傲，庸才的特征是卑鄙，真正品学兼优的人的特征是情操高尚而态度谦虚。

——苏沃洛夫

真正的谦虚只能是对虚荣心进行了深思以后的产物。

——柏格森

我的座右铭是：人不可有傲气，但不可无傲骨。

——徐悲鸿

有了一些小成绩就不求上进，这完全不符合我的性格。攀登上一个阶梯，这固然很好，只要还有力气，那就意味着必须再继续前进一步。

——安徒生

切忌浮夸铺张。与其说得过分，不如说得不全。

——列夫·托尔斯泰

峣峣者易缺，皎皎者易污。《阳春》之曲，和者必寡，盛名之下，其实难副。

——范　晔

短不可护，护短终短；长不可矜，矜则不长。

——聂大年

构成我们学习的最大障碍是已知的东西，而不是未知的东西。

——贝尔纳

不满足，是一个人或一个民族进步的第一步。

——王尔德

居高常虑缺，持满每忧盈。

——佚　名

人生大病，只是一"傲"字。

——王守仁

一个骄傲的人，结果总是在骄傲里毁灭了自己。

——莎士比亚

啊！夸奖的话，出于自己口中，那是多么乏味！

——孟德斯鸠

谦逊吧！这是一种最不会冒犯别人的骄傲。

——米尔·勒纳尔

自负对人和艺术是一种毁灭。骄傲是可怕的不幸。

——季米特洛夫

不骄方能师人之长，而自成其学。

——谭嗣同

放荡功不遂，满盈身必灾。

——张　咏

虚心使人进步，骄傲使人落后，我们应当永远记住这个真理。

——毛泽东

饶舌攻耳，谦逊攻心。

——罗伯特·索恩

满招损，谦受益。

——《尚书·大禹谟》

蠢材妄自尊大，他自鸣得意的，正好是受人讥笑奚落的短处，而且往往把应该引为奇耻大辱的事，大吹大擂。

——克雷洛夫

嫉妒——心灵上的肿瘤

嫉妒是一条毒蛇，它只能使你沉沦。

——刘心武

好嫉妒的人就像锈腐蚀铁那样，以自身的气质腐蚀自己。

——安提斯德内

嫉妒是一种游荡的激情，它满街转悠，从不安居家中。

——培　根

不要让嫉妒的蛇钻进你的心里，这条蛇会腐蚀你的头脑，毁坏你的心灵。

——亚米契斯

嫉妒是一个绿眼的妖魔，谁做了它的牺牲品，就要受它的玩弄。

——莎士比亚

没有一种理智的药饵可以把嫉妒治疗。

——莎士比亚

嫉妒是条蛆虫，它会蛀蚀和毁害人。

——巴巴耶夫

一个有正当义愤的人，只在看到别人有不应得的昌盛时才感觉痛苦。而嫉妒的人则越过这限度，他看到任何人的昌盛都会痛苦。

——亚里士多德

妒忌者给别人带来的是烦恼，给他自己带来的却是痛苦。

——佩　恩

如同钢铁被铁锈腐蚀一样，妒忌者被自己的激情消耗掉。

——安提西尼

生来就具有某些伟大品质的人的最可靠标志是生来就没有嫉妒心。

——拉罗什夫科

嫉妒比仇恨更难和解。

——拉罗什夫科

一个十分杰出的功绩的标志是：那些最嫉妒它的人也不得不赞扬它。

——拉罗什夫科

憎恨是积极的不快，妒忌是消极的不快。所以妒忌很容易转化为憎恨，就不足为怪了。

——歌　德

在一切的情欲中，嫉妒是最强求、最持久的。因为别的情欲的起因不过是偶尔有之的；因此昔人说得好："嫉妒永不休假"，因为它老是在这人或那人心上活动。

——培　根

嫉妒——是心灵上的肿瘤。

——艾　青

我们欣然折服古人，而对后人却并不如此。只有父亲才不妒忌儿子的才华。

——歌　德

妒忌是一切杰出人物必须偿付的税。

——爱默生

嫉妒也是人类本性的一部分，不管对它怎么轻视。

——普列姆昌德

我们的破灭的希望，流产的才能，失败的事业，受了挫折的雄心，往往积聚起来变为嫉妒。

——巴尔扎克

当一个人没有和大家一起分享美味佳肴时，别人的好胃口在他看来总显得太过分。

——纪　德

在难免产生妒忌的地方，必须用它去刺激自己的努力而不阻挠对方的努力。

——罗　素

妒忌的邪念会使所有男人和女人的行为变得十分残忍。

——约瑟夫·布雷多克

嫉妒我的人在不知不觉之中颂扬了我。

——纪伯伦

每个人的虚荣心是和他的愚蠢的程度相等的。

——蒲　柏

虚荣是追求个人荣耀的一种欲望，它并不是根据人的品质、业绩和成就，而只是根据个人的存在就想博得别人的欣赏、尊敬和仰慕的一种愿望。所以虚荣充其量不过等于一个轻浮的漂亮女人。

——歌　德

说一个人爱虚荣，那意思只是指他对自己在别人身上产生的影响感到高兴。而一个自高自大的人则以他在自己身上产生的影响为满足。

——比尔博姆

嫉妒生于利欲，而不生于贤美。

——黄道周

一个嫉妒的人就是一个贪婪的人。

——雨　果

嫉妒是幸运的敌人。

——爱比克泰德

嫉妒是一种恨，此种恨使人对他人的幸福感到痛苦，对他人的灾殃感到快乐。

——斯宾诺莎

不应嫉妒天才人物，就像不应嫉妒太阳一样。

——邦达列夫

在嫉妒心重的人看来，没有比他人的不幸更能令他快乐，亦没有比他人的幸福，更能令他不安。

——斯宾诺莎

有嫉妒心的人，自己不能完成伟大事业，便尽量去低估他人的伟大、贬抑他人的伟大性，使之与他本人相齐。

——黑格尔

失宠和嫉妒曾经使天使堕落。

——海　涅

像空气一样轻的小事，对于一个嫉妒的人，也会变成天书一样坚强的确证；也许这就可以引起一场是非。

——莎士比亚

嫉妒是来自地狱的一块嘶嘶作响的灼煤。

——菲·贝利

卑劣的人比不上别人的品德，便会对那人竭力诽谤。嫉妒的小人背后诽谤别人的优点，来到那人面前，又会哑口无言。

——萨　迪

事修而谤兴，德高而毁来。

——韩　愈

无德之人常嫉他人之德。

——培　根

有才能往往比没有才能更危险；人们不可能避免遭到轻蔑，却更难不变成嫉妒的对象。

——拿破仑

嫉妒是灵魂的偏见。

——德莱顿

对心胸卑鄙的人来说，他是嫉妒的奴隶；对有学问、有气质的人而言，嫉妒却化为竞争心。

——波普

凡是受过教育的人最终都会相信嫉妒是一种无知的表现。

——爱默生

嫉妒是一种可耻的感情，人是应当信赖的。

——列夫·托尔斯泰

嫉妒的人常自寻烦恼，这是他自己的敌人。

——德谟克里特

妒忌者给别人带来的是烦恼，给他自己带来的却是痛苦。

——佩　恩

悲伤和失望引起愤怒；愤怒引起妒忌；妒忌引起恶毒；恶毒又再度引起悲伤；直到完成整个循环。

——休　谟

名人名言

老舍小传

老　舍　(1899—1966)原名舒庆春,字舍予,满族,北京市人。1917 年毕业于北京师范学校,先后在小学、中学任教,在"五四"新文化运动的影响下,开始用白话文写小说。1927 年去英国,在伦敦东方学院教授中国语文。在这期间写了《老张的哲学》、《赵子曰》、《二马》三部长篇小说。1929 年回国途中,在新加坡停留了半年,又创作了另一个长篇《小坡的生日》,这是他创作生涯的正式开始。1936 年,代表作《骆驼祥子》问世。新中国成立后,创作了《龙须沟》、《方珍珠》等优秀剧本。1953 年赴朝回国后,又写了《女店员》、《茶馆》、《全家福》等受读者欢迎的作品。

老舍的故事——四请

老舍是一位勤奋的作家,可他名气大了,常有客人来找他,弄得他搞创作忙不过来,接待客人也忙不过来。于是,他想出了一个拒客妙方:他准备了好茶、好烟和一些画报。一般客人来了,他彬彬有礼地对客人说:"请坐!"然后倒一杯茶递到客人面前说:"请喝茶!"接着又递给一根香烟说:"请抽烟!"最后拿出画报说:"请看画报!""四请"之后,他依然伏案创作。客人见他实在太忙,坐了一会儿,便起身告辞了。

七、个人魅力

美丽使你引起别人的注意，睿智使你得到别人的赏识，而魅力，却使你难以被人忘怀。

——索菲娅·罗兰

魅力——一种无形的美

魅力是为远处的赞美者而存在的。没有任何场面比熊熊燃烧的火焰更壮观。

——塞缪尔·约翰逊

人生的一切变化、一切魅力、一切美都是由光阴和阴影构成的。

——列夫·托尔斯泰

这个人所拥有的内心世界的境界有多深和多广——这里有着人的魅力的最根本的因素。

——池田大作

什么叫魅力？它，可能是指一个人具有声望与感化力而言。

——原一平

美貌和魅力原是两种要命的东西，幸而不是所有的美女全部有魅力，往往是相貌平常的女人反而倒有一种妩媚动人之处。

——马克·吐温

把白纸装订进书中有一种特殊的魅力，没有失去纯洁。依然闪耀着天真色泽的白纸总是比它被使用之后更美好。

——利希腾伯格

魅力是女人的力量，正如力量是男人的魅力。

——蔼理斯

我生平的野心是，靠我的才能使你的魅力不朽，靠你的魅力使我的才能不朽。

——周国平

女性行为之美的魅力，其精髓在于情态的温柔。

——金　马

魅力有一种能使人开颜、消怒，并且悦人和迷人的神秘品质。

——普拉斯

魅力是一种无形的美。

——索菲娅·罗兰

女人缺乏魅力是无饵的鱼钩。

——爱迪生

魅力通常是在智慧之中，而不是在容貌之中。

——孟德斯鸠

魅力是女人身上开出的一种花朵。有了它你无须再有其他东西；缺少它，你就是东西再多也聊同于无。

——詹·马·巴里

气质——走进他人心灵的通行证

做一个杰出的人，光有一个合乎逻辑的头脑是不够的，还要有一种强烈的气质。

——司汤达

男子要有刚强和自由勇敢的气质，他更应该有些深藏的秘密。

——歌　德

女性的气质是妇女最优秀人品的集中表现。

——苏霍姆林斯基

多读一些书，让自己多有一点自信，加上你因了解人情世故而产生的一种对人对物的爱与宽恕的涵养。那时，你自然就会有一种从容不迫、雍容高雅的风度。

——罗　兰

所谓男子气概是指亲切、慈爱的风度，它决不是指肉质上的意念而言。

——萨　迪

人最宝贵的是保持自己本来的气质。

——河野一郎

人之气质，由于天生，本难改变，唯读书可变化气质。……欲求变之之法，总须先立坚卓之志。

——曾国藩

时间能安慰我们，而人的气质能够抗拒痛苦的印象。

——爱默生

一个人的态度和气质应使人近而敬之，而不要敬而远之，或近而轻之。

——一　凡

气以实志，志以定言，吐纳英华，莫非情性。

——刘　勰

美只愉悦眼睛，而气质的优雅使灵魂入迷。

——伏尔泰

气质之美与其说是来自内心的修养，不如说它是来自一种对美好事物的欣赏能力。这种欣赏力就使一个人的言谈举止不同流俗。

——罗　兰

山光水色的自然美，对人的气质神韵具有潜移默化的影响，常能使人在风度上于不知不觉间印上它们的影子。

——金　马

风度的自然神韵，是灵肉一致的全息摄影。它鲜明、丰满，辐射着温热，发散着柔情。

——金　马

美丽的相貌和优雅的风度是一封长效的推荐信。

——伊莎贝拉

友善的言行、得体的举止、优雅的风度，这些都是走进他人心灵的通行证。

——塞缪尔·斯迈尔斯

只要你具备了精神气质的美，只要你有这样的自信，你就会拥有风度的自然之美。

——金　马

高雅雍容的气质，主要是自我克制的表现。

——爱迪生

一个人的行为举止、风度仪表是展现一个人外在魅力的主要方式之一。优雅的行为举止使人风度翩翩。

——塞缪尔·斯迈尔斯

礼貌——最高贵的感情

礼貌是一种回收有礼貌的尊重的愿望。

——拉罗什夫科

良好的礼貌由微小的牺牲组成。

——爱默生

真正的礼貌就是克己，就是千方百计地使周围的人都像自己一样平心静气。

——蒲　柏

人类只有在热情满怀时才显出真正的伟大。

——迪斯累里

对伟人来说，没有什么能比礼貌和节制更合适的了。

——西塞罗

礼貌是儿童与青年所应该特别小心地养成为习惯的第一件大事。

——洛　克

无礼是无知的私生子。

——塞·巴特勒

礼貌经常可以替代最高贵的感情。

——梅里美

生活里最重要的是有礼貌，它比最高智慧、比一切学识都重要。

——赫尔岑

有礼貌不一定总是智慧的标志，但是缺乏礼貌却一定会使人感到愚蠢。

——兰　德

礼貌是教养的主要标志。

——格拉西安

礼貌是后天造就的好脾性，它弥补了天性之不足，最后演变成一种近似真美德的习惯。

——杰弗逊

我觉得爱人的人应该重新学会流露自然感情，做到互相接触、互相握手、微笑、互相思念，而且互相关怀。

——巴士卡里雅

你要是看见朋友之间用得着不自然的礼貌的时候，就可以知道他们的感情已经开始衰落。

——莎士比亚

礼貌建筑在双重基础上：既要表现出对别人的尊重，也不要把自己的意见强加于人。

——霍夫曼斯塔尔

一个人的礼貌就是一面照出他的肖像的镜子。

——歌　德

即使是和最亲密的朋友在一起，也要有礼貌；不然相互之间就会不知不觉地出现无礼的行为，相互之间也会发现存在某种程度的歧视。

——鲍斯威尔

怀着善意的人，是不难于表达他对人的礼貌的。

——卢　梭

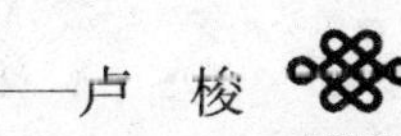

有一种内在的礼貌，它是同爱联系在一起的。它会在行为的外表上产生出最令人愉快的礼貌。

——歌　德

我才不稀罕表面的礼貌。请给我热烈的心、真实的诚意和欢乐的同情。

——萧伯纳

一个人应当用良好的礼貌来突出他特有的天性。人人都喜欢出人头地，但这不应当引起别人的讨厌。

——歌　德

礼貌出自内心，其根源是内在的。然而，如果礼貌的形式被取消，它的精神与实质亦随之消失。

——约翰·霍尔

礼仪是微妙的东西。它既是人类间交际所不可缺的，却又是不可过于计较的。如果把礼仪看得比月亮还高，结果就会失去人与人真诚的信任。在语言交际中要善于找到一种分寸，使之既直爽又不失礼。这是最难又是最好的。

——培　根

礼貌使有礼貌的人喜悦，也使那些受到人家礼貌相待的人们喜悦。

——孟德斯鸠

知识必须用礼貌来装饰，并抚平它在世间的道路，没有它们，知识就像一颗硕大而粗糙的钻石，为了好奇与它实质上的价值而收置在书里固然好，但是琢磨之后却更为珍贵。

——查里德菲尔

礼貌是最容易做到的事，也是最珍贵的东西！

——冈察尔

礼貌之风为每一个人带来文明、温暖和愉快。

——诺·文·虔尔

谁对待路人能像对待嘉宾那样彬彬有礼，谁就是世界公民。

——培　根

礼貌是人类共处的金钥匙。

——松苏内吉

礼貌是一种语言。它的规则与实行，主要从观察、从那些有教养的人们的举止上去学习。

——洛　克

大人物的礼貌是永远不会浪费的。

——塞缪尔·约翰逊

最好的礼貌是不要多管闲事。

——狄更斯

大多数年轻人，当他们粗鲁和没礼貌的时候，还以为这是很自然的。

——拉罗什夫科

礼貌像只气垫：里面可能什么也没有，但是却能奇妙地减少颠簸。

——约翰逊

一个越是真正优秀的人，越会对他人平易、有礼。一个对别人过分无礼的人，不但不能使自己显得优秀，反而是在表明自己缺少教养。

——一　凡

幽默——生活的大智慧

幽默带来悟力和宽容，冷嘲则带来深刻而不友善的理解。

——阿·雷普利尔

只要我们活着，我们就要保持幽默感。

——爱因斯坦

幽默的精髓是悟性。

——托·卡莱尔

玩笑和幽默会给人带来快乐，而且常常可以产生巨大的作用。

——西塞罗

生活中没有哲学还可以对付过去，然而没有幽默就只有愚昧的人才能生存。

——普里什文

当你正提醒你夫人小心楼梯的时候，自己却摔了下来。这就是幽默。

——伯　德

幽默是多么艳丽的服饰，又是何等忠诚的卫士！它远远胜过诗人和作家的智慧，它本身就是才华，它能杜绝愚昧。

——司各特

风趣自能引起人们的欢迎，使一切区别都化为平等。庄严、学问、坚强的个性，全都不能抵挡好的风趣。

——爱默生

自由产生诙谐，诙谐也产生自由。

——让·保里希特

笑和幽默是只有人类才有的特权。

——池田大作

没有幽默滋润的国民，其文化必日趋虚伪，生活必日趋欺诈，思想必日趋迂腐，文学必日趋干枯，而人的心灵则必日趋顽固。

——林语堂

幽默感就是分寸感。

——纪伯伦

幽默是真正的民主。

——罗·安·约翰逊

无论如何，笑总是一件好事。如果一根稻草能逗人发笑，它就成了一种制造幸福的仪器。

——德莱顿

幽默的灵魂是诚挚和庄严。

——王　蒙

幽默如从天而降的温润细雨，将我们孕育在一种人与人之间友情的愉快与安适的气氛中。它犹如潺潺溪流或者照映在碧绿如茵的草地上的阳光。

——林语堂

真正的幽默板着面孔，而周围的人们却围着它笑；虚假的幽默笑个不停，而周围的人们却板着面孔。

——爱迪生

人生没有幽默，就像春天没有鲜花。

——池田大作

真正的幽默是属于这样一类作者的特性，他作出一副严肃认真的样子，一面却给事物抹上一层使人愉悦发笑的色彩。

——亨利·霍姆

可以说，诙谐幽默是人们在社交场上所穿的最漂亮的服饰。

——萨克雷

虽然幽默并不一定都促人发笑，幽默更多的是发人思考。

——松　林

幽默来自智慧，恶语来自无能。

——松　林

幽默是藏身于笑话之后的严肃。

——约·韦斯

幽默本身的秘密源泉是欢乐，而不是悲伤。

——马克·吐温

缺乏幽默感的人不能算是很完善的人。

——柯尔律治

一个成功的人，他能以幽默的情绪去对付失败。

——潘　恩

最幽默的作家使人发出几乎觉察不到的微笑。

——尼　采

幽默是当代社会的润滑剂与解愁丸。

——蔡文居

幽默是一种酸、甜、苦、咸、辣混合的味道。它的味道似乎没有痛苦和狂欢强烈，但应说比痛苦和狂欢耐嚼。

——王　蒙

一盎司的幽默比一磅的证据，还有说服力。

——欧　文

在我们这个极度紧张的社会，任何过于严肃的东西都将难以为继。唯有幽默才能使全世界松弛神经而又不至于麻醉，给全世界以思想自由而又不至于疯狂，并且，把命运交给人们在重大问题的决策上，诙谐要比一本正经更有效，也更轻松活泼。

——贺拉斯

冰心小传

冰　心　(1900—1999)现代著名女作家、儿童文学家、文学翻译家。原名谢婉莹，曾用笔名冰心女士、男士等。生于福建省闽侯县(原籍长乐县)一个海军军官家庭。幼年时代就广泛接触了中国古典文学作品。除写作外，她还积极参加社会活动，曾到日本、英国、法国、意大利、瑞士、埃及等国进行访问，为促进国际间的友谊和文化交流作出了贡献。1978年，人民文学出版社出版了她的儿童文学作品《小桔灯》。冰心曾担任过中国文联委员、中国作家协会书记处书记、第五届全国政协常务委员会委员。

冰心的故事——享受海之伟大

冰心喜欢海。他父亲是海军军官，从小她就在烟台待过，所以和浩瀚的海洋结下了不解之缘。不过，在她的作品里嗅不到梅思斐尔的“海洋热”。她憧憬的不是骇浪涛天的海水，不是浪迹天涯的海员生活，而是在海滨沙滩上拾贝壳、在静静的海上看冰轮乍涌。一个身在青岛的朋友想逗她去青岛做客，就在信中大谈海边的美妙风景，捉螃蟹，挖沙土，捡水母，听灯塔呜呜叫，看海船冒烟在天边逝去。她在回信中，果然流露出对自由享受海之伟大的无限羡慕之情。

幽默感就是分寸感。

——纪伯伦

幽默是双方都赢了,讽刺则有一方输了。

——原　野

幽默的作用之一是在无法令人满意的情况下使人产生满意感。

——周士林

幽默的人生观是真实的、宽容的、同情的人生观。

——林语堂

审美——高尚的情操

只要有热心和才能,就能养成一种审美的能力。有了审美的能力,一个人的心灵就能在不知不觉中接受各种美的观念,并且最后接受同美的观念相联系的道德观念。

——卢　梭

有多少人就有多少种审美观。

——贺拉斯

一个人自有一个人的审美观。

——蒙　田

审美观念是随着修养而进步的,修养愈深,审美程度愈高。

——蔡元培

审美能力很大程度取决于一个人的一般文化水平和道德教养。

——苏霍姆林斯基

学生的审美发展具有多方面性:这里有文学,有造型艺术,还有音乐。而寓于一切之中、高于这一切的乃是生活!

——赞科夫

美与真是一回事。这就是说,美本身必须是真的。

——黑格尔

人的外表的优美和纯洁,应是他内心的优美和纯洁的表现。

——别林斯基

名人名言

审美趣味不仅仅是一个人道德的一部分和道德的指标，而且就是道德的全部。对任何活的生物的第一个、最终一个和最切近的试探性问题就是："你所喜爱的是什么?"只要告诉我你喜爱的东西，我就能告诉你你是个什么样的人。

——罗斯金

审美发展和道德发展是密切联系的。对于美的欣赏可以使人变得高尚起来。美能唤起人的善良感情，如同情心、忠诚、爱、温柔等。感情会在人的行为中成为一种积极作用的力量。

——赞科夫

美只有在社会中才能引起兴趣。

——康　德

仅停留在欣赏和理解的水平还不够，我们还需要体会和感受，这才是真正的美。

——伏尔泰

若是要把感性的人变成理性的人，唯一的路径是先使他成为审美的人。

——席　勒

看两遍吧——如果你想获得一个正确的概念；只看一遍——如果你想获得一种美的感觉。

——阿米尔

从美的事物中找到美，这就是审美教育的任务。

——席　勒

每种最高艺术都以科学为依据。没有科学，既不能有完全美的创作，也不能有充分的欣赏。

——斯宾塞

西施有所恶而不能减其美者，美多也；嫫母有所善而不能救其丑者，丑笃也。

——葛　洪

烦恼里含有美。我在影片里表现的一切，包括悲哀的或不悲哀的，都是为了想表达一点美。

——卓别林

物质的美就是心灵的美的符号，心灵美就是精神的美与道德的美……美的统一就是在这里。

——库　申

外表的美只能取悦于人的眼睛，而内在的美却能感染人的灵魂。

——伏尔泰

矫揉造作、失去真实的不是美，充满了富贵荣华的名利思想，也不是真美。

——孟德斯鸠

必要的时候不妨把衣服穿得马虎一点，可是心灵必须保持整洁才行。

——马克·吐温

善是真与美的特殊形式，是人类品行中的真和美。

——柯伦泰

人并不是因为美丽而可爱，而是因为可爱而美丽。

——列夫·托尔斯泰

只有唤起人类追求美的愿望，她才能获得美的本身。

——邓　肯

一切快感都是固有的和积极的价值，但绝不是一切快感都是审美的感知。

——桑塔亚娜

美，是人喜欢某种事物时的感受。美所带来的快乐是一种没有利害关系的、自由的快乐。

——瓦西列夫

白玉不雕，美珠不文，质有余也。

——刘　安

一个敏感的人，即使在最痛苦的时候也能找到美的因素。

——阿尼克斯特

我们从那些由于劳动而变得粗黑的脸上看到全部人类的美。

——马克思

一切之美皆形式之美也。就美之自身言之，则一切优美皆存于形式之对称变化及调和。

——王国维

世界上只有两个元素，美和真；美在情人的心中，真在耕者的臂里。

——纪伯伦

美是奇异的。它是艺术家从世界的喧嚣和他自身灵魂的磨难中铸造出来的东西。

——毛　姆

一切精美的东西都有其深沉的内涵。

——李思特

应该学会把心灵的美看得比形体的美更可珍贵。

——柏拉图

美好的东西和有用的东西同样有益，而且也许更有益。

——雨　果

一切美的光是来自心灵的源泉：没有心灵的映射，是无所谓美的。

——宗白华

美的表现是和艺术家所能获得的思想力成正比例的。

——库尔贝

要创造出真正的美必须具备巨匠的技艺。

——约·德莱顿

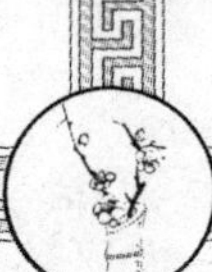

八、为人处世

对头脑正常的人来说，判断一个人当然不是看他的声明，而是看他的行为；不是看他自称如何如何，而是看他做些什么和实际是怎样一个人。

——恩格斯

处世——世事洞明皆学问

处事须留余地。

——李叔同

为一件过失辩解，往往使这过失显得格外重大，正像用布块缝补一个小小的窟窿眼儿，反而欲盖弥彰一样。

——莎士比亚

因为你不愿自己永远被埋没，你才必须忍受暂时的被埋没。不要因为看不见收获而觉得不耐烦。

——罗　兰

一个时候，只能骂一个人，或一种人，或一派人，决不宜多树敌人。所以骂人的时候，万勿连累旁人，即使必须牵涉的人，你也要表示好意，否则回骂之声纷至沓来，使你无从应付。

——梁实秋

大言欺人者不可用。

——蔡　锷

遇棘手之际，须从耐烦二字痛下功夫。

——蔡　锷

推心置腹的谈话就是心灵的展示。

——温·卡维林

处世让一步为高，退步即进步的张本；待人宽一分是福，利人实利己的根基。

——洪应明

大话不宜讲得太早，否则，倘有记性，将来想起会脸红。

——鲁　迅

与其说处世像舞蹈,不如说它像摔跤。

——马可·奥勒留

要打动别人的心,自己的行为就必须合于人情。

——卢　梭

交际是人生一大乐趣。

——西·史密斯

知识使人变得文雅,而交际能使人变得完善。

——托马斯·富勒

要散布阳光到别人心里,先得自己心里有阳光。

——罗曼·罗兰

社交犹如空气,人离不了它,但光靠它来维持生命也是不够的。

——桑塔亚那

比之处在一群愚蠢而讨厌的伴侣中,倒还不如独自一人更好些。

——蒙　田

社交的作用在于:同伟大在一起也容易使自己成为伟大。

——爱默生

主人的好客往往就体现在一盆火、一碗饭和一片安宁之中。

——爱默生

孤独有时是最好的交际,短暂的索居能使交际更甜蜜。

——弥尔顿

人事关系在社会上是一种资本,若要它经久,就不得不节用。

——列夫·托尔斯泰

人类在相互的交往中寻求安慰、价值和保护。

——培　根

过分了解或者过分不了解,同样妨碍彼此接近。

——列夫·托尔斯泰

交际是人生的幸福。

——莎士比亚

热闹中看一冷眼,便省许多苦心思;冷落处存一热心,便得许多真趣味。

——洪应明

人的社交根本不是本能。也就是说，并不是为了爱社交，而是因为怕孤独。

——叔本华

不加选择的应酬来往，只会导致时间的浪费和心性的庸俗化。

——夏洛蒂·勃朗特

即使你享受幸福，享尽荣华富贵，要是没人像你那样衷心替你高兴，怎能有莫大的快乐？同时，处在逆境时，如果没有人把它当作比你更沉重的重荷，必然更难以忍受。

——西塞罗

社会交往可以陶冶人的情操。

——华兹华斯

让贤士和智者结交，他们就会相互学习长处。

——托·杰弗逊

交际场上的高手一般不直截了当说出要说的字眼，而是含蓄地表达其意思。

——爱默生

我们所知道的最好、最可靠、最有效而又最无副作用的兴奋剂是社交。

——爱默生

利益和需要是所有社交的根本。

——爱尔维修

心情愉快，是穿到社交界最好的衣裳之一。

——萨克雷

沉默较之言不由衷的话更有益于社交。

——蒙　田

如果你是对的，就要试着温和地、技巧地让对方同意你；如果你错了，就要迅速而热诚地承认，这要比为自己争辩有效和有趣得多。

——戴尔·卡耐基

你信任人，人才对你忠实。以伟大的风度待人，人才表现出伟人的风度。

——爱默生

相熟的人表现出恭而敬之的样子总是叫人感到可笑。

——歌　德

对那些不值得信任的人不要存有幻想。

——达·芬奇

记住人家的名字，而且很轻易地叫出来，等于给别人一个巧妙而有效的赞美。

——戴尔·卡耐基

待人——肯定别人的价值

所有的人毫无例外都是为了美好的将来活着，所以一定要尊重每个人。

——高尔基

健全的心灵从来不肯冷言冷语伤人。

——莫里哀

尊重人的尊严，这是一件多么干净、多么美好的事啊！

——萨特宁

凡是喜欢教训别人的人，自己最不愿受到别人的教训。

——司各特

自己感觉痛苦之事切莫施之于他人。

——瓦鲁瓦尔

我们应该用我们希望朋友对待我们的方式去对待朋友。

——亚里士多德

人际关系是人与人之间的沟通，是用现代方式表达出圣经中“欲人施于己者，必先施于人”的金科玉律。

——卡耐基

只有肯定别人的价值，人们才会对你有恰当的评价。

——昂苏尔·玛阿里

一个人比另一个人高贵之处就在于他能承认对方的价值。

——史蒂文森

人与人之间的关系是微妙的，不容易相处好的。有时小小的关心照顾成了人与人之间的润滑剂；相反，有时由于一时出口不慎，也会伤了对方的感情。

——德田虎雄

勿言人短。这不仅仅是道德，而且是处世的重要教训。

——森鸥外

喜欢伤害别人的人，自己却容不得任何伤害。

——托马斯·富勒

内藏严明，外露愚昧，这是贤者的作风。

——三木清

让人误认为你是无知的，往往是最大的睿智。

——格拉西安

学会认识自己的最好方法，就是努力理解别人。

——纪　德

高论而相欺，不若忠论而诚实。

——王　符

损己者，物爱之；厚己者，物薄之。

——张　良

疾病是欢乐付出的利息。

——约翰·雷

对一个有优越才能的人来说，懂得平等待人，是最伟大、最正直的品质。

——里查·斯梯尔

最能克服憎恨的不是暴力，最能医治创伤的也不是复仇。

——夏洛蒂·勃朗特

莫道是非终日有，果然不听自然无。

——高　明

凶恶是毒害我们生活的毒药。

——车尔尼雪夫斯基

坏的和睦不如好的争吵。

——高尔基

名人名言

陶行知小传

陶行知 (1891—1946)我国近现代著名教育思想家和实践家。他早年留学美国，师从美国进步主义教育大师杜威。归国后，他终身致力于中国教育的改造，教育思想和实践经验都十分丰富。他重视乡村教育，推动平民教育运动。他在实践中创立的“生活即教育”、“教学做合一”、“社会即学校”为中心的教育理论，是我国教育思想史上的一座丰碑。著有《陶行知全集》(六卷)、《普及教育》(三集)等。

陶行知的故事——四粒糖果

有一次，陶行知先生看到学生王友用泥块砸自己班的同学，当即阻止了他，并令他放学时到校长室去。

放学后，陶行知来到校长室，王友已经等在门口准备挨训了。可一见面，陶行知却掏出一块糖果送给他，并说：“这是给你的，因为你按时来到这里，而我却迟到了。”王友惊疑地接过糖果。随之，陶行知又掏出一块糖果放到他手里，说：“这块糖果也是奖给你的，因为我不让你再打人时，你立即就住手了，这说明你尊重我，我应该奖励你。”王友更惊疑了，他眼睛睁得大大的。

陶行知又掏出第三块糖果塞到王友手里，说：“我调查过了，你用泥砸那些男生，是因为他们不守游戏规则，欺负女生；你砸他们，说明你很正直善良，有跟坏人作斗争的勇气，应该奖励你啊！”王友感动极了，他流着眼泪后悔地说道：“陶……陶校长，你……你打我两下吧！我错了，我砸的不是坏人，而是自己的同学呀！”

陶行知满意地笑了，他随即掏出第四块糖果递过去，说：“为你正确地认识错误，我再奖给你一块糖果，可惜我只有这一块糖果了，我的糖果用完了，我看我们的谈话也该完了吧！”说完就走出了校长室。

难道她们不明白坏事只有在显得很美、藏起本相的时候，在披着美德的外衣的时候，才迷人吗？

——契诃夫

当我们自以为在领头的时候，正是被人牵着走得最欢的时候。

——拜　伦

世间的事情，往往失之毫厘，就会造成莫大的差异。

——莎士比亚

少量的邪恶足以勾销全部高贵的品质。

——莎士比亚

人越是心高志大，就越免不了种种的小弱点。

——狄更斯

面对邪恶和虚伪无动于衷，这是最可怕的。

——苏霍姆林斯基

永远不要欺侮弱者！因为被欺侮的痛苦会激发复仇的欲望。

——达·芬奇

我们必须警惕诱惑，尤其是在它一开始的时候。

——托马斯

最危险的敌人是阿谀奉承的人。

——塔西佗

一旦羡慕浮世的荣华，便是跌在蜜里的苍蝇，永难自拔。

——萨　迪

世上决没有一个狡猾的人，能够狡猾得使人家不知道他是狡猾的。

——约翰·洛克

赌博是贪婪之子、邪恶之兄、灾难之父。

——华盛顿

为了天堂牺牲人生，等于捕雀而捉影。

——雨　果

疯狂的虚荣心是利己主义的根源。

——乔治·桑

动辄发怒是放纵和缺乏教养的表现。

——普鲁塔克

敌人只有一个，便是贪图享乐的自私自利，是它把生命的源泉吸干了，搅浑了。

——罗曼·罗兰

守信——诚信是金

人与人之间最高的信任，无过于言听计从的信任。

——培　根

多语者寡信，自奉者少恩。

——诸葛亮

只有信用才会比才智更加深交情。

——拉罗什夫科

假如想让人们对你的支持维持得长久，处理问题就不能随心。

——昂苏尔·玛阿里

言忠信而行正道者，必为天下人所心悦诚服。

——瓦鲁瓦尔

没考验就先别信任，因为笑里藏刀的事是常有的。

——特烈维尔

老实人的憨相就是一张可靠的还账契约；所谓信用，就是如此。

——爱默生

在重大问题上，信任总是姗姗来迟。

——奥维德

誓言不一定尽如人意，但每个人都必须对誓言负责。

——埃斯库罗斯

言而信，信在言前。令而化，化在令外。

——尼　采

做一个有信义的人胜似做一个有名气的人。

——罗斯福

谁信任我们，谁就在给我们以教诲。

——艾略特

什么人都信任或什么人都不信任都是不对的。

——塞内加

信任是消除担心的基础。信任是力量,信任是动力。

——穆尼尔·纳素夫

为了恪守一个宏伟的诺言而去贡献毕生精力,对平庸之人是很难做到的。不过,我觉得,每一个人心里都应该有一个小小的诺言,如果将恪守小小诺言的无数人们的力量汇集到一起,就会一步一步地在人类的历史上开辟出一条道路来。

——永井道雄

信用是难得易失的。费十年工夫积累的信用,往往由于一时一事的言行而失掉。

——池田大作

要有信。信人也要信己。人人有信才能够使自己和他人的独立自尊得以实现。

——福泽谕吉

君子之言,信而有征,故怨远于其身;小人之言,信而无征,故怨咎及之。

——左丘明

只有打算彼此开诚布公的人们之间,才能建立起心灵上的交流。

——巴尔扎克

由于这种彼此间的互相猜忌,使任何人都没有方法可以使自身得到他所期望的安全与合理。

——斯宾诺莎

只有首先做到言出必行,你的话才有信用。

——昂苏尔·玛阿里

人生在世,如失去信用,就如同行尸走肉。

——乔·赫伯特

信言不美,美言不信。

——老　子

有勇气的人都守约。

——高乃依

名人名言

信用就像镜子，只要有了裂缝就不能像原来那样连成一片。

——阿密尔

虽说我不是国王，但处世对人，向来我说话算数，决不食言。

——显克微支

对人以诚信，人不欺我；对事以诚信，事无不成。

——冯玉祥

辜负一个垂死的人的信任，用你们并不打算实现的诺言来陶醉他，这是卑鄙的。

——罗曼·罗兰

一个被人信爱的人所说的话，常常可以比尊长严师还更有影响。

——恽代英

在只能说谎与沉默两者来选择的时候，沉默也是好的。

——何其芳

信用既是无形的力量，也是无形的财富。

——松下幸之助

人世间决没有真恶的奸人而不为伪善的言论的。

——郭沫若

在两个互相利用的虚荣者中间，什么都可能有，唯独没有真诚。

——汪国真

长期守信得来的信用，很可能只因为一次失信就人格破产。所以，爱惜信用的人一定谨慎行事，千万不可走错一步。

——松下幸之助

和一个爱弄手段的人打交道，永远以自己的本来面目对付，他也不会用手段对付你，倒反会看重你的。

——傅　雷

凡在小事上对真理持轻率态度的人，在大事上也是不足信的。

——爱因斯坦

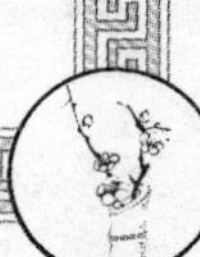

宽容——退一步海阔天空

既然太阳上也有黑点,“人世间的事情”就更不可能没有缺陷。

——车尔尼雪夫斯基

一句或两句体谅的话,对他人态度作宽大的了解,这些都可以减少对别人的伤害,保住他的面子。

——戴尔·卡耐基

对于所受的伤害,宽恕比复仇更高尚,鄙视比雪耻更有气派。

——富兰克林

谅解也是一种勉励、启迪、指引,它能催人弃恶从善,使歧路人走入正轨,发挥他们的潜力。

——穆尼尔·纳素夫

一个伟大的人有两颗心:一颗心流血,一颗心宽容。

——纪伯伦

惟宽可以容人,惟厚可以载物。

——薛　暄

宽容是荆棘丛中长出来的谷粒。

——普列姆昌德

我在生活的旅途中学会了容人,心中一直保持着对人的关心和尊重,这使我避免了一些重大的丑剧的发生。

——高尔基

爱所具有的力量不就是宽恕吗?换言之,由于它的调解,已经发生的事可得以挽回。倘非如此,它还有何益?

——威廉斯

最重要的宽容就是国家和社会对个人的宽容。

——爱因斯坦

世界上最广阔的是海洋,比海洋更广阔的是天空,比天空更广阔的是人的心灵。

——雨　果

没有宽宏大量的心肠,便算不上真正的英雄。

——普希金

宽容的人只会是智力非常发达的人，这些人从思想上说是摆脱了不够开明的同伴们的狭隘偏见的人，看到整个人类具有广阔多彩的前景。

——房　龙

宽恕可以交友，当你能以豁达光明的心地去宽容别人的错误时，你的朋友自然就多了。

——罗　兰

和别人相处要学的第一件事，就是对于他们寻求快乐的特别方式不要加以干涉，如果这些方式并没有强烈地妨碍我们的话。

——戴尔·卡耐基

宽恕，对人说一句和气的好话，甚至对罪人也说句和气的好话，那是比生意要紧得远的，比财富也要紧得远。

——契诃夫

愈是自己有错的人愈不肯宽恕别人，这是个规律。

——博马舍

宽容而不忘却，就如同把斧头埋在土里而把斧柄留在外面一样。

——巴斯克里

宽恕给予我们再度去爱的机会，又帮助我们敞开心怀，既能给予爱，又能接受爱。

——约翰·格雷

为了使每个人都能表白他的观点而无不利的后果，在全体人民中，必须有一种宽容的精神。

——爱因斯坦

谁能谅解人，谁就能拯救人。

——尤·邦达列夫

倘要完全的书，天下可读的书怕要绝无，倘要完全的人，天下配活的人也就有限。

——鲁　迅

宽容产生的道德上的震动比责罚产生的要强烈得多。

——苏霍姆林斯基

应当善于原谅弱点，甚至原谅恶习，应当善于同情，而不是善于严惩。

——罗佐夫

因为我们自己也有做各种错事的可能，所以更有原谅他人的必要。

——梁遇春

宽容意味着尊重别人的无论哪种可能有的信念。

——爱因斯坦

谁承认了自己的罪过，谁就得到宽恕。

——格林兄弟

宽宏大量是一种美德。它是由修养和自信、同情和仁爱组成的。一个宽宏大量的人快乐必多，烦恼必少。

——罗　兰

从广博的意义上讲，宽容这个词从来就是一个奢侈品，购买它的人只会是智力非常发达的人。

——房　龙

以恶报恶是不对的，最好饶恕别人。

——陀思妥耶夫斯基

理解一切便宽容一切。

——罗曼·罗兰

只要一个人原谅了别人，他自己就是对的。

——列夫·托尔斯泰

虽然整个社会都建立在互不相让的基础上，可良好的关系却是建筑在宽容相谅的基础上的。

——萧伯纳

宽容与专横之争一直此起彼落，一方把宽容奉为人类最高美德，另一方却诋毁它是道德观念衰弱的产物。

——房　龙

赞美——稀少而有价值的珍珠

夸奖，只能糟蹋一个人。就是很坚定的人，如果夸奖得他失去知觉了，也可以使他离开正路。

——奥斯特洛夫斯基

人们不需要让别人钦佩:他们都是一样的,都是平等的。重要的是他们做的事情。

——萨　特

同意你讲的一切的人,不是傻瓜就是准备着要剥你的皮。

——哈伯特

对于一个高尚的人来说,在不恰当的地点,受到不恰当的人的赞美,是一种最大的恶意。

——本·琼森

赞美令我羞愧,因为我暗自乞求得到它。

——泰戈尔

千万别先给人一番赞美,再立刻给他一顿批评。

——马克·吐温

公正的赞扬只是一张债券,而肉麻的奉承却是一份礼品。

——塞缪尔·约翰逊

称赞是生命短暂的热情,习惯了就变得有等于无。

——爱迪生

拒绝赞扬出自一种被别人赞扬两次的欲望。

——拉罗什夫科

公开赞美别人的人,也会在暗中进行诽谤。

——托·富勒

赞扬,像黄金钻石,只因稀少而有价值。

——塞缪尔·约翰逊

人之赞我,于我未加一丝;人之损我,于我未减一毫。

——佐久间象山

赞扬对高贵者是鼓励,对平庸者则是追逐的目标。

——科尔顿

我们总是爱赞扬我们的人而不爱为我们所赞扬的人。

——萧伯纳

有时颂扬会被抛掷在无用之地;更有时候颂扬反而会激起疑心,甚至惹人讨厌,这是因为懂得颂扬而没有掌握颂扬的艺术的缘故。

——卡耐基

赞美能使好人变得更好，使坏人变得更坏。

——托·富勒

即使好心的称赞，也必须恰如其分。

——培　根

称赞不但对人的感情，而且对人的理智也起着巨大的作用。

——列夫·托尔斯泰

言之者无罪，闻之者足以戒。

——子　夏

人誉我谦，又增一关；自夸自败，还增一毁。

——吕　坤

赞美别人就是把自己放在同他一样的水平上。

——歌　德

时时用使人悦服的方法赞美人，是博得人们好感的好方法。记住，人们所喜欢别人加以赞美的事，便是他们自己觉得没有把握的事。

——卡耐基

赞扬少数有学识的人，要比嘲笑多数无知识的人更重要。

——塞万提斯

宁有求全之毁，不可有过情之誉；宁有无妄之灾，不可有非分之福。

——李　惺

赞美使人陶醉于以往的成功，因而常常裹足不前。唯有永无止境的进取，才能不断地获得新的成功。

——阿瑟夫·阿迪生

只有少数明智的人才愿听逆耳的忠言，而不愿听那些言不由衷的赞扬。

——拉罗什夫科

我们爱听赞扬，但却配不上它；要想受之无愧，我们就必须热爱美德胜过热爱赞扬。

——彭威廉

人们给予理智、美丽和勇敢的赞扬增加了它们，完善了它们，使它们作出了较它们原先凭自身所能作的贡献更大的贡献。

——拉罗什夫科

叶圣陶小传

叶圣陶 (1894－1988)现代著名作家、教育家。原名叶绍钧,曾用笔名有柳山、桂山、郢、郢山、华秉丞等。1894年10月28日生于江苏省苏州市一个小资产阶级家庭。1899年入私塾读书。1907年进公立小学,一年后进苏州公立中学。1911年中学毕业,后历任小学、中学、大学教员,还当过编辑,编过《小说月报》、《妇女杂志》和《中学生》等刊物。解放后曾任出版总署副署长、教育部副部长、人民教育出版社社长;历任第一、二、三、四、五届全国人民代表大会常务委员会委员,第五届全国政协常务委员会委员,并任中国文联委员。他的创作态度严肃认真,有“优秀的语言艺术家”之称。他在语文教学和教材规范化方面也有独特的贡献。

叶圣陶的故事——爱欣赏牵牛花

叶圣陶喜欢养牵牛花。在上海的时候,水泥地没法下种,他就把花种在十来个瓦盆里。瓦盆列在墙角,从墙头垂下十条麻线,每两条相距七八寸,好让牵牛的藤蔓缠绕上去,盛夏便长成一墙繁密的花叶,煞是好看。

种花不专在看花,但种了花以后,那花便成为系人心情的所在。叶圣陶早上起床后和工作回来,总要在那里小立片刻,看看这边花开的模样,瞧瞧那边嫩头的长势。就在这样小立静观的当头,叶圣陶也悟得了“生之力”的倔强与伟大,而“此中有真意,欲辨已忘言”,只默对这一墙繁花密叶。

仅为得到庸俗的赞美而抛弃诚实的人是得不偿失的。

——本·琼森

赞美是迷惑才能的美人鱼。

——诺贝尔

我们并非爱好赞扬,没有利益我们决不赞扬任何人。赞扬是一种精明、隐秘和巧妙的奉承,它从不同的方面满足给予赞扬和得到赞扬的人们。

——拉罗什夫科

夸赞别人,是种很奇怪的经验,你夸赞别人越多,就会发现自己受惠也越多,世上几乎没有什么别的事能比这种经验更有趣。

——古　龙

“称许要真诚,赞美要慷慨”,这样人们就会珍惜你的话,把它们视为珍宝,并且一辈子都重复着它们——在你已经遗忘以后,还重复着它们。

——戴尔·卡耐基

如果我们为人正直,工作勤奋,就会得到人们的称颂;然而得到自己的赞许却有百倍的意义。遗憾的是,得到自己的赞许的途径至今尚未找到。

——马克·吐温

兼听则明,偏信则暗。

——司马光

当我们听到别人对我们的某些长处表示赞赏之后,再听到他的批评,心里往往会好受得多。

——戴尔·卡耐基

称赞那不应称赞的和斥责那不应斥责的都很容易,但两者都表示一种坏的性格。

——德谟克里特

理解——心灵的桥梁

理解无疑是培育一切友情之果的土壤。

——威尔逊

人们不会轻易就达到互相了解，即使有最美好的意愿和最善良的目的。

——歌　德

观察和理解的乐趣是自然界赐予的最美好的礼物。

——爱因斯坦

如果我们相互并不急于把自己放在与对方平等的地位，我们将彼此了解得更好。

——歌　德

彼此理解得越多，也就越容易加速友谊的进展。

——秦瘦鸥

一个人的理解力越强，就越能发现别人的新颖独到之处。

——帕斯卡尔

最卓越的东西，也常常是最难被人了解的东西。

——雨　果

人们喜欢嘲笑自己难以理解的事物。

——多伊尔

没有两个人有可能真正完全地彻底了解对方，犹如阴阳、昼夜保持不即不离的关系。

——海　塞

理解并不能消除罪恶，但它肯定是有帮助的。因为人们能用它来对付一个可以理解的黑暗。

——荣　格

事实证明，有时最高的理解就是不理解。

——格拉西安

有些人永不理解他们应要做的东西，就好像理性的眼睛生在背后，只能看后面的东西似的。

——菲尔丁

乙丑夏日戲寫張

我力求像一句名言所说的那样，不哭，也不笑，而是去理解。

——普列汉诺夫

应当细心地观察，为的是理解；应当努力地理解，为的是行动。

——罗曼·罗兰

不能理解也不能欣赏。

——莎士比亚

如果我曾经或多或少地激励了一些人努力，我们的工作曾经或多或少地扩展了人类的理解范围，因而给这个世界增添了一份快乐，那我也就感到满足了。

——爱迪生

理解一个人的秘诀只有一种，那就是莫急于对他下判断。

——圣堤布福

有时候一个人只有在他死后才能被人理解，就像读一本好书一样，只有读完了最后一行，才能理解。

——高尔基

其实，爱和理解并不能使人原谅，而只是使人容忍——对事实表示无可奈何的承认和接受。

——周国平

对于朋友，是不能要求太严，有时要能谅解是朋友之道中很重要的一条。评价友谊，要和历史环境、时代气氛联系起来。

——孙　犁

帮助——一个好汉三个帮

真正的同志的团结是最牢固的，真正的同志的默契是最美丽的，真正的同志的激励是最使人感到温暖和壮胆的。

——池田大作

用建议的方法，容易让一个人改正错误，可以保持个人的尊严和自觉的重要性。

——卡耐基

伸出你的手去援助别人，而不是伸出你的脚去绊倒他们。

——姚乐丝·卡耐基

有人问我们的行为会产生什么后果，能走多远而不至出错，我们应该欢迎他，把他当作朋友。

——泰戈尔

聪明人都明白这样一个道理，帮助自己的唯一方法就是去帮助别人。

——埃·哈伯德

只有当你给你的朋友以某种帮助时，你的精神才能变得丰富起来。

——苏霍姆林斯基

应该尊重彼此间的相互帮助，这在社会生活中是必不可少的。

——高尔基

无论是朋友或是生人遭到了危险，我们都要大胆地承担下来，尽力帮助人家，根本不考虑自己要付出多大的代价。

——马克·吐温

朋友彼此帮忙时所应注意的，就是以同情为根本，以了解为前提。

——梁漱溟

九、深厚友谊

友谊，以相互尊重为基础的崇高美好的友谊，深切的同情。对别人的成就决不恶意嫉妒，对自己培养一种集体利益高于一切的意识。

——奥斯特洛夫斯基

友情——沙漠里的绿洲

友谊之路，是需要人一步一步走出来的；路上许多障碍，也是需要用自己的脚去踩平的。

——袁　鹰

真正的朋友不把友谊挂在口上，他们并不是为了友谊而互相要求一点什么，而是彼此为对方做一切办得到的事。

——别林斯基

友谊能增进快乐，减轻痛苦。因为它能倍增我们的喜悦，分担我们的烦忧。

——爱迪生

真正的友谊不是一株瓜蔓，会在一夜之间窜将起来，一天之内枯萎下去。

——夏洛蒂·勃朗特

离开了正直和信任，就没有爱情，没有友谊。

——普里烈扎耶娃

度尽劫难兄弟在，相逢一笑泯恩仇。

——鲁　迅

友谊不再增长的时候，它马上会开始下降，对于一个人的友谊总是不进则退，两者之间没有静止的平衡状态。

——亨利·詹姆斯

友谊永远不能成为一种交易。相反，它需求最彻底的无利害观念。

——莫罗阿

友谊是天地间最可贵的东西，真挚的友谊是人生最大的一种安慰。

——邹韬奋

友谊是联结两颗同类心灵的纽带，它们既被双方的力量联结在一起，又是独立的。

——巴尔扎克

友谊不是别的，而是一种以善意和爱心去连接世上一切神俗事物的和谐。

——西塞罗

友谊的支柱是尊敬与信赖之心，是永不背叛朋友的诚实，以及为了一个崇高的理想而共同冲破苦难的勇气。

——池田大作

单单一个有智慧的人的友谊，要比所有愚蠢的人的友谊还要有价值。

——德谟克里特

真正的朋友在精神方面的感应，和狗的嗅觉一样灵敏。他们能体会到朋友的悲伤，猜到悲伤的原因，老在心里牵挂着。

——巴尔扎克

富贵固然和友谊的好坏无关，但是贫穷却最能考验友情的真假。

——莎士比亚

真诚的友谊如同完好的健康，其价值往往只有在失去之后才被意识到。

——科尔顿

在真正的友谊中我是完美无缺的，我把自己奉献给我的朋友，而不是力图把他吸引过来。

——蒙　田

人生得一知己足矣，斯世当以同怀视之。

——鲁　迅

友谊在我过去的生活里就像一盏明灯，照耀了我的灵魂，使我的生存有了一点点光彩。

——巴　金

友谊是忠实无私的誓约，友情既无条件，亦无动机。

——亨德里克·房龙

大量的友谊使生命坚强。爱与被爱是生活中最大的幸福。

——西德尼·史密斯

友谊往往是由一种两个人比一个人更容易实现的共同利益结成的，只有在相互满足时这种关系才是纯洁的。

——斯特林堡

没有自由就不会有友谊，友谊热爱自由的空气，它不愿意被关闭在狭小的围墙之内。

——彭威廉

我常说我靠友情生活，友情是我的指路明灯。

——巴　金

不要做对不起朋友的事，更不要做违背道义的事，道义应该大于友情，朋友应该重于自己。

——汪国真

最巩固的友谊是在共患难中结成的，正如生铁只有在烈火中才能锤炼成钢一样。

——查·科尔顿

我对人世还不能没有留恋。牵系着我的心的是友情，因为我有无数散处在各地的朋友。

——巴　金

世上友谊本罕见，平等友情更难求。

——培　根

既然我们都是凡人，就不如将友谊保持在适度的水平，不要对彼此的精神生活介入得太深。

——欧里庇德斯

如果对朋友或恩人的缺点经常不客气地指指点点，就说明对他们应有的感情已经不可能持久了。

——拉罗什夫科

友谊是最纯粹的爱。它是爱的最高形式，它不要求任何东西，它没有任何条件。

——奥　修

友谊如同爱情，尽管它可以因短暂的分离而得到加深，但却会被久别摧残。

——塞缪尔·约翰逊

爱情从友情开始；而最笃诚的友谊只能转变成微弱的爱情。

——拉布吕耶尔

如果友谊一旦破坏了，连爱情也不能够再使它恢复。

——《五卷书》

友谊的价值是能消除你爱情关系上的压力的。

——索菲娅·罗兰

大多数女人很少为友谊所动的原因是：当体验到爱情时，友谊就寡淡无味了。

——拉罗什夫科

友谊是一掷千金的大腹贾，爱情是一毛不拔的铁公鸡。

——卢　梭

经过细心培养的青年人易于感受的第一个情感，不是爱情而是友谊。

——卢　梭

没有友谊的爱情是浅薄的。

——苏霍姆林斯基

真正的爱情十分罕见，而真正的友谊更加罕见。

——拉罗什夫科

交友——君子之交淡如水

一生中交上一个挚友，也就可以称得上分外有福了。

——托马斯·富勒

君子与君子以同道为朋，小人与小人以同利为朋。

——欧阳修

我们结友谊，应当选择那些在危险时能够在我们旁边作为同盟的人。

——伊　索

我情愿得到一个平凡可是诚实的朋友，胜过更多聪明的恶人。

——欧里庇得斯

重要的不在于你是谁生的，而在于你跟谁交朋友。

——塞万提斯

交朋友的唯一办法是你自己要够朋友。

——罗斯福

为朋友的不幸而哭泣，为朋友的喜悦而欢欣，这种生命的共鸣，意味着向社会敞开的人格的真正形成。

——池田大作

君子忌苟全，择交如求师。

——贾　岛

要想有好朋友，首先自己要成为别人的好朋友。

——武者小路实笃

交友者，识人不可不真，疑心不可不去，小嫌不可不略。

——魏　禧

两个人相遇就像两种化学物质接触一样，假如有反应，双方都会起变化。

——卡尔·荣格

在确保终身幸福的所有努力中，最重要的是结识朋友。

——伊壁鸠鲁

近朱者赤，近墨者黑。

——傅　玄

推心置腹，人莫能间。

——司马光

与愚人深交，不如与智者淡交。

——瓦鲁瓦尔

一个敌人不为少，不增为好；千个朋友不为多，应再多交。

——李　贽

应当在朋友最困难的时候给予帮助，不可在事情无望之后再说闲话。

——伊　索

谁喜欢什么样的朋友，谁就是什么样的人。

——伊　索

与善人居，如入兰芷之室，久而不闻其香，则与之化矣。与恶人居，如入鲍鱼之肆，久而不闻其臭，亦与之化矣。

——刘　向

李嘉诚小传

李嘉诚 汉族。1928年出生于广东潮州，父亲是小学校长。1940年为躲避日本侵略者的压迫，全家逃难到香港。1942年，父亲病逝。为了养活母亲和三个弟妹，李嘉诚被迫辍学。开始，李嘉诚为一家玩具制造公司当推销员。由于勤奋好学，精明能干，不到20岁，他便升任玩具厂的总经理。两年后，李嘉诚把握时机，用平时省吃俭用积蓄的7000美元创办了自己的塑胶厂，将它命名为“长江塑胶厂”。1958年，李嘉诚开始投资地产市场。他独到的眼光和精明的开发策略使“长江”很快成为香港的一大地产发展和投资实业公司。当“长江实业”于1972年上市时，其股票被超额认购65倍。到70年代末期，他在同辈大亨中已排众而出。1979年，“长江”购入老牌英资商行——“和记黄埔”，李嘉诚因而成为首位收购英资商行的华人。1984年，“长江”又购入“香港电灯公司”的控制性股权。李嘉诚先生现任“长江实业集团有限公司”董事局主席兼总经理及“和记黄埔有限公司”董事局主席。

李嘉诚的故事——一块钱

一次，李嘉诚上车前掏手绢时，带出一块钱的硬币掉在地上。天下着雨，李嘉诚却执意要从车下把硬币捡出来。

后来，旁边的一名侍者为他捡回了这一块钱，李嘉诚付给他100块的小费。

他说：那一块钱如果不捡起来，被水冲走可能就浪费了，这100块却不会被浪费，钱是社会创造的财富，不应该被浪费。只有珍惜自己赚的每一分钱，才会得到更多的财富。

道不同，不相为谋。

——孔　子

详交者不失人，而泛交者多后悔。

——葛　洪

久与贤人处则无过。

——庄　子

与智慧人同行，必得智慧；和愚昧人做伴的，必受亏损。

——《旧约·箴言》

博弈之交不终日，饮食之交不终月，势利之交不终年，惟道义之交可终身。

——金　缨

行合趋同，千里相从；行不合趋不同，对门不通。

——刘　向

以势交者，势倾则绝；以利交者，利穷则散。

——王　通

人生结交在终始，莫为升沉中路分。

——贺兰进明

君子以文会友，以友辅仁。

——曾　子

人生交契无老少，论交何必先同调。

——杜　甫

君子交有义，不必常相从。

——郭遐叔

君子之交淡若水，小人之交甘若醴。

——庄　子

始交不慎，后必成仇。

——申居郧

观其交游，则其贤不肖可察也。

——管　仲

以酒交友，与酒一样，仅一晚而已。

——罗　高

过分了解或者过分不了解，同样妨碍彼此的接近。

——列夫·托尔斯泰

得一知己，把你整个的生命交托给他，他也把整个生命交托给你。

——罗曼·罗兰

选择一条喜爱的思想路线很容易，但是创造一个由知心朋友构成的、称心的生活圈子却非常困难。

——高尔基

假使爱女人，应当爱及女人的狗。那么，真心结交朋友，应当忘掉朋友的过失。

——钱钟书

事实上世界里还是有朋友的，不过虽然无需打着灯笼去找，却是像沙里淘金而且还需长时间地洗炼。

——梁实秋

交朋友时，要从彼此心性认识，做到深刻透达的地方才成。

——梁漱溟

在成功中朋友认识我们，在逆境中我们了解朋友。

——丘顿·柯林斯

为人一团和气，会交朋友，也许很快活，很有人情味，可是，对一流的人说来，就未免太浪费了。

——李　敖

长相知，才能不相疑；不相疑，才能长相知。

——曹　禺

人们完全不相同的时候，就成了朋友。

——列夫·托尔斯泰

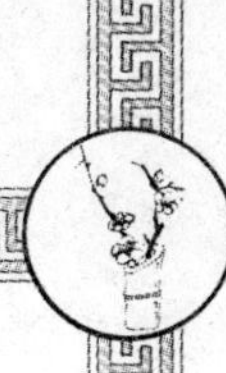

朋友——人之相知，贵相知心

乃知择交难，须有知人明。

——白居易

真正的朋友应该说真话，不管话多么尖锐……

——奥斯特洛夫斯基

每个人都可以和他结成朋友的人，不会是一个真正的好朋友。

——富　勒

为朋友死不难，难在找一个值得为他死的朋友。

——霍姆斯

布衣之交不可忘。

——李延寿

朋友之间，有什么误会之处，应该当面讲清，不可以背地乱骂。反之假如发现某人有过错，应该当面加以规劝，另外再在背地夸赞他的优点。

——贝原益轩

很多显得像朋友的人其实不是朋友，而很多是朋友的人并不显得像朋友。

——德谟克里特

人之相知，贵相知心。

——李　陵

朋友是另一个我。

——塞　诺

人类的最正当最伟大最普遍的关系是朋友关系。

——罗曼·罗兰

好朋友不必较量给别人看，更不必跟好朋友称好汉。

——亨德里克·房龙

在哪里找到了朋友，我就在哪里重生。

——泰戈尔

你不要把那人当作朋友，假如他在你幸运时表示好感。只有那样的人才算朋友，假如他能解救你的危难。

——萨　迪

世界上最难寻觅而又最易失去的是朋友。

——韦伯斯特

人生无友,恰似生命无太阳。

——法朗士

没有朋友的人,只能是半个人。

——卡西尔

真正的朋友是一个灵魂寓于两个身体,两个灵魂只有一个思想,两颗心的跳动是一致的。

——荷　马

什么是朋友？朋友就是你可以真诚相待的人。

——弗·克兰

只有神仙与野兽才喜欢孤独,人是要朋友的。

——梁实秋

情人,尤其是真心相爱的情人,必须同时也是朋友。

——武者小路实笃

朋友有钱,我们需要他的钱;朋友有米,我们缺乏的是他的米。那时节,我们真正的需要就并非是朋友了。

——钱钟书

两性朋友关系一旦转化爱情,最是两全其美。

——三　毛

能给你身心利益的人,未必就算朋友。

——钱钟书

有知心朋友就是一种幸福。

——武者小路实笃

有了朋友,生命才显出它全部的价值:一个人活着是为了朋友;保持自己生命的完整,不受时间侵蚀,也是为了朋友。

——罗曼·罗兰

朋友是奢侈品。

——李　敖

一个人觉得有自己的朋友在身边,哪怕打仗都感到更带劲。

——显克微支

朋友居五伦之末，其实朋友是极重要的一伦。

——梁实秋

一个不是对我们有所求的朋友，才是真正的朋友。

——哈伯特

远在天涯的朋友使世界变得如此广袤，是他们织成了地球的经纬。

——梭　罗

能帮助人的朋友，应当猜透对方的思虑，在他尚未开口之前就帮助他。

——莫罗阿

当我们从富翁沦为穷光蛋时，困境会告诉我们谁是知己，谁是势利小人。

——德莱顿

走红时朋友认识我们；遇到不幸时我们认识朋友。

——约·柯林斯

倘有了同病相怜的朋友，天大的痛苦也会解去一半。

——莎士比亚

那些忘恩的人，落在困难之中，是不能得救的。

——伊　索

一个人总不可能跟所有的人生活在一起，因此，他也就不可能为每一个人而活着。若能真正认识到这个真理，各人就会极度地珍视自己的朋友……

——歌　德

交上了坏朋友的人，是难以得到世人的敬重的。

——克雷洛夫

在这个世上，诚实的人最尊重、最珍视的莫过于真正的朋友，这种朋友可以说是另一个我。

——皮尔梅

朋友的每一次背信弃义都增加了几分我们对于金钱威力的依赖。

——威廉·申斯通

团结——众志成城

不管一个人多么有才能，但是集体常常比他更聪明和更有力。

——奥斯特洛夫斯基

从团结的目标出发，经过自我批评，达到了团结。

——毛泽东

立国基础，就是万众一心。

——孙中山

最主要的是人的团结，要团结就要有共同的理想和坚定的信念。

——邓小平

人类终将发现，团结一致更容易满足人类自身的所需，更容易避开包围他们的危险。

——斯宾诺莎

为了进行斗争，我们必须把我们的一切力量拧成一股绳，并使这些力量集中在同一个攻击点上。

——恩格斯

团结要是真正的团结，尔诈我虞是不行的。

——毛泽东

人的巨大的精神力量就在这里——觉得自己是在友好的集体里面。

——奥斯特洛夫斯基

才智之士聚在一起才最有才智。

——丹　纳

团结可使小国繁荣，不和睦大国也会灭亡。

——萨尔斯铁斯

全世界无产者，联合起来。

——马克思、恩格斯

争辩或讨论的目标不应该是胜利，而应该是进步。

——儒贝尔

当恶棍凑合在一起的时候，好人必须联合一致。否则，好人会在这可鄙的斗争中一个一个地被击败，作出无谓的牺牲。

——埃德蒙·伯克

行动的一致才能产生力量，秩序才能产生这种"一致"的情形。而纪律就是秩序的基础，若是没有纪律和秩序，则决不会有战胜的希望。

——安东·亨利·约米尼

不管一个人的力量大小，他要是跟大家合作，总比一个人单干能发挥更大的作用。

——塞缪尔·巴特勒

自己和集体事业融合在一起的时候才能最有力量。

——雷　锋

一堆沙子是松散的，可是它和水泥、石子、水混合以后，比花岗岩还坚韧。

——王　杰

个人之于社会等于身体的细胞，要一个人身体健全，不用说必需每个细胞都健全。

——闻一多

一个人只靠自己是存在不下去的，因此人总乐于参加一个集体。

——歌　德

谁要是蔑视周围的人，谁就永远不会是伟大的人。

——左伊默

若不团结,任何力量都是弱小的。

——拉封丹

当你批评比你强的人时,不要徒费心思吹毛求疵,却要看到他们的伟大、坚强和聪明的地方,如果可能,还要向他们学习,赶上他们各种各样的高度成就。

——克雷洛夫

个性和集体融合起来,不会失去个性,相反,只有在集体中,个性才能得到高度的觉醒和完善。

——巴比塞

一朵鲜花打扮不出美丽的春天,一个人先进总是单枪匹马,众人先进才能移山填海。

——雷　锋

团结就有力量和智慧。没有诚意实行平等或平等不充分,就不可能有持久而真诚的团结。

——欧　文

假如人只能自己单独生活,只会考虑自己,他的痛苦将是难以忍受的。

——帕斯卡

如果一个人被抛弃在一个孤岛上,他就不会专门为自己而去装饰他的小茅棚或是他自己,不会去寻花,更不会去栽花,用来装饰自己。只有在社会里,人才想到不仅要做一个人,而且要做一个按照人的标准来说是优秀的人。

——康　德

凡是经过考验的朋友,就应该把他们紧紧地团结在你的周围。

——莎士比亚

谁若与集体脱离,谁的命运就要悲哀。集体什么时候都能提高你,并且使你两脚站得稳。

——奥斯特洛夫斯基

一个伟大人物是靠人类共同生活而生活的;他无法对世界的命运、对巨大的事件表示冷淡;他不能不理解当代的事件——这些事件一定会对他发生影响,不管采取的是什么形式。

——赫尔岑

人们在一起可以做出单独一个人所不能做出的事业；智慧、双手、力量结合在一起，几乎是万能的。

——韦伯斯特

个人如果单靠自己，如果置身于集体的关系之外，置身于任何团结民众的伟大思想的范围之外，就会变成怠惰的、与生活发展相敌对的人。

——高尔基

以为没有别人自己什么都行的人，是非常错误的；以为没有自己别人什么都不行的人，那就更错误。

——拉罗什夫科

个人离开社会不可能得到幸福，正如植物离开土地而被扔到荒漠上不可能生存一样。

——列夫·托尔斯泰

名人名言

华盛顿小传

乔治·华盛顿　(1732—1799)美国独立战争的领导人,美国第一任总统。1732年2月22日出生于弗吉尼亚东部的一个大种植园主家庭。1759年至1774年为弗吉尼亚议会议员,反对英国殖民统治。1774年初和1775年先后当选为第一、二届大陆会议的代表。1775年,第二届大陆会议任命他为大陆军总司令。在人民群众的推动和支持下,他率领大陆军击败了英军,取得了独立战争的胜利,赢得了人民的爱戴。1789年1月,华盛顿当选为美利坚合众国第一任总统,4月,在美国临时首都纽约就职。1793年连任。1797年,华盛顿任第二届总统期满,退居弗吉尼亚的维农山庄。1799年12月14日因患喉头炎逝世。

华盛顿的故事——请握住我的手

华盛顿曾经率领部下驻防亚历山大市,有一次,他就弗吉尼亚州议员选举问题与一个叫威廉·佩恩的人展开了一场激烈的争论。在争论中,佩恩一拳将华盛顿打倒在地。当闻讯赶来的华盛顿的士兵想为他们的长官报仇时,华盛顿却阻止并说服大家平静地退回营地。第二天早上,华盛顿托人带给佩恩一张便条,请他尽快到当地一家酒店会面。

佩恩神情紧张地来到酒店,料想必有一场恶斗。出乎他的意料,当见到他时,华盛顿站起身来,伸出手欢迎他的到来,并真诚地说道:“佩恩先生,昨天是我不对。你已采取行动挽回了面子,如果你觉得那已足够,就请握住我的手让我们来做朋友。”一场剑拔弩张的风波就这样友好地平息了。从此,佩恩成了华盛顿的一个崇拜者,并加入到华盛顿的队伍当中,为他出谋划策。

十、浪漫满屋

爱情是叹息吹起的一阵烟；恋人的眼中有它净化了的火星；恋人的眼泪是它激起的波涛。它又是智慧的疯狂，鲠喉的苦味，吃不到嘴的蜜糖。

——莎士比亚

爱情——娇艳的红玫瑰

爱情是人类整个感情世界中欲望最为强烈的一种情感。

——尤·留里科夫

凡是可怜的、遭难的女子，她的心等于一块极需要爱情的海绵，只消一滴感情，立刻膨胀。

——巴尔扎克

固执的热情，疯狂的爱，火焰燃烧了自己后还把另外一个也烧死，这爱情方是爱情。

——沈从文

爱情的天平上如果放上了见异思迁的、情意浮动的砝码，就会失去幸福的平衡。

——穆尼尔·纳素夫

爱情应该是以忘我为前提的，并要为自己所爱的对象谋求幸福。

——雪　莱

你对一个人的了解，用一分钟的爱情能比几个月的观察更有成绩……

——罗曼·罗兰

爱情的好处不但在于使我们信任一个人，还在于信任我们自己。

——罗曼·罗兰

表面上并不般配的爱情，往往和谐，因为产生这样的爱情，往往有比较深刻的内在原因，表面上般配的爱情，往往并不和谐，因为产生这样的爱情的原因，仅仅是因为般配。

——汪国真

相思本是无凭语，莫向花笺费泪行。

——晏几道

我的观点是我的家庭好不容易过上了自己的生活，所以我得有意识让它远离外界的纷扰。

——迈克尔·舒马赫

没有经历过爱情的人生是不完整的，没有经历过痛苦的爱情是不深刻的。

——汪国真

不要把爱情想得都是轰轰烈烈的，像罗密欧与朱丽叶这样的爱情多少年才有？平平淡淡是最好的，过你所习惯的那一种生活，而且这有时候要看缘分。

——姚　明

爱情之中高尚的成分不亚于温柔的成分，使人向上的力量不亚于使人萎靡的力量，有时还能激发别的美德。

——伏尔泰

了解爱情的人往往因为爱情的升华而坚强了他们向上的意志和进取的精神。

——培　根

一个人越是胸怀崇高的目标，他(她)对心爱人的感情就越丰富、越细腻、越温柔。

——苏霍姆林斯基

爱情，如果不落实到穿衣、吃饭、数钱、睡觉这些实实在在的生活里去，是不容易天长地久的。

——三　毛

在感情的世界里，尽管高山阻隔，情高意真的人自会是心有灵犀。

——茨威格

为了爱而想毁掉生活的意义是不明智的。应该懂得一旦大树倒下，爱情也就失去了其攀援物。这样，两个人会在爱中毁掉对方。

——罗曼·罗兰

爱情是真实的，是持久的，是我们所知道的最甜也最苦的东西。

——夏洛蒂·勃朗特

意见和感情的相同，比接触更能把两个人结合在一起。这样子，两个人尽管隔得很远，却也很接近。

——柴可夫斯基

真正爱的人没有什么爱得多爱得少的，他是把自己整个儿给他所爱的人的。

——罗曼·罗兰

爱情里要是掺杂了和它本身无关的算计，那就不是真正的爱情。

——莎士比亚

能够更幸福而去做需要做的一切，并从这当中得到快乐。

——车尔尼雪夫斯基

真诚的爱情在奉献的时候最为丰富。如果认为这是牺牲的话，这已经不是真正的爱了。

——盖尔贝

爱情常常把人抽空，留下一具空躯壳，然后扬长而去。所以，聪明人始终对爱情有戒心，三思而后行，甚至于干脆不行。

——周国平

爱是人性中最活泼、最美丽、最有生命力的因素，也是最矛盾、最痛苦、最不稳定的因素。

——关　鸿

爱情使一个人抛舍了自己的一半给爱人，又从爱人那里得到了新的一半。

——陈超南

这世界要是没有爱情，它在我们心中还会有什么意义，这就如一盏没有亮光的走马灯。

——歌　德

真正的爱情是双方互相“无条件投降”。

——福楼拜

爱情的代价就是如此，不能得到回报，就会得到一种深藏于爱的轻蔑，这是一条永恒的定律。由此可见，人们应当十分警惕这种感情。因为它不但会使人丧失其他，而且可以使人丧失自己本身。

——培　根

如果你没有感受到孤独和绝望，你是不会知道爱是怎么回事。

——克雷洛夫

爱情是一场决斗。如果你左顾右盼，你就完蛋了。

——罗曼·罗兰

爱情也像海一样深沉，我给人的越多，我自己就越富，因为这两者都是没有穷尽的。

——莎士比亚

强烈的爱！它会使畜生变成人类，也会使人类变成畜生。

——莎士比亚

恋爱——新鲜而刺激的旅程

她读了你的信而不愿回答你，那是她的自由，你只要使她继续读你的情书就是了……追求啊，不久你就会如愿以偿了。

——奥维德

恋爱是魔鬼、火、天堂、地狱。快乐和痛苦，悲伤和后悔都居住在那里。

——巴恩弗尔德

恋爱就像小孩一样，想要什么东西巴不得立刻就有。

——莎士比亚

恋爱能使生命燃烧，使生命充实。

——歌　德

人在恋爱的时候，开始总是骗自己，最后以欺骗他人结束。

——奥斯卡·王尔德

恋爱是一个谜，它只活在人们的内心深处。

——巴尔扎克

恋爱是一种生命力，人受了生命力的驱使而发扬恋爱的本能。

——萧伯纳

恋爱的人总是要么一切都不怀疑，要么怀疑一切。

——巴尔扎克

恋爱是对异性美所产生的一种心灵上的燃烧的感情。

——萧伯纳

恋爱是打开人世秘密之钥匙，有了恋爱之后才有了人世。

——大井正

凡是思考恋爱是什么的人，他已经不会恋爱了。

——柯杰夫

恋爱比结婚更令人感兴趣，就像小说比历史更有趣一样。

——尚福尔

有人说，女人是用耳朵恋爱的。可男人如果会产生爱情的话，却是用眼睛来恋爱的。

——奥斯卡·王尔德

所谓恋爱，一言以蔽之，就是想占有爱恋者的一切的这种欲望。不仅仅是一部分，而是一切，是想把她的一切占为己有的冲动。爱情越炽烈，这种冲动就越强。

——远藤周作

只要生死相共，即使是痛苦也成欢乐了。

——罗曼·罗兰

恋爱就是一个偶然的机遇，有的人被爱神用箭射中，有的人却自己跳进罗网。

——莎士比亚

恋爱是一场梦，直到结婚之时才清醒。

——蒲　柏

恋爱是感情上永恒的音乐，给青年人以才艺，给老人以光辉。

——史迈尔

一个恋爱着的人，可比魔鬼和天使更有力量，能够做到一切啊！

——海　泽

在恋爱中的人们，越是到处宣扬着他们的爱情的，他们的爱情越是靠不住。

——莎士比亚

恋爱应当使生命增添活力，工作有干劲，同周围的人更加亲近，这才是它的真正的意义。

——池田大作

当我们在恋爱中时，总想尽量隐藏自己的缺点，这并不是由于虚荣的缘故，而是担心所爱的人会苦恼。真的，恋人们都想表现得像个上帝，而这和虚荣无关。

——尼　采

恋爱除了给人在心理上的积极作用外，还可因男女双方间情感上的交流及相互关怀而打破人与人之间的孤独和疏离感。

——弗洛伊德

一个人在恋爱的时候，是不需要别人指点的。

——亨利·詹姆斯

没有一场深刻的恋爱，人生等于虚度一样。

——罗曼·罗兰

一种真心的爱慕发出的时候，常常激起别人的爱慕。

——但　丁

所谓恋爱过程，实际上就是不断地调整、修养自己理想的过程，是你的理想与你寻找的客观对象相互适应的过程。

——基尔·凯丝勒

结婚该不是恋爱死亡的日子，却是恋爱完成的日子。

——朱光潜

智慧因思虑而变得软弱，心灵因恋慕而痛苦异常。

——莎士比亚

凡是真实的爱，都是充满着热情的，其所以那样的充满热情，是因为在想象中始终存在着一个真正的或虚幻的完美的对象。

——卢　梭

初恋是最美好的恋情，你风华正茂，她妩媚妖娆，整个世界都是你们的。

——毛　姆

失去了爱，你的生活就离开了轨道。

——拿破仑

恋爱之始，好像亲酿的葡萄酒发酵，而随着岁月的流逝，它将变得清澈而又平静。

——安吉勒斯

恋爱是开启人生秘密的钥匙。如果抽掉了爱情，那么人生就会变得无色无味。

——岛崎藤村

恋爱使人们永远相亲相爱。懂得恋爱，人生的花苞才会开放。

——武者小路实笃

在恋人的脑海里，他总是把自己的意中人摆在这座金字塔的最高峰，把她看成是从未有过的理想者，任何人都不能与之媲美。

——瓦西列夫

在热恋中，世界上的万物都会在人的心目中失去其原有的面貌。一位毫不出众的女性会变得同维纳斯女神一样美妙绝伦，神采飘逸。

——尤·留里科夫

初萌的爱情看到的仅是生命，持续的爱情看到的是永恒。

——雨　果

婚姻——身心的结合

两个帮手，彼此帮忙，是上等婚姻。

——老　舍

相互之间没有爱情的结婚，是充满杀机的结合。

——池田大作

婚姻必须首先出于依恋之情，如果您愿意，也可以说是出于爱情。如果有了这种感情，只有在这种情况下，婚姻才可以说是神圣的。

——列夫·托尔斯泰

婚姻是两个人精神的结合，目的就是要共同克服人世的一切艰难、困苦。

——高尔基

在浩瀚的人海中，没有一个完全的女人，同样也没有一个完全的男人，两个不完全的人结合在一起就是婚姻。所以，结婚的目的应当是生活向完整的境界迈进。

——藤本义一

真正的婚姻结合，当然应该是直接的内心的结合，换句话说，就是该以恋爱为基础，而且该以恋爱为限界。

——陈望道

和丈夫志同道合，就是婚姻美满的一个基础。

——卡耐基

婚姻生活者半睁眼半闭眼地生活，天下没有十全十美的男女，如果眼睛睁得太久，或用照妖镜照得太久，恐怕连上帝身上都能挑出毛病。

——柏 杨

一个女人，当她对她的丈夫失去敬意时，这婚姻就已经不能维持了。

——琼 瑶

男女的结合，不重在仪式的如何严肃，应全以恋爱为基础。无恋爱的婚姻，不管它是“百年偕老”，也不过是长期的奸淫。

——陈望道

整天哪儿有那么多爱呀，情呀，凡是要死要活的大多长不了，一时一阵行，可那不叫婚姻。

——赵忠祥

婚姻有如鸟笼子，鸟想进笼子并不绝望，但已经入笼子的鸟，想要飞出笼子，那可是绝望了。

——蒙 田

婚姻是一种重担，它的解决需要我们做出许多的努力和创造活动，不是身心健康的人是很难负起这个重担的。

——阿焦勒

新婚的人从对方获得的那种快乐，仅仅是婚姻的开头，绝不是其全部意义。婚姻的全部含义蕴藏在家庭生活中。

——列夫·托尔斯泰

所谓幸福的婚姻，就是指从结婚起一直到死亡止，绝对没有一时一刻沉寂的长期甜言蜜语。

——莫罗阿

我不仅把婚姻描写为一切结合之中最甜蜜的结合，而且描写为一切契约之中最神圣不可侵犯的契约。

——卢　梭

没有真正的爱情的婚姻，是一个人堕落的起点。

——海明威

幸福的婚姻不仅需要交流思想，也要感情交流，把感情关在自己心里，也就把妻子推到自己的生活之外了。

——奥斯汀

结婚之前，你的双眼要睁得大大的，结婚之后不妨半闭起来。

——培　根

在婚姻中，每个人都要付出代价，同时也要收回点什么。这是供求规律。

——罗曼·罗兰

同是一件婚事，一些人视之为儿戏，而另一些人则视之为世界上最庄重的事情。

——列夫·托尔斯泰

以爱情为基础的婚姻，乃是人间无可比拟的幸福。

——梁实秋

婚姻是要联合两个完整的独立个体，不是一个附和，不是一个退路，不是一种逃避或一项弥补。

——西蒙娜·德·波伏瓦

婚姻绝非如罗曼蒂克的人们所想象的那样，而是建筑于一种本能上的制度，且其成功的条件不独要有肉体的吸引力，且也得要有意志、耐心、相互地接受和容忍。

——莫罗阿

婚姻的价值并不是以它给予了多少快乐或以它所持续的时间长短为标准。

——纳赛尔

婚姻是一座迷宫，即使是你亲手建造的，你也未必找得到出口。

——彼　德

只有爱情才能使婚姻神圣，只有使爱情神圣的婚姻才是真正的婚姻。

——托尔斯泰

林肯小传

林　肯　(1809—1865 年)出生于肯塔基州哈丁县一个农民家庭,当过船夫,打过短工。1834 年,当选为州议员,正式步入政界。1836 年,他自学取得律师执照;次年,与人合作办律师事务所,成了一名青年律师。1854 年,美国共和党成立,林肯加入,并成为党的组织者。1860 年,林肯成为共和党的总统候选人,11 月,选举揭晓,以 200 万票当选为美国第 16 任总统。1865 年 4 月 14 日晚,林肯在华盛顿的福特剧院遇刺身亡。5 月 4 日,林肯葬于橡树岭公墓。林肯领导美国人民维护了国家统一,废除了奴隶制,为资本主义的发展扫除了障碍,促进了美国历史的发展,100 多年来,受到美国人民的尊敬。

林肯的故事——再写第二封信

一天,陆军部长斯坦顿来找林肯,他气冲冲地告诉林肯,有一位少将侮辱他偏袒某些人。林肯建议斯坦顿写一封内容尖刻的信回敬那家伙。

斯坦顿马上写好了一封措辞激烈的信,然后拿给总统看。

"对了,"林肯大声叫好,"要的就是这个！真写绝了,好好训他一顿,斯坦顿。"

但是当斯坦顿把信叠好装进信封里时,林肯却叫住他,问道:"你要干什么?"

"寄出去呀。"斯坦顿回答说。

"不要胡闹。"林肯大声说,"这封信不能发,快把它扔到炉子里去。凡是生气时写的信,我都是这么处理的。这封信写得好,写的时候你已经解气了,现在感觉好多了吧?那么就请你把它烧掉,再写第二封信吧。"

婚姻中的爱应该是一个美梦的达成，不该如它通常那样，是一个结束。

——卡　尔

要是人们在自己的婚姻生活中感受不到欢乐和温馨，他们就要到另一个地方去寻求爱的满足。

——国分康孝

一个人的婚姻可以决定一个人一生的命运，所以必须用充分的时间去考虑它。

——卢　梭

婚姻应该是两方面的伴侣友谊，存心要长久，至少要支持到儿女长大的时候，不能认为是一种临时的私情，随完随了的。

——罗　素

人生最大的幸福是美满的婚姻，不幸的婚姻无异于活着下地狱。

——奥斯瓦尔德·施瓦茨

择偶——众里寻他千百度

爱一个人就是希望他幸福。可是没有自由便没有幸福。

——车尔尼雪夫斯基

每一个配偶都应该关心对方更甚于关心自己，这是爱情和婚姻成功的唯一基础。

——阿德勒

现代的男性不只需要一位貌美的妻子，更需要一位事业上的伴侣长相辅佐。

——康诺·高恩

世界上有很多可爱的女人，但却没有一个完美的女人。

——雨　果

外貌只能炫耀一时，真美方能百世不殒。

——歌　德

体现在男性或女性身上的特殊的美，无不具有道德的魅力。

——爱默生

并不是每一个外表美好的人都有完美的心灵，因为品德在于内心，不在于外表。

——萨　迪

一个真诚正直的女子是一种隐蔽的财富，她的存在带来巨大的好处且毫不自矜。

——拉罗什夫科

有些人爱的是与自己相似的人，并且去寻求这种人；还有些人爱的是与自己相反的人，并且步其后尘。

——歌　德

假使夫妻两人都决心要保留个人的自由，真诚的爱情关系就没有实现的可能。这不是爱情。

——阿德勒

我们爱慕一个女子是爱她现在的样子，我们爱慕一个青年男子，是着眼于他未来的前途。

——歌　德

看中了就不应太挑剔，因为爱情不是在放大镜下做成的。

——托马斯

爱的对象应该是品格端正的人，以及小有缺陷而肯努力上进的人，这才是应该保持的爱情，才是起于天上爱神的那种高尚优美的爱情。

——柏拉图

我们之所以爱一个人，是由于我们认为那个人具有我们所尊重的品质。

——卢　梭

十一、家的港湾

家庭是每个人的城堡，世界上没有一个地方比自己的家庭更舒适，无论那个家是多么简陋，多么寒碜。

——梁实秋

亲情——血脉相连

凡是在父母与子女之间造成悲惨的误解的，常因为成年人要在青年人身上获得只有成年人才有的反响与情操。

——莫洛亚

最强烈地影响环境、尤其影响孩子的，莫过于父母丧失活力的生活。

——荣　格

如果你打孩子，要慎重；若是因为生气，即使造成终身伤害的危险也还情有可原。唯独蓄意地打击孩子，乃是不可原谅也不该原谅的。

——萧伯纳

成长得最好的孩子是那些看到父母本来面目的儿童。伪善并不是父母的第一职责。

——萧伯纳

一个常受表扬的孩子可能产生自命不凡的感觉，他可能认为自己是为了某个重大的使命才到这个世界上来的，这种想法能给孩子以动力和信心。

——本杰明·斯波克

每一代人总是反抗自己的父辈，却和祖父辈交上了朋友。

——刘易斯·芒福德

孩子的权利便是父母的义务。

——鲁多夫·洛克尔

独在异乡为异客，每逢佳节倍思亲。

——王　维

孝于亲则子孝，钦于人则众钦。

——林　逋

在子女小时不应对他们过于苛吝。否则会使他们变得卑贱,甚至投机取巧,以至堕入下流。

——弗兰西斯·培根

有的儿女使我们感到此生不虚,有的儿女为我们留下终生之憾。

——纪伯伦

孩子的思想就像一个孩子:你拼命追赶也别想抓住它,你必须静静地站着,拿出爱心,那它很快就会自动回到你面前。

——阿瑟·米勒

所谓亲骨肉之间的爱,就是双方都可以在对方面前适当地使点小性子,而双方又都能适当地加以宽容。亲人之间难能可贵的是,难以向别人表露的任性,可以毫无顾忌地在亲人面前发泄。

——石川达三

大凡父母到中年以后跟孩子的矛盾,都是因为父母爱孩子引起的。如果父母对孩子不管不顾,彼此倒可以相安无事;如果什么事都管,就要闹矛盾……这种情况的产生,主要是因为父母不是纯粹地爱,还夹杂着私心杂念。

——石川达三

内睦者家道昌,外睦者人事济。

——林　逋

祭而丰,不如养之薄。

——欧阳修

养不教,父之过;教不严,师之惰。

——王应麟

烽火连三月,家书抵万金。

——杜　甫

谁言寸草心,报得三春晖。

——孟　郊

养小防老,积谷防饥。

——关汉卿

儿孙自有儿孙福,莫为儿孙作远忧。

——关汉卿

家有一心，有钱买金；家有二心，无钱买针。

——徐田臣

只愁不养，不愁不长。

——冯梦龙

消得家庭内嫌隙，便是一大经纶。

——洪应祖

三年不上门，当亲也不亲。

——吴承恩

爱子不教不为爱，教子不善不为教。

——方孝儒

听妇言，乖骨肉，岂是丈夫；重资财，薄父母，不成人子。

——朱柏庐

割不断的亲，离不开的邻。

——佚　名

治家严，家乃和；居乡恕，乡乃睦。

——王　豫

养儿体，乐儿魂，开儿知识。

——康有为

兄弟相害，不如友生；外御其侮，莫如兄弟。

——佚　名

只要思想未遭锢蔽的人，谁也喜欢子女比自己更强，更健康，更聪明高尚，更幸福。

——鲁　迅

在子女面前，父母不得不隐藏他们的各种快乐、烦恼与恐惧。他们的快乐无须说，而他们的烦恼与恐惧则不能说。子女使他们的劳苦变甜，但也使他们的不幸更苦。子女增加了他们生活的负担，但却减轻了他们对于死亡的忧惧。

——弗兰西斯·培根

成了家的人，可以说对于命运之神付出了抵押品。因为家庭难免拖累事业，使人的许多抱负难以实现。

——弗兰西斯·培根

无情未必真豪杰，怜子如何不丈夫。

——鲁　迅

富若不教子，钱谷必消亡；贵若不教子，衣冠受不长。

——佚　名

家庭——安憩之地

没有哪个地方能比自己的家更令人快乐。

——西塞罗

没有和睦的家庭，便没有安定的社会。

——池田大作

在家中享受幸福，是一切抱负的最终目的。

——塞缪尔·约翰逊

没有了家庭，在广大的宇宙间，人会冷得发抖。

——莫阿罗

不论你在漫游何方，家庭才是安乐乡。

——刘易斯

无论你是国王还是普通人，最幸运的人是能在自己家里获得幸福的人。

——歌　德

家庭生活充满仁爱与道德，便是人生的美满成果。

——瓦鲁瓦尔

没有进入一个家庭的内部，谁也说不清楚那个家庭的成员会有什么难处。

——奥斯丁

人生真正的幸福和欢乐浸透在亲密无间的家庭关系中。

——穆尼尔·纳素夫

家庭是每个人的城堡。

——科　克

家庭本质上是满足人们每天的需要而建立起来的联合体。

——亚里士多德

幸福的家庭总是相似的，不幸的家庭各有不幸。

——列夫·托尔斯泰

家是你无处可去的时候，不得不接纳你的地方。

——弗罗斯特

世界上没有一个地方比自己的家更舒适，无论那个家是多么简陋、多么寒碜。

——梁实秋

家庭秩序和法律秩序一样，不能自动成立，而是通过意志建立并维持下来的。

——罗　兰

家庭是第一个源泉，伟大的爱国主义情感和信念的巨流是从这里开始奔流的。

——苏霍姆林斯基

连个家都没有的人是流浪汉，而有两个家的人则是放浪者。

——林　肯

家庭将永远是人类社会的基础。权力和法律的作用是在这儿开始的。

——巴尔扎克

家庭是政治社会的原始模型：首领是父亲的影子，人民就是孩子的影子。

——卢　梭

一个人的家应该是一个固定不变的点，是他生命中一个不受干扰的区域。在家里，一个人需要的是安定、坚贞不渝的爱和信赖，不是风暴、变化和刺激。

——夏洛蒂·勃朗特

对男子来说，社会是战场，是令人不断处于紧张的舞台，而家庭则是心灵唯一的绿洲和安憩之地。

——池田大作

家庭相容性的主要标志是夫妇双方在主观上最大限度地互相满足。

——扎采宾

家庭不单是身体的住所，也是心灵的寄托处。

——黑　塞

如果是公平进行的话，婚姻中的吵架也可以是很好、很健康的沟通方法。

——尼娜·欧尼尔

在婚姻与家庭中，需要高度的忍耐、宽容、善意、关心及其他良好的品性。

——马卡连柯

在父母的眼中，孩子常是自我的一部分，子女是他理想自我再来一次的机会。

——费孝通

一个美满的家庭，犹如沙漠中的甘泉，涌出宁谧与安慰，使人洗心涤虑，怡情悦性。

——黑格尔

我不相信一个人的家世必能规范态度人格。但是我也不能否认家庭环境与气氛对一个人的若干影响。

——梁实秋

有些家庭习惯于一切都围绕一个人转，这就必然造成这个人对家人的苦乐十分蔑视而且漠不关心。

——都　德

一个靠借贷混日子的家庭，不可能生活得安逸、美满。

——易卜生

家庭幸福是人类的第一恩赐。既然全世界的人都有份，那么接受这件恩赐可以说是天经地义的。

——杰弗逊

家是世界上唯一隐藏人类缺点与失败的地方，它同时也蕴藏着甜蜜的爱。

——萧伯纳

凡是夫妇不吵架的家庭，准是一块阴森之地，既没有冲击，也没有快乐。

——柏　杨

舒适的家，是快乐最大的源泉。它只列于健康和良心之后。

——席德尼·史密斯

永远记住这点：世上最不平凡的美是家里的美。

——萧伯纳

在充满着体贴和关心的家庭中，永远不会为鸡毛蒜皮的事情发生争执、伤感情。

——苏霍姆林斯基

对于亚当来说，天堂是他的家；然而对于亚当的后裔来说，家是他们的天堂。

——伏尔泰

父母——可怜天下父母心

成功的时候，谁都是朋友。但只有母亲——她是失败时的伴侣。

——郑振铎

母亲是伞，是豆荚，我们是伞下的孩子，是荚里的豆子。

——席慕蓉

养儿方知娘辛苦，养女方知谢娘恩。

——汉族谚语

父母对儿女的心情，简直是一种宗教：儿子就是一个如来佛，女儿就是一个观世音。

——王　力

父亲的爱好对他的儿子有一定的影响。

——荷　马

孩子懒惰，不应责备他们，因为是父母把他们养成了这样。

——伊　索

父亲的智慧是对儿童最有效的影响。

——荷　马

在所有的青年人眼里，父亲是多么严厉的法官啊！

——忒壬斯

富兰克林·罗斯福小传

富兰克林·罗斯福 （1882—1945）美国第32任总统，一直被视为美国历史上最伟大的总统之一，是20世纪美国最孚众望和最受爱戴的总统，也是美国历史上唯一连任4届总统的人，从1933年3月起，直到1945年4月去世时为止，任职长达12年。曾赢得美国民众的高支持率，创下历史记录。

富兰克林·罗斯福的故事——父亲和一棵小树

富兰克林·罗斯福小时候因患脊髓灰质炎而导致一条腿瘸和满嘴乱牙，因此他认为自己是世界上最不幸的孩子。在学校里，他很少与同学们玩耍，老师叫他回答问题时，他也总是低着头一言不发。

在一个平常的春天，罗斯福的父亲拿了些树苗，叫孩子们每人栽一棵，他说，谁栽的树苗长得最好，就给谁买一件最好的礼物。罗斯福也想得到父亲的礼物，但看到兄妹们蹦蹦跳跳提水浇树的身影，不知怎么地，他竟然希望自己栽的那棵树早日死去。因此，浇过两次水后，他就再也没去搭理。

几天后，罗斯福惊奇地发现那棵树不仅没有枯萎，而且还长出了几片新叶子，与其他的树相比，似乎更有生机。父亲兑现了诺言，送给他一件最喜爱的礼物，并鼓励他长大后一定要成为一个出色的植物学家。从此，罗斯福在生活中慢慢地变得乐观开朗起来。

一天晚上，罗斯福躺在床上睡不着，他想起生物老师曾说过植物一般都在晚上生长，便决定去看看自己种的那棵小树。当罗斯福轻手轻脚来到院子时，看见父亲正用勺子在给自己栽的树苗浇水。顿时，他明白了……他返回房间，禁不住泪流满面……

有一些母亲没有美丽的面容，没有丝质的衣服，没有学识，没有地位，甚至没有娱乐，整天只有那无休止的工作。跋涉在山间的小径上就如同跋涉在人间的长路上一样。

——席慕蓉

所有的母亲，都是这世间最尊贵的一种种族。

——席慕蓉

世界上有一种最美丽的声音，那便是母亲的呼唤。

——但　丁

父爱可以牺牲一切，包括自己的生命。

——达·芬奇

能了解自己孩子的是聪明的父亲。

——莎士比亚

虽然男人原是铁石心肠，但只要他当了父亲，他就有一颗温柔的心。

——杨　格

父母之年，不可不知也，一则以喜，一则以惧。

——《论语》

在儿童脑海中，父母的世界不啻神仙的世界，一旦在这世界中发现神仙会战争时，不将令儿童大大难堪么？先是他们感到痛苦，继而是失去尊敬之心。

——莫罗阿

觉醒的父母，完全应该是义务的、利他的、牺牲的。

——鲁　迅

享受天伦之乐的父亲母亲们，就连无子无女的天使也在羡慕你们。

——拜　伦

梦中萦怀的母亲——你是我至上的阳光！

——波德莱尔

人世间最美丽的情景是出现在当我们怀念母亲的时候。

——莫泊桑

如果想让孩子长成一个快乐、大度、无畏的人，那这孩子就需要从他周围的环境中得到温暖，而这种温暖只能来自父母的爱情。

——罗　素

人类之于爱，往往从母性学来。

——莫罗阿

孩子们和父亲休戚相关的时间，只限于为保存自己、需要父亲的阶段。

——卢　梭

一个做父亲的，当他生养了孩子的时候，还只不过是完成了他的任务的三分之一。他对人类有生育人的义务；他对社会有培养合群的人的义务；他对国家有造就人民的义务。

——卢　梭

父母在好几个孩子中间，应当把母爱和父爱极力维持平等。

——莫罗阿

父母的爱只给不取，不溯既往，不讨恩情。

——法国谚语

一个父亲胜于一百个教师。

——赫尔巴特

还有什么比父母心中蕴藏着的情感更为神圣的呢？父母的心，是最仁慈的法官，是最贴心的朋友，是爱的太阳，它的光焰照耀温暖着凝集在我们心灵深处的意向！

——马克思

凡是才慧卓绝的人，必有个理智优越的母亲。

——叔本华

母亲是第一个影响她子女职业兴趣发展的人。

——阿德勒

家长可以有自己的理想，但如果干涉孩子具有各自的理想，那就等于不承认孩子的人格。

——池田大作

父母之间高尚的爱情是孩子们健康的、生气勃勃的、丰富的精神生活的保证。

——苏霍姆林斯基

将来的命运，早在现在决定，故父母的缺点，便是孩子灭亡的伏线、生命的危机。

——鲁　迅

父母辛苦，其子舒坦，孙子将成为乞丐。

——江岛其碛

我们给子女最好的遗产就是放手让他自奔前程，完全依靠他自己的两条腿走自己的路。

——邓　肯

在孩子的人格和气质形成的幼儿期，家庭环境中的母亲作为孩子的教育者来说，是没有人能够代替的。

——汤因比

对于婴孩，母亲无异神明。她是全能的。若是她自己哺育他的话，她是婴儿整个欢乐、整个生命的源泉。

——莫罗阿

子女——寸草对春天的情义

孩子是未来，也是回归；孩子是孕胎，也是海洋。

——里尔克

儿童乃是生命之花。但要使花成为好花，只有及时地用剪刀剪去那些枯枝。

——马卡连柯

孩子的世界，与成人截然不同。倘不先行理想，一味蛮做，便大碍于孩子的发达。

——鲁　迅

能从自己孩子身上得到幸福的人才真正幸福。

——托马斯·富勒

一个自然人必定会爱自己的子女，但只有受文化熏陶的人，才会孝养父母。

——林语堂

你以为使孩子喜欢或不喜欢的事物，绝不是孩子真正喜欢或不喜欢的。

——罗曼·罗兰

对年幼的孩子是发自内心的情爱，而年长的孩子则由习惯的情爱来抚养。

——波 普

爱情浓厚的夫妻生的孩子，往往赋有爱情的特色：温柔、活泼、快活、高尚、热心。

——巴尔扎克

当一个孩子意识到他不仅有坚持真理的权利，而且有犯错误的权利时，他就已长成了大人。

——托马斯·萨斯

贫家儿女愈看得贱愈易长大，富户儿女愈看得娇愈难成器。

——曾国藩

子弟少年，知识方开，须以端谨长厚养其心，为一生人品根基。

——申居郧

凡世家子弟，衣食起居无一不与寒士相同，庶可以成大器；若沾染富贵气习，则难望有成。

——曾国藩

遭受屈辱较少的孩子能成长为一个更能意识到自己的尊严的人。

——车尔尼雪夫斯基

女儿等于春天的水：你等着它，瞧着它高兴，可是它一来就走掉了。

——马明·西比利亚克

子女是高尚道德及两颗相爱的心自愿结合的结晶。

——苏霍姆林斯基

孩子是家庭幸福的源泉。

——塔 帕

孩子是穷人的财富。

——托富拉

即使是在最丑的孩子身上，也有新鲜的东西，无穷的希望。

——罗曼·罗兰

孩子是维系的绳索，没有孩子容易离异。孩子是双方共有的善，共同的东西把人结合到一起。

——亚里士多德

孩子灵魂的丰富创造，补偿了母亲灵魂的日渐贫乏。

——罗曼·罗兰

孩子是成人的雏形。

——华兹华斯

孩子仍然是爱情和义务永远结合的象征。

——艾略特

能获得父辈殊荣的儿子甚少，承袭父辈耻辱的儿子却占多数。

——荷　马

适度的责骂孩子，可能使孩子的心灵更有安全感。

——三　毛

孩子，这是人类纯洁而天真的花朵。

——柔　石

子女胜于一切。

——贝纳勉特

允许孩子们以他们自己的方式获得快乐，难道还有比这更好的方法吗？

——塞缪尔·约翰逊

孩子知道各式各样的聪明话，虽然世间的人很少懂得这些话的意义。

——泰戈尔

孩子是可以敬服的,他常常想到星月以上的境界,想到地面以下的情形,想到花卉的用处,想到昆虫的言语,他想飞上天空……所以给儿童看的图书就必须十分慎重,做起来也十分犯难。

——鲁　迅

我找到了给你孩子提忠告的最好办法:发现他们需要什么,然后再建议他们如何去做。

——杜鲁门

子女是自由自在的,而他们的生命则是仅仅体现这种自由的直接存在。因此他们不是物体,既不属于别人,也不属于父母。

——黑格尔

男孩总有一天会长成一条汉子。

——托·富勒

与子女分离使人忧伤,可留着他们也没有多大的安慰。

——托·富勒

儿女的忘恩,就像这一只手把食物送进这一张嘴里,这一张嘴却把这一只手咬了下来。

——莎士比亚

十二、成就事业

事业是一头力大无比的活生生的猛兽，不善于驾驭它不行，必须给它牢牢戴上嚼环，不然，它就会制服你。

——高尔基

事业——成功者的舞台

抱着一颗正直的心，专心致志干事业的人，他一定会完成许多事业。

——赫尔岑

最低微的行业和职业也是很有用处的，最低微的工匠或机械师对人生筵席的贡献远大于深刻的学者和雄辩的理论家。

——塞缪尔·约翰逊

一个人如果不到最高峰，他就没有片刻的安宁，他也就不会感到生命的恬静的光荣。

——萧伯纳

在现世的成功里，除了实际收入有所增加以外，还有一种与其相称的从上衣、背心等处散发出的独特的价值与威严。

——狄更斯

要把一件事情做成功，你首先对这件事情要有一幅清晰正确的心理图像。

——阿列克斯·莫里森

虽说是为生活而斗争，老实说，不过是为成功而斗争罢了。

——勒赛尔

只要我们把我们的事业变得更有凝聚力，吸引力，人才的流动就不用担心变成人才的流失，一批批优秀人才自然地接踵而来。

——周　光

每一个伟大的事业，开头总只为少数有闯劲的人所信奉。

——爱因斯坦

我们的事业，需要的是手，而不是嘴！

——童第周

一个人事业上的成功，最重要的在于自己是否努力。成功和努力基本是成正比例的。天资固然重要，但是如果放弃努力，成功的几率也会缩小。

——竺可桢

一个人的成长和事业上能有所成就，离不开人民的哺育、国家的培养、长辈的提携、同事和学生乃至家长的合作与支持。

——石青云

凡着眼在金钱与地位者，结果终归是无聊无意义。反之，着眼在事业与自己能力者，必有结果，唯困苦与忍耐为要。

——沈钧儒

拥护一项非凡的事业并为之奋斗终生，这就是我对那些追求不朽之名的年轻人的忠告。

——柯蒂斯

即便是世上最伟大、最壮丽的事业，兴许也常常需要瘦弱的手去扶掖。

——斯宾塞

人必须有一个无法放弃、无法搁下的事业，才能变得无比的坚强。

——车尔尼雪夫斯基

在年轻人的颈项上，再也没有比事业心这颗灿烂的珠宝更迷人的了。

——爱默生

谁献身于某种壮举或崇高的事业，谁的人生就最有意义。

——萨卢斯提乌斯

正义的事业能够产生坚定的信念和巨大的力量。

——托马斯·富勒

事业就像女人，谁去追求，谁就能够得手。

——松苏内吉

人降生到这个世界上并不是仅仅为了活着。无意义的生活会使人感到精神的空虚，体会不到人生的意义；人到世界上来是干事业的。

——武者小路实笃

生活已经不是快乐的筵席、节日般的欢腾，而是工作、斗争、穷困和苦难的经历。

——别林斯基

一切伟大的事业，或者是说一切大事，都是由小事组成的。

——高尔基

一个人只有以他全部的力量和精力致力于某一事业时，才能成为真正的大师。因此，只有全力以赴才能精通。

——爱因斯坦

要意志坚强，要勤奋，要探索，要发现，并且永不屈服，珍惜我们前进道路上降临的善，忍受我们周围的恶，并下决心消除它。

——赫胥黎

历史的道路不是涅瓦大街上的人行道，它完全是在田野上前进的，有时穿过尘埃，有时穿过泥泞，有时横渡沼泽，有时行经丛林。

——车尔尼雪夫斯基

古今之成大事业、大学问，罔不经过三种之境界："昨夜西风凋碧树，独上高楼，望尽天涯路"，此第一境也。"衣带渐宽终不悔，为伊消得人憔悴"，此第二境也。"众里寻他千百度，蓦然回首，那人却在、灯火阑珊处"，此第三境也。

——王国维

伟大的事业，要靠坚强的决心和强烈的愿望才能完成。

——松下幸之助

凡献身于一种事业的人，就会从那里找到一个向导、一个支柱、一个仿佛能规定他胸内心跳的调整器。

——左　拉

事业是栏杆，我们扶着它在深渊的边沿上走路。

——高尔基

一个人在为自己的事业奋斗时，要像狮子那样勇猛。

——博　恩

应当以事业而不应当以寿数来衡量人的一生。

——塞内加

创基立业，一半靠运气，一半靠自己努力。勤俭奋发是华人的美德；方向、意志和策略是第一要素；不怕失败，奋斗不懈，运筹帷幄，出奇制胜和深思熟虑是成功的必备条件。

——林绍良

富兰克林小传

本杰明·富兰克林 （1706—1790）美国政治家，科学发明家。青年时期从事报业活动。1731年在费城创立北美首家图书馆，1743年创办宾夕法尼亚大学并组织美洲哲学会。美国独立战争时当选第二届大陆会议代表，参加起草《独立宣言》，1783年代表美国与英国谈判，签订《巴黎和约》，美国正式独立。科学研究上在大气电方面作出贡献并发明避雷针。

富兰克林的故事——该低头时就低头

富兰克林年轻时曾去拜访一位德高望重的老前辈。那时他年轻气盛，挺胸抬头迈着大步，一进门，他的头就狠狠地撞在门框上，疼得他一边不住地用手揉搓，一边看着比他的身子矮去一大截的门。出来迎接他的前辈看到他这副样子，笑笑说："很痛吧！可是，这将是你今天访问我的最大收获。一个人要想平安无事地活在世上，就必须时刻记住：该低头时就低头。这也是我要教你的事情。"

富兰克林把这次拜访得到的教导看成是一生最大的收获，并把它列为一生的生活准则之一。富兰克林从这一准则中受益终生，后来，他功勋卓越，成为一代伟人。他在一次谈话中说："这一启发帮了我的大忙。"

有许多人可以被人们所忘记，也有某些人尽可以忘掉他们的名字，却不能忘怀他们的事业。

——武者小路实笃

我们是骄傲还是谦卑，全取决于事业的成败。

——泰伦提乌斯

人，最理想的是从事永久不灭的事业，这也是生命对人类的要求。

——武者小路实笃

宏伟的事业，只有靠实实在在的微不足道的一步步的积累，才能获得成功。

——稻盛和夫

要成大事，就得既有理想，又讲实际，不能走极端。

——富兰克林·罗斯福

要是想认真完成一项必要的事业，为人既要灵活，又要有一副铁石心肠。

——泰戈尔

工作——生活的保鲜剂

没有工作简直受不了，工作使一切美化，思想能够创造新的生命。

——诺贝尔

聪明过人的天才，如果他不工作，也是徒然无用的。

——密勒斯

谁肯认真地工作，谁就能做出许多成绩，就能超群出众。

——恩格斯

不干，固然遇不着失败，也绝对遇不着成功。

——邹韬奋

经验显示，成功多因于热忱，而较少出于能力。胜利者就是把自己、身体和灵魂都献给工作的人。

——查尔斯·巴克斯顿

工作以开头最为重要。

——柏拉图

在这个世界上的最后福音是了解你自己的工作,并全力以赴。

——卡莱尔

在我们懒惰的人看来,多以为省出时间,只是为了休息休息,哪知人家工作之外,还要读书,省出的时间愈多,读书的时间就愈多,使工不误读、读不误工、工读打成一片,才是真正人的生活。

——李大钊

如果我们在工作中游刃有余,就会被看成大人物;要是在工作时力不从心,就会被看成小人物。

——拉罗什夫科

无疑的,我们应做的工作,不是那些遥远而尚不明晰的事,而是已近在咫尺并且十分确切的事。

——卡莱尔

工作是生命的真正精髓所在,最忙碌的人正是最快活的人。

——提奥多·马丁

为了使人们在工作时感到快乐,必须做到下列三点:第一,他们一定要胜任自己的工作;第二,他们不可做得太多;第三,他们在工作当中要有成就感。

——罗斯金

我的人生哲学是工作,我要揭示大自然的奥秘,并以此为人类造福。我们在世短暂的一生中,我不知道还有什么比这种服务更好的了。

——爱迪生

工作能使愚人转为聪明,聪明人转为智慧,智慧的人转为稳健。

——奥斯勒

要工作,要勤劳,劳作是最可靠的财富。

——拉封丹

只要有一天你得到了一件合理的事情去做,从此你的工作和生活都会有点奇异的色彩。

——爱因斯坦

工作就是人生的价值、人生的欢乐，也是幸福之所在。

——罗　丹

工作的好处之一是：缩短我们的日子，延长我们的生命。

——狄德罗

我是没有财产的，我所有的一切只是健康、勇气和我的工作。

——巴斯德

悲伤的时候，工作就是良药。

——林　肯

人生在世是短暂的，对这短暂的人生，我们最好的报答就是工作。

——爱迪生

人要活得正派，活得像一个人，就得工作：带着爱和信仰去工作。

——高尔基

一个人如果在某一天内沉静地抱着伟大的目标工作着，这一天就是为纪念他而设的。

——爱默生

没有工作，所有的生命都会趋于腐朽。

——加　缪

一切真正的工作都是神圣的；只要是真正的两手劳动，一切的工作都有几分神圣性。

——卡莱尔

人们以热爱工作自居，可是，假若工作是一种痛苦，热爱工作是不可能的；假若工作是一种乐趣，热爱工作则无功可居。

——普吕多姆

如果一个人有志气，肯工作，是不限于任何年龄的。

——冈察尔

对于一个人来说，在这个世界上的首要问题，是要找到他应做的工作。

——卡莱尔

一个人被工作弄得神魂颠倒直至生命的最后一息，这的确是幸运。

——爱因斯坦

工作，就是一个人不得不做的事情；而玩耍，却是一个人不一定要做的事情。

——马克·吐温

你对生命厌倦吗？那么就把自己投入某种你全心相信的工作里，为它而活，为它而死。这样你便会找到你原以为绝不可能属于你的快乐。

——戴尔·卡耐基

如果什么也不做，则什么也不会发生；如果做了什么，便会发生些什么。

——艾柯卡

人生最高的奖赏和最大的幸运产生于某种执著的追求，人们在追求中找到自己的工作与幸福。

——爱默生

不迟到的唯一办法就是早一点出发去上班。

——福　特

任何人，不管从事何种职业，如果满足于碌碌无为，就是不忠于自己。

——巴　顿

工作要从容，好像你有百年寿命；祈祷要虔诚，好像你明天可能去见上帝。

——富兰克林

工作本身应该是重要的，它本身就是一种享受。

——奥　修

工作是令人愉快的事，如果不是这样，你会变成使人厌烦的人，别人也会对你感到不满。

——布莱德雷

奋斗——生命不息，奋斗不止

我们要抱着乐观去奋斗，我们往前一步，就是前进。

——瞿秋白

我们只求把自己交给所向往和为之奋斗的事物。

——罗曼·罗兰

不登高山，不知天之高也；不临深溪，不知地之厚也。

——荀　子

大自然安排我们出生和成长于神州大地，是谓天赋人权，为她的进步和繁荣而献身，当为天赋之责。

——宋　健

人类要在竞争中求生存，便要奋斗。

——孙中山

停止奋斗，生命也就停止了。

——卡莱尔

一切事情都必须先经历过困难之后才会显得得心应手。

——托马斯·富勒

没有一条通向光荣的道路是铺满鲜花的。

——拉封丹

伟大的人物都是走过了荒沙大漠，才登上光荣的高峰……

——巴尔扎克

雄鹰之子筑巢于松柏之巅，与天风盘桓，太阳也受它奚落。

——莎士比亚

是什么造成英雄的伟大——去同时面对人类最大的痛苦和最高的希望。

——尼 采

没有牺牲，也就绝不可能有真正的进步。

——爱因斯坦

一个人必须经过一番刻苦奋斗的生活，才会有些成绩。

——安徒生

坚强者能在命运风暴中奋斗。

——爱迪生

仰望广袤夜空中璀璨星辰，个人哀伤其实微小似尘。驱散难以摆脱的悲痛、惆怅，将生命奉献于科学事业！

——诺贝尔

无论做什么事情，只要肯努力奋斗，是没有不成功的。

——牛 顿

人类的生活就是创造，就是努力去战胜僵死的物质的抵抗力，希望能掌握物质的一切秘密，并且迫使它的力量服从人的意志，为人的幸福服务。

——高尔基

要使理想的宫殿变成现实的宫殿，必须通过埋头苦干，不声不响的劳动，一砖一瓦地去建造。

——高尔基

一个崇高的目标，只要不渝地追求，就会成为壮举。

——华兹华斯

天地万物都在追求自身的独一无二的完美。

——泰戈尔

世界上最快乐的事，就是为理想而奋斗。

——苏格拉底

人生是一场无休、无歇、无情的战斗，凡是要做个够得上称为人的人，都得时时向无形的敌人作战。

——罗曼·罗兰

不要停顿，因为别人会超过你；不要返顾，以免摔倒。

——阿·雷哈尼

每一个人都必须独自承担他自己忧苦的重担。

——加　缪

只有奋斗，可以给我们生路，而且只有奋斗可以给我们快乐。

——恽代英

让整个一生都在追求中度过吧，那么在这一生中必定会有许许多多顶顶美好的时刻。

——高尔基

人无奋志，治功不兴。

——海　瑞

万里飞腾仍有路，莫愁四海正风尘。

——夏完淳

要成功一件事业，必须花掉毕生的时间。

——列文虎克

精诚无间，百折不回。

——孙中山

走那条需要开辟的小径吧，这是崎岖的，使人疲劳的，但只有它引向高峰。

——罗曼·罗兰

站在壁垒上为原则而死的，固然是英雄；但挺身为原则而战并获胜的，则更是英雄。

——罗斯福

斗争就像一匹喂得饱饱的脱缰的怒马，碰见什么都要把它冲倒。

——莎士比亚

自强为天行之健，志刚为大君之德。

——康有为

在惊风骇浪中，拿定着舵，虽千转百折，仍朝着正确的方向前进，才终有达到彼岸的时候。

——邹韬奋

生活只是鲜血的搏斗，死亡是血泊中开放的花朵。

——夸西莫多

你把我看作蚂蚁，但是总有一天我会成为狮子的。

——马克思

生活——就是为生存而斗争。

——高尔基

沿着大成功的一条路上，有许多小失败排列着，最后的成功是在能用坚毅的精神，伶俐的眼光，从这许多小失败里面寻出教训，尽量地利用它，向前猛进。

——邹韬奋

不要埋怨生活的艰苦，只有软弱无力的人才埋怨的。

——高尔基

人生恰恰像马拉松赛跑一样……只有坚持到最后的人，才能称为胜利者。

——池田大作

后悔过去，不如奋斗将来。

——马克思

目标——前进的方向

那些出类拔萃的人正是在生活的早期就清楚地辨明了自己的方向，并且始终如一地把他们的能力对准这一目标的人。

——布尔沃·利顿

人是否能实现目标，这点并不重要，重要的是一旦有了目标，就会成为一股吸引力，使他做好工作，取得发展和进步。

——广中平佑

在生活中，最可怜的是一辈子没有理想、信念，行动不坚决、果断，总怕别人说长道短，随波逐流。

——池田大作

世上最重要的事，不在于我们在何处，而在我们朝着什么方向走。

——奥·温·霍姆斯

一个人没有一定的志向，没有预定的目标，这个人就可以说没有前途。

——斯科罗杜莫夫

对目标的追求要量力而行，要着眼于自己的努力，而不要一心只想结果。

——阿里·基夫

人生的真正欢乐是致力于一个自己认为是伟大的目标。

——萧伯纳

灵魂如果没有确定的目标，它就会丧失自己。因为，俗语说得好，无所不在等于无所在。

——蒙　田

一个知道自己目标的人，就不会因为挫折和失败而泄气了。

——卡耐基

一个人追求的目标越高，他的才力就发展得越快，对社会就越有益。我确信这也是一个真理。

——高尔基

有一类卑微的工作是用艰苦卓绝的精神忍受着的，最低微的事情往往指向最高大的目标。

——莎士比亚

在狭隘的环境中使精神狭隘，人要有更大的目标才能大成。

——席　勒

所谓“无欲望状态”，是死亡的第一步。

——鲁　迅

“不耻最后。”即使慢，驰而不息，纵令落后，纵令失败，但一定可以达到他所向的目标。

——鲁　迅

一个人若是没有确定航行的目的港，任何风向对他来说都不是顺风。

——蒙　田

爱因斯坦小传

爱因斯坦 (1879—1955)20世纪最伟大的自然科学家，物理学革命的旗手。他利用业余时间开展科学研究，于1905年在物理学三个不同领域中取得了历史性成就，特别是狭义相对论的建立和光量子论的提出，推动了物理学理论的革命。二战爆发后，爱因斯坦遭到法西斯的迫害，定居美国。之后他获悉铀核裂变及其链式反应，在政府的支持下研制出了原子弹。他为人类作出的贡献永远被全世界人民所铭记。

爱因斯坦的故事——那又何必呢

爱因斯坦从来不讲究衣着，毕生没穿过一件像样的衣服。

一天，爱因斯坦在纽约街头碰到一位熟人，那人发觉他的衣服太破旧了，便劝他买一件新衣。科学家回答说："那又何必呢？在纽约，反正没有一个人认识我。"几年后，那个人又碰到他，发觉他还穿着几年前的旧衣服，又好心地劝他去买一件。爱因斯坦则说："那又何必呢？在纽约，反正大家都认识我。"

朋友们对这位大科学家过于清苦而忧心忡忡，爱因斯坦则不以为然。他说："这件衣服还是挺好嘛，昨天刚洗过，今天刚刷过。"甚至他还戏谑地说："要是布袋子比里面的肉更好，那可是一件糟糕的事。"

胸怀目标，无论达到与否，都能使生活有意义。争取做个莎士比亚，其余的事听由命运决定。

——勃朗宁

宁可追求崇高的目标而失败，像我那样，胜似那追求卑下的目标而成功。谢谢上帝，我不是那样。

——勃朗宁

所有的人都以快乐幸福作为他们的目的；没有例外，不论他们所使用的方法是如何不同，大家都在朝着这同一目标前进。

——帕斯卡

当人们感到自己没有能力获得巨大成功时，他们会鄙视伟大的目标。

——沃夫纳格

当哥伦布发现美洲的时候，他知道他航向何处吗？他的目标只是前进，一直向前进。他自己就是目标，逼着他向前走。

——纪　德

一个人不能骑两匹马，骑上这匹，就要丢掉那匹。聪明人会把凡是分散精力的要求置之度外，只专心致志地去学一门。

——歌　德

把自己的兄弟们由压迫下解放出来，是一种值得人去出生入死的目标。

——列夫·托尔斯泰

伏在一大堆鸡蛋上的母鸡，孵不出一只小鸡来。

——罗马尼亚谚语

追两只兔子——将会一无所获。

——陀思妥耶夫斯基

要有生活目标：一辈子的目标，一年的目标，一个月的目标，一个星期的目标，一天的目标，一个小时的目标，一分钟的目标，还得为大目标而牺牲小目标。

——列夫·托尔斯泰

只要不失目标地继续努力，终将有成。

——歌　德

人有智慧，就是要达到他所企望的。不能走一里远，那么，就走一百步也好，这总好些，总离目标近些，如果有一个目标的话。

——陀思妥耶夫斯基

一个人做事不专，这样弄一点，那样弄一点，既要翻译，又要做小说，还要做批评，并且要做诗，这怎么弄得好呢？

——鲁 迅

一个志在有成就的人，他必须如歌德所说，知道限制自己。反之，那些什么事都想做的人，其实什么事都不能成，而终归于失败。

——黑格尔

漫无目标，无书不读的人，他们的知识是很难精湛的。

——柯南道尔

没有目标而生活，恰如没有罗盘而航行。

——康 德

在跨上你第二步前，千万不要只低头试探脚下的土地，只有那牢牢盯着远方地平线的人才会找到自己正确的道路。

——哈马舍尔德

没有树立生活目标的人就等于没有灵魂！

——蒙 田

人们早就把世界称为狂暴的海洋，有幸的人带着指南针而航行。

——卡拉姆辛

目标并不一定是为达到它才树立的，而是作为瞄准点才树立的。

——诺贝尔

机遇——机不可失，时不再来

善于在做一件事的开端识别时机，这是一种极难得的智慧。

——培 根

机遇与勇气合为一。

——谚 语

对于不会利用机会的人，时机又有什么用呢？一个不受胎的蛋，是要被时间的浪潮冲刷成废物的。

——艾略特

聪明人决不等待机会，而是攫取机会，运用机会，征服机会，以机会为仆役。

——卓　宝

不管人们怎样夸耀自己的伟大行动，它们常常只是机遇的产物，而非一个伟大意向的结果。

——拉罗什夫科

机遇也许是上帝不愿意签写真名时用的笔名。

——法朗士

才智和勇气必定满意地与机遇共享荣誉。

——塞缪尔·约翰逊

谁不坐等机遇的馈赠，谁便征服了命运。

——马·阿诺德

机遇像一块粗糙的石头，只有在雕刻家手中才能获得新生。

——席　勒

机遇总是喜欢强者，因为强者作好了一切准备，单等机遇的光临；机遇总是躲避弱者，因为它们无法忍受弱者那呆滞的眼神。幸福乃是机会的影子。

——苏格拉底

你应该寻觅机遇，而不能静候它来敲你的房门。

——马克斯威尔·马尔兹

机遇只垂青于那些有准备的头脑。

——巴斯德

小的机遇往往是伟大事业的开端。

——爱默生

机遇就像一只滚圆的球，所以很自然的，它不会总是滚落到那些得到的人的头上。

——贝多芬

名人名言

良机对于懒惰没有用，但勤劳可以使平常的机遇变成良机。

——马丁·路德

天命是好人的朋友，贤者的引导人，愚人的暴君，坏人的敌人。

——欧　嘉

机遇总会找到善于利用机遇的人。

——罗曼·罗兰

如果没有勤奋，没有机遇，没有热情的提携者，人就是再有天才，也只能默默无闻。

——小普林尼

机遇之神以无与伦比的技巧向我们表明，与它的恩惠和仁慈相比，任何才华能力都是罔效无用的。

——叔本华

一个明智的人总是抓住机遇，把它变成美好的未来。

——托·富勒

神明在治理着一切，……而在对人类事务的治理中，机遇是与他合作的。

——柏拉图

虽然我们无法有意制造这种捉摸不定的机遇，但我们可以对之加以警觉，作好准备，一俟机遇出现，就认出它，从中得益。

——贝弗里奇

生活中最重要的事情是懂得何时抓住机会，其次便是懂得何时放弃利益。

——迪斯累里

如果有人错过机会，多半不是机会没有到来，而是因为等待机会都没有看见机会到来，而且机会过来时，没有一伸手就抓住它。

——罗曼·罗兰

一个人不论干什么事，失掉恰当的时节、有利的时机就会前功尽弃。

——柏拉图

人们总是特别看重机遇，实际上机遇是由人来支配的，并非机遇支配人。

——乔·桑塔亚那

由于过分审慎，人们对于时机就会重视不够，就会坐失良机。

——卢　梭

机会无所不在。要随时撒下钓钩，鱼儿常在你最意料不到的地方游动。

——奥维德

只要有所事事，有所追求，人就把握住了机遇的车轮。

——爱默生

永恒的东西每个人都会碰到，有限的东西只有某些人才能碰到。

——皮尔斯

荣誉——价值的象征

名誉是人生最靠得住的财产。有名誉的人，虽穷绝不至于饿，因为有无形的财产带在身边。

——宣永光

尊重与声誉，这是全人类所珍惜和重视的一项权利，人们都高兴自由自在地运用这项权利。

——马克·吐温

名誉如江河，它所漂起的常是漂浮物，而不是确有真分量的实体。

——爱迪生

人民越相信自己，越不能辜负其信任，荣誉也就越高。

——谢觉哉

我们的生命可以被夺去，可是谁也不能把我们的光荣和爱情夺去。

——伏契尔

荣誉就像玩具，只能玩玩而已，绝不能永远记住它，否则就一事无成。

——居里夫人

一个真正伟大、骄傲而勇敢的民族宁可面对战争的任何困难，也不愿在牺牲其民族尊严的情况下换得卑贱的繁荣。

——西奥多·罗斯福

荣誉的得来，一定是由于做的事公正无私，对众人有好处。否则，即使成功也不光荣。不光荣，就不会享受到成功的真正快乐。

——罗　兰

如果荣誉只是时代列车的路障，是腐朽的代名词时，它给我们的将是一张思想的罗网。

——张保平

荣誉有如萤虫之火，在黑暗的夜空里，它放着光，显示出美丽，极其可贵。但是靠近一看，立刻就会明白它是何等的软弱无力。

——池田大作

内心的荣誉感是引导我们向前的动力，这不是我们随便就可以改变了的。

——武者小路实笃

荣誉这东西，不会给一个偷盗它、但配不上它的人带来愉快；它只有在一个配得上他的人的心里才会引起不断的颤动。

——果戈理

情操要高尚！成为我们真正荣誉的，是我们自己的心，而不是他人的议论。

——席　勒

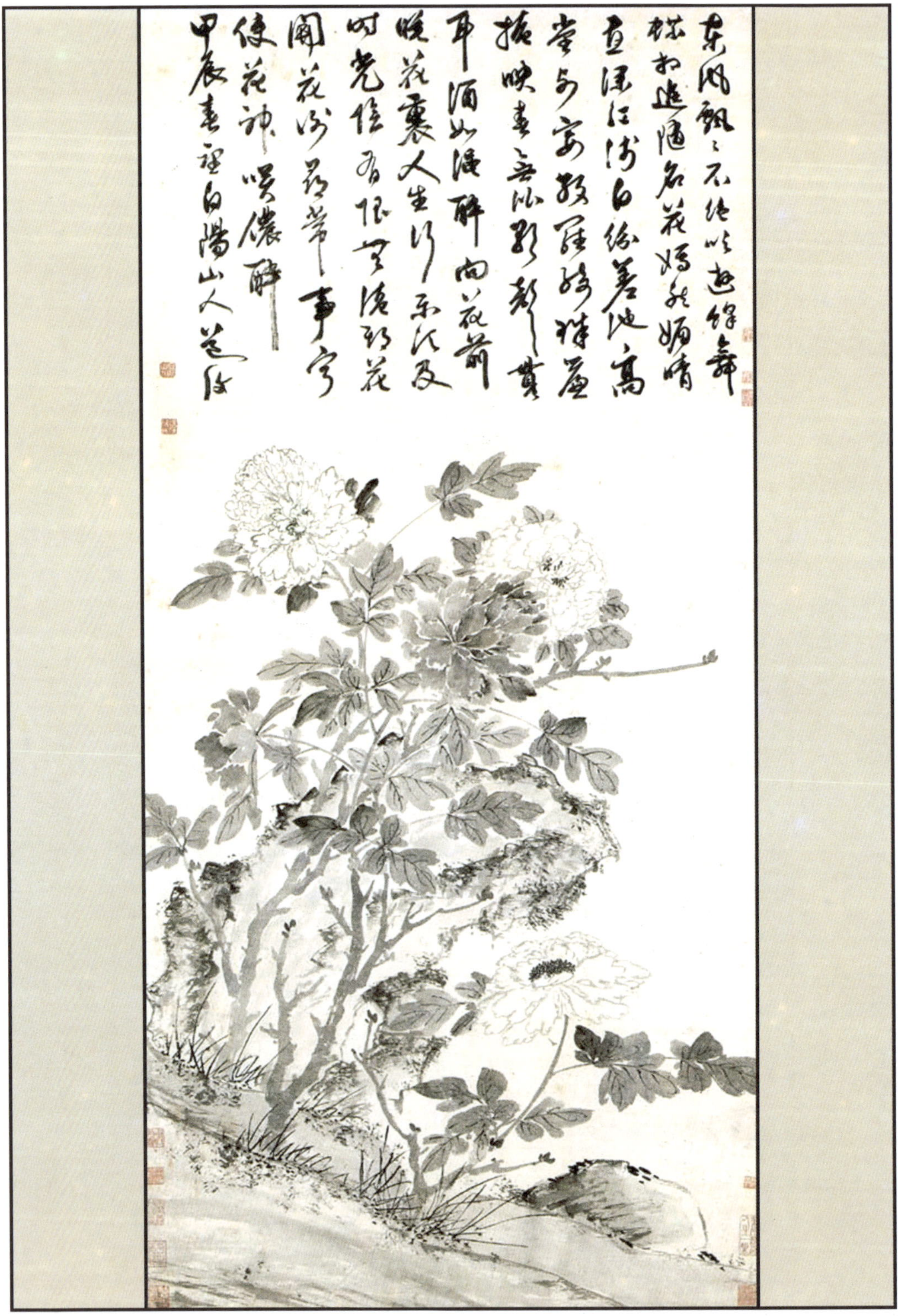

东风飘飘不绝吹逐得舞
蝶和莺随名花娇艳媚晴
昼须信浮白纷看饯高
堂列宴敞罗绮珠帘
掩映春无比影斜鬓
耳酒如泉醉向花前
眠花里人生行乐及
时光能有几莫负好花
闲花开花落常事空
使花神笑侬醉
甲辰春题白阳山人道复

谁终将声震人间，必长久深自缄默；谁终将点燃闪电，必长久如云漂泊。

——尼　采

无愧于荣誉要比占有荣誉更有意义。

——托马斯·富勒

有声名而不被了解比没有声名更难堪。

——罗曼·罗兰

权力是可耻而乏味的，财富是沉重而愚蠢的。而荣誉是一种偏见——其原因是人们不善于珍惜自己，却习惯奴隶般卑躬屈节。

——高尔基

社会上崇敬名人，于是以为名人的话就是名言，却忘了他之所以得名是因为那一种学问或事业。

——鲁　迅

虚荣心首先以社会为对象，名誉心则首先以自身为对象。与虚荣心针对社会相比，名誉心是对自身品格的认识。

——三木清

荣誉如同富有理性的女人，倾慕她的人不得玩弄花招。

——歌　德

谁鄙夷荣誉，谁就能获得真正的荣誉。

——塞内加

我希望真正的荣誉在我心中远远高于财富。

——纳尔逊

美名盛誉恰是过眼烟云。

——马克·吐温

编织桂冠要比找到与它相称的脑袋容易得多。

——歌　德

名誉和美德是灵魂的装饰。

——塞万提斯

自信和名誉，前者产生于人自身的心中，后者产生于他人的心中。

——培　根

一个人的名誉，好像是他的影子，有时比他长，有时跟着走，有时在前行。

——孟德斯鸠

成败——不以成败论英雄

成功者与失败者之间的区别，常在于成功者能由错误中获益，并以不同的方式再尝试。

——卡耐基

失败可以锻炼一般优秀的人物，它挑出一批心灵，把纯洁的和强壮的放在一边，使它们变得更纯洁更强壮；但它把其余的心灵加速它们的堕落，或是斩断它们飞跃的力量。

——罗曼·罗兰

人们常以为犯小过无伤大雅，哪知更大的失败常是由小过引来的。

——雪　莱

不为不可成，不求不可得，不得不可久，不行不可复。

——管　子

我们从失败中学到的东西要比从成功中学到的东西多得多。

——塞缪尔·斯迈尔斯

失败可能是变相的胜利；最低潮就是高潮的开始。

——朗费罗

自我信任是成功的第一个秘诀。

——爱默生

你要记住，生活中成功的人是那些知道自己并不聪明，而努力工作以补偿自己的不足的人。

——斯图尔特

如果在自己非常想要做的事情上未能成功，不要立刻放弃并接受失败，试试别的方法。

——卡耐基

想匆匆忙忙地去完成一件事以期达到快速度的目的，结果总是要失败。

——伊　索

成功时不要把自己看成巨人，失败时不要把自己看成矮子。

——刘　吉

凡事欲其成功，必须付出代价——奋斗。

——爱默生

一分钟的成功付出的代价却是好些年的失败。

——罗伯特·布朗宁

失败与成功之间的分界是如此细微，以至于我们在跨越它时往往不曾留意——我们时常处在分界点却不自知。

——阿尔伯特·哈伯德

一次真正的成功，也许毫无荣耀可言，倒是很可能来自于他一次真正的失败的苦苦探索。

——托马斯·劳伦斯

如果你希望成功，那么就应当以恒心为良友，以经验为参谋，以谨慎为兄弟，以理想为哨兵。

——爱迪生

在生活中，知晓成功秘密的，只有那些尚未成功的人。

——柯林斯

只有毅力才会使我们成功……而毅力的来源又在于毫不动摇，坚决采取为达到成功所需要的手段。

——车尔尼雪夫斯基

愈是能够有容忍的大度，那么成功也就愈大。

——安东·亨利·约米尼

有许多人就是因为成功得太迅速而失败的。

——德莱塞

没有绝对的成功和胜利。有些成功仅仅是表面的，而且迟早要为之付出代价。最好是预先付出代价，困难的是，有时不得不事后再付。

——罗宾·丹尼尔斯

爱迪生小传

爱迪生 (1847—1931)举世闻名的美国电学家和发明家,他除了在留声机、电灯、电话、电报、电影等方面的发明和贡献以外,在矿业、建筑业、化工等领域也有不少著名的创造和真知灼见。爱迪生8岁上学,但仅仅读了3个月的书,就被老师斥为“低能儿”而撵出校门。从此以后,他的母亲是他的“家庭教师”。1868年,爱迪生以报务员的身份来到了波士顿。同年,他获得了第一项发明专利权。在随后的多年里,爱迪生一共有约2000项创造发明,为人类的文明和进步作出了巨大的贡献。

爱迪生的故事——你已经失败了1200次

爱迪生说:“天才,是99%的汗水加上1%的灵感。”1878年初,当爱迪生的秘书问他对成功的认识时,爱迪生说:“成功其中有99%是对什么路子走不通的认识,剩下的也许是天才的成分。因为据我所知,要想成功,就要坚持不懈地耐心观察。除此别无他法。”

爱迪生用事实证明了这一点。当爱迪生致力于制造白炽灯泡的时候,有一位毫无幽默感又缺乏想象力的人取笑他说:“先生,你已经失败了1200次了。”爱迪生听后反驳道:“我的成就是发现了1200种材料不适合做灯丝!”说完,自己先纵声大笑起来。这句妙语后来世人皆知。在爱迪生不懈的努力下,他终于发现了钨丝能做白炽灯的灯丝。

大多数事情的成功有赖于明了通往成功的道路有多么漫长。

——孟德斯鸠

成功孕育着成功，这个道理完全正确。一次小的成功可以成为巨大成功的基石。

——麦克斯威尔

富于理智的人则致力于他们计划的成功。当事情不能实现的时候，他们随机应变。他们学会了在挫折中容忍，学会了在成长、学习和适应逆境中抓住机会。他们支配环境，而不是环境支配他们。

——鲍威尔

不断的成功只为我们展现了世界的一个侧面。因为我们身边围绕着的都是对我们赞扬备至的朋友，而那些能让我们了解自己缺点的敌人们却被堵住了嘴。

——查尔斯·科尔顿

对别人不感兴趣的人，他一生中的困难最多，对别人的伤害也最大。所有人类的失败，都出之于这种人。

——狄德罗

失败往往是黎明前的黑暗，继之而出现的是成功的朝霞。

——霍奇斯

成功的法则应该是放松而不是紧张。放弃你的责任感，放松你的紧张感，把你的命运支付于更高的力量，真正对命运的结果处之泰然……

——麦克斯威尔

明智的人决不坐下来为失败而哀号，他们一定乐观地寻找办法来加以挽救。

——莎士比亚

成功的第一个条件是真正的虚心，对自己的一切敝帚自珍的成见，只要看出同真理冲突，都愿意放弃。

——斯宾塞

坚忍是成功的一大因素。只要在门上敲得够久、够大声，终必会把人唤醒。

——华兹华斯

如果失败已成定局，再玩弄策略也改变不了失败的命运。

——西·伦茨

失败是有教导性的。真正懂得思考的人，从失败和成功中学得一样多。

——杜　威

从未失败过的人是决不会变得富有起来的。

——狄更斯

一个人如果认为自己在一生中能干一番不同寻常的大事，就比没有远大理想的可怜虫，有着更多的成功机会……

——伯纳德·马拉默德

在别人藐视的事中获得成功，是一件了不起的事，因为这证明了不但战胜自己，也战胜了别人。

——蒙泰朗

十三、学海无涯

趁年轻少壮去探求知识吧，它将弥补由于年老而带来的亏损，智慧乃是老年精神的养料。所以年轻时应该努力，这样年老时不致空虚。

——达·芬奇

读书——读书破万卷

不读书的家庭，就是精神上残缺的家庭。

——巴甫洛夫

书不可以强读，强读必无效，反而有害，这是读书之第一义。

——林语堂

读死书是害己，一开口就害人……

——鲁　迅

读书是我唯一的娱乐。我从不把时间浪费于酒店、赌博或者任何一种恶劣的游戏。

——富兰克林

我们要爱书，要读书，但不可漫无选择。

——法朗士

读书使人充实，理想使人深邃，交谈使人清醒。

——富兰克林

读书之法，在循序而渐进，熟读而精思。

——朱　熹

光阴给我们经验，读书给我们知识。

——奥斯特洛夫斯基

读了一本书，就像对生活打开了一扇窗户。

——高尔基

不去读书就没有真正的教养，同时也不可能有什么鉴别力。

——赫尔岑

倘能生存，我当然仍要学习。

——鲁　迅

不读书的人，思想就会停止。

——狄德罗

爱好读书，就能把无聊的时刻变成喜悦的时刻。

——孟德斯鸠

读书永远不恨其晚。晚，比永远不读强。

——梁实秋

精神上最好的避难所还是书本；它们既不会忘了他，也不会欺骗他。

——罗曼·罗兰

读书，这个习以为常的平凡过程，实际上是人的心灵和上下古今一切民族的伟大智慧相结合的过程。

——高尔基

经验丰富的人读书用两只眼睛，一只眼睛看到纸面上的话，另一只眼睛看到纸的背后。

——歌　德

读书须刚与恒，不刚则随，不恒则退。

——佚　名

读重要的书，不可不背诵。

——司马光

读万卷书，行万里路。

——顾炎武

自古圣贤，盛德大业，未有不由学而成者。

——黄宗羲

应做的功课已完而有余暇，大可以看看各样的书，即使和本业不相干时，也要泛览。

——鲁　迅

所谓会读书，就是本着诚意去读确实有价值的书，这是一种高尚的消遣。

——梭　罗

读书能够开导灵魂，提高和强化人格，激发人们的美好志向；读书能够增长才智和陶冶心灵。

——萨克雷

高级的精神文化，往往会使我们渐渐达到另一种境地，从此可不必再依赖他人以寻求乐趣，书中自有无穷之乐。

——叔本华

读书有三到，谓心到，眼到，口到。心不在此，则眼不看仔细，心眼既不专一，却只漫浪诵读，决不能记，记不能久也。三到之中，心到最急。心既到矣，眼口岂不到乎？

——朱　熹

读书须有胆识，有眼光，有毅力。胆识二字拆不开，要有识必敢有自己意见，即使一时与前人不同亦不妨。前人能说得我服，是前人是，前人不能服我，是前人非。人心之不同如其面，要脚踏实地，不可舍己耘人。

——林语堂

读书——对于一个有文化教养的人，是种高尚的享受；我珍视书籍，它是我热爱的癖好。

——高尔基

阅读优秀的书籍，就是和过去时代中最杰出的人们——书籍的作者——进行交谈，也就是和他们传播的优秀思想进行交流。

——笛卡尔

任何一个有学问的人，在他的一生中都阅读过大量的图书。

——列　宁

我读书越多，书籍就越使我和世界接近，生活对我也变得越加光明和有意义。

——高尔基

它会使你生活轻松，它会友爱地来帮助你了解纷繁复杂的思想、情感和事件；它会教导你尊重别人和自己；它以热爱世界、热爱人类的情感来鼓舞智慧和心灵。

——高尔基

每一本书是一级小阶梯，我每爬上一级，就更脱离兽性而上升到人类，更接近美好生活的观念，更热爱这本书。

——高尔基

读书给人以乐趣，给人以光彩，给人以才干。

——培　根

我一生的嗜好，除了革命外，只爱好读书，我一天不读书，便不能生活。

——孙中山

使我懂得了人生的，并不是和别人接触的结果，而是和书接触的结果。

——法朗士

学习——学无止境

天才是创造不能按既定规则去创造的那种东西的才能。

——康　德

自然是陶冶心胸的伟大学校！它很好，我将是这个学校里的一名学生，并且热切地等待着它的教导。

——贝多芬

人生在世就有学不尽的东西。

——塞万提斯

人生最美好的主旨和人类生活最幸福的结果，无过于学习了。

——巴尔扎克

与其花许多时间和精力去凿许多浅井，不如花同样的时间和精力去凿一口深井。

——罗曼·罗兰

不要等待运气降临，应该去努力掌握知识。

——弗莱明

旧书不厌百回读，熟读深思子自知。

——苏　轼

我们一定要学习理论，但是学习到的就必须做到，而且是为了用才去学习的，为了党、为了人民、为了革命的胜利才去学习的。

——刘少奇

在学问上最好的解决问题的方法就是坚持和经常的怀疑。

——阿伯拉德

为了获得知识，就必须学习。只有学习，才能使你们健康地成长起来。

——吴玉章

不管你学习和研究什么东西，只要专心致志，痛下工夫，坚持不断地努力，就一定会有收获。最怕的是不能坚持学习和研究，抓一阵子又放松了。

——邓　拓

我的努力求学没有得到别的好处，只不过是愈来愈发觉自己的无知。

——笛卡尔

学习，不断地追求真理和美，是使我们能永葆青春的活动范围。

——爱因斯坦

君子之学，死而后已。

—顾炎武

板凳要坐十年冷，文章不写一句空。

——范文澜

潜心学习广博的艺术会使人的性格充满人情味。

——奥维德

敏而好学，不耻下问，是以谓之“文”也。

——孔　子

人的天性犹如野生的花草，求知学习好比修剪移栽。

——培　根

要学习，甚至从自己的敌人那里去学习怎样做到明智、真实、谦逊，学习怎样避免自视过高，这总不会为时太晚的。

——卢　梭

学习是一种很幸福的机会，是为了获得知识和扩大眼界就必须彻底利用的一种机会。

——加里宁

知之为知之，不知为不知，是知也。

——孔　子

聪明的人不是具有广博知识的人，而是掌握有用知识的人。

——埃斯库罗斯

很显然，无论是天资比较聪明的人或是天资比较鲁钝的人，如果他们决定要得到值得称道的成就，都必须勤学苦练才行。

——苏格拉底

在我们所能获得的知识中，有些是假的，有些是没有用的，有些则将助长具有知识的人的骄傲。真正有益于我们幸福的知识，为数是很少的，但是只有这样的知识才值得一个聪明的人去寻求。

——卢　梭

学生在大学里不仅要学习知识，而且要从教师的教诲中学习研究事物的态度，培养影响其一生的科学思维方式。

——雅斯贝尔斯

掌握知识对于一个人来说是不够的，应当善于使知识得到发展。

——歌　德

知识有如人体血液一样宝贵，人缺少了血液，身体就要衰弱；人缺少了知识，头脑就枯竭。

——高士其

任何一个人的任何一点成就，都是从勤学、勤思、勤问中得来的。

——夏　衍

构成我们学习的最大障碍的是已知的东西，不是未知的东西。

——贝尔纳

字是人类理智的躯体，正如你我的躯体是我们灵魂的外壳一样……

——高尔基

学习对你们决不太晚！……不要怕劳苦！开始吧！你必须知道一切！

——布莱希特

光学习而不加理解消化，这种学习有什么用呢？

——蒙　田

在寻求真理的长征中，唯有学习，不断地学习，勤奋地学习，才能越重山，跨峻岭。

——华罗庚

努力向学，蔚为国用。

——孙中山

少而好学，如日出之阳；壮而好学，如日中之光；老而好学，如秉烛之明。

——刘　向

学习这件事不在乎没有人教你，最重要的是在于你自已有没有觉悟和恒心。

——法布尔

我学习一生。现在，我还在学习；而将来，只要我还有精力，我还要学习下去。

——别林斯基

知识——知识就是力量

知识靠点滴积累，不可急于求成。

——麦考利

知识有一种怪癖：那些真正渴求它的人总能得到它。

——理查德·杰弗里德

没有知识的正直软弱无能，没有正直的知识危险可怕。

——塞缪尔·约翰逊

卓别林小传

卓别林 (1889—1977)世界著名的电影演员、幽默大师。出生在英国伦敦的一个贫民区里，由于父亲早亡，母亲精神失常，他被迫流浪街头。19岁时，他当上了一个著名剧团的演员，并随团到欧洲、美国等地演出。1913年他到了美国，开始从事电影事业，并于1914年在影片《威尼斯赛车记》中创造了一个悲剧小人物"夏尔洛"，从此这个有特别装束的流浪汉形象风行世界70年，经久不衰。卓别林一生主演过80多部影片，如《安乐狗》、《狗的生涯》、《寻子遇仙记》、《淘金记》、《城市之光》、《摩登时代》、《大独裁者》等，反响强烈。1952年他带着妻子儿子离开美国回到英国。此后，长期定居在瑞士洛桑附近的韦威，直到逝世，终年88岁。

卓别林的故事——六颗子弹

卓别林有一天演出完毕后，在回家的路上被歹徒持枪抢去了皮夹。就在歹徒准备离开之际，卓别林突然说："先生，你抢走了我的钱没有关系，可是，我家里有一个极其凶悍的老婆，她一定不肯相信我被抢了，她会以为我因赌博而把钱输光了。我想麻烦您，用手枪在我的帽子上射一个洞，这样我回去会好交代一些。"

经不起卓别林再三恳求，歹徒勉为其难地在他的帽子上开了一枪。随后，卓别林又说，为了逼真，最好在外套、裤管、靴子，甚至于手帕上都留下弹孔。做完这一切，歹徒准备扬长而去，卓别林却拦住了他，要求还回钱夹。歹徒准备举枪威胁，卓别林却平静地笑着说："六颗子弹都打完了。"于是，皮夹又回到了卓别林手中。

我们绝大多数的知识不是来自与我们观点相同的人，而是来自与我们观点不同的人。

——C. C. 科尔顿

提高理解能力有两种效果：首先，我们可以增加自己的知识；其次，我们可以向别人灌输这些知识。

——约翰·洛克

求知是人的自然感情。任何人，如果他的头脑没有堕落的话，都会竭其所能地获取知识。

——塞缪尔·约翰逊

知道自己学识渊博的人会努力求其学问的清晰明白，而想在大众面前表现自己很博学的人则会将学问弄得晦涩难懂。

——尼　采

知识并非只是工具。

——尼　采

吾生也有涯，而知也无涯。

——庄　子

知识是引导人生到光明与真实境界的灯烛。

——李大钊

知识的历史犹如一支伟大的复音曲，在这支曲子里依次响起各个民族的声音。

——歌　德

事实上，没有什么东西是前人从未说过的。

——泰伦提乌斯

拥有无用的知识，胜于什么都不知道。

——塞内加

知识就是力量。

——培　根

知识越深化，我们就越是临近那不可知的事物。

——歌　德

行动是通往知识的唯一道路。

——萧伯纳

没有不可认识的东西，我们只能说还有尚未被认识的东西。

——高尔基

有知识而无实践只是半个艺术家。

——托·富勒

只有在知道自己懂得甚少的时候，才说得上有了深知。疑惑随着知识而增长。

——歌　德

不要等运气降临，应该去努力掌握知识。

——弗兰明

各种知识像一个网似的，网孔与网孔之间互相关联。越向知识的领域走前一步，就越体会到各部门知识之间的血缘。

——秦　牧

知识是珍贵宝石的结晶，文化是宝石放出的光辉。

——泰戈尔

知识是唯一的善，无知是唯一的恶。知识是精神的粮食。

——苏格拉底

知识是从刻苦劳动中得来的，任何成就都是刻苦劳动的结果。

——宋庆龄

知识，只有当它靠积极的思维得来，而不是凭记忆得来的时候，才是真正的知识。

——列夫·托尔斯泰

有丰富的生活知识和广博的书本知识，才能左右逢源。

——张闻天

在知识的山峰上登得越高，眼前展现的景色就越壮阔。

——拉季谢夫

知识会变成信仰，信仰反过来又点燃强烈的求知欲。

——高尔基

知识与能力必须结合，理论的认识与实践的艺术必须结合。

——裴斯泰洛夫

由于努力得来的知识，便成了我们的产业。

——卡莱尔

有了知识不运用，如同一个农人耕而不播种。

——萨　迪

对知识的渴望如同对财富的追求，越追求，欲望就越强烈。

——斯特恩

知识像烛光，能照亮一个人，也能照亮无数的人。

——培　根

无知者是不自由的，因为和他对立的是一个陌生的世界。

——黑格尔

知识是天才的原料，天才利用他的知识，才可以编成他的灿烂的作品。

——勃拉恩脱

知识的问题是一个科学的问题，来不得半点的虚伪和骄傲，决定地需要的倒是其反面——诚实和谦逊的态度。

——培　根

书籍——人类进步的阶梯

书本应该依据科学，而不是让科学去依据书本。

——培　根

读书读得太多，反而会造成一些自以为是的无知的人。

——卢　梭

一日无书，日事荒无。

——陈　寿

读书不要贪多，而是要多加思索，这样的读书使我获益不少。

——卢　梭

虚弱者无力承受他们在书中读到的杰出见解，因为那只给他们提供了更多犯错误的机会。

——哈利法克斯

一个人只应该读自己想读的书，如果把读书当作一个任务那就受益甚微。

——塞缪尔·约翰逊

蹩脚的旅行者只知道“到此一游”，蹩脚的读者只知道书的结局。

——科尔顿

热爱书籍吧，它会使你的生活感到轻快；它将会友好地帮助你搞清楚各种思想、感情与各种事件的多样而激烈的混乱；它要教会你去尊敬别人和你自己；它要用对于世界和对于人的爱，给你的理智和心灵插上翅膀。

——高尔基

一位哲学家说过：“没有书籍的人家，如同没有主人。”精读一本书如同一本万利，使你立于不败之地。

——池田大作

有些书可供一尝，有些书可以吞下，有不多的几部书则应当咀嚼消化；这就是说，有些书只要读读它们的一部分就够了，有些书可以全读，但是不必过于细心地读，还有不多的几部书则应当全读，勤读，而且用心地读。

——培　根

成年人与书籍的关系不是为之吸引，而是去汲取知识。

——伯吉斯

书早已不是仅仅用来帮助休息和消遣的东西了。不，它是朋友、顾问、导师。

——科斯莫杰扬斯卡娅

最珍惜书籍的人本身就是最聪明的人。

——爱默生

书本并非没有生命，而是充满着血液的。我的意思是说，每一行字都像一条血管。

——亨·沃恩

书籍是一种沉静的可靠的朋友。

——雨　果

书籍是积聚智慧的长明灯。

——英国谚语

书籍是伟大天才留给人类的遗产。它们代代相传，像是留给后人的礼品。

——爱迪生

书籍——就是遗嘱的执行者，是所有时代、所有民族的精神珍品的无可责备的保管者，就是早从人类的童年时代起就传给我们的永不熄灭的光源，就是信号和预告、痛苦和苦难、欢笑和高兴、朝气和希望，就是精神力量优于物质力量的标志，是意识的崇高产物。

——邦达列夫

在今天这个时代，人的智力发展在越来越大的程度上取决于他是否善于在知识的浩瀚海洋里辨明方向，是否善于利用知识的仓库——书籍。

——苏霍姆林斯基

书籍鼓舞了我的智慧和心灵，它帮助我从腐臭的泥潭中脱身出来。如果没有它们，我就会溺死在那里，会被愚笨和鄙陋的东西呛住。

——高尔基

书籍是涌流着泉水的井，是逗人喜爱的玉米穗，是蜂窝，是储存精神食粮的金壶，是奶牛的乳头。

——伯　里

书籍是全世界的营养品，生活里没有书籍，就好像大地没有阳光；智慧里没有书籍，就好像鸟儿没有翅膀。

——莎士比亚

书是永远不会枯萎的植物。

——罗·赫里克

书籍具有一种能给我指出我在人的身上所没有看见和不知道的东西的能力。

——高尔基

书具有两种功能，一是为人们带来乐趣，二是教导智者如何生活。

——菲德洛斯

书籍，在青年时代是引路人，成人之后就是娱乐。

——科利尔

在尘世间人类所能创造的一切事物中，最重要、最精彩、最有价值的一种，我们把它叫做"书"！

——托·卡莱尔

让书籍同你的信仰作对吧，假如它是用对于人们的爱和愿望使人们生活得美好的心而真诚地写出来的话，那么这就是本很好的书籍！

——高尔基

书籍和智慧在社会生活中所起的作用比其他任何地方都更大。

——弥尔顿

方法——解决问题的最佳途径

知识贫乏、懒于思索的人，即使把一本关于辩证唯物主义的书背得滚瓜烂熟，也并不可能由此掌握辩证法的道理。

——秦　牧

在学习上懂得了"勤奋"，做到了努力，也还必须得法。这个法很简单，就是要"弄通"要"理解"，切不要死记硬背。死记硬背的东西是没有用的，也是不可能记得牢的。

——钱伟长

科学成就是由一点一滴积累起来的。唯有长时期的积累才能由点滴汇成大海。

——华罗庚

读不在三更五鼓，功只怕一曝十寒。

——郭沫若

人的思想是了不起的。只要专注于某一项事业，那就一定会做出使自己吃惊的成绩来。

——马克·吐温

世界上没有一样东西是一成不变的，要注意其发展，要注意其变化。不重视发展和变化，任何一门学问都是不能进步的。

——钱伟长

先集中精力，打破一个缺口，建立一块或几块根据地，然后乘胜追击，逐步扩大研究领域。

——王梓坤

最弱的人，集中其精力于单一目标，也能有所成就；反之，最强的人，分心于太多事务，可能一无所成。

——卡莱尔

当你独自阅读时，你只了解到一面，即使了解了三面，还是没有了解到第四面。最后把四面都了解了，可是哪知这东西不是一个平面，而是一个立方体，总共有六面。

——加里宁

我没有什么特别的才能，不过喜欢寻根刨底地追究问题罢了。

——爱因斯坦

一切书都是为着帮助你思想，而不是为着代替你思想而写的。

——瞿秋白

只有广泛地得到教益，自己才能兼容并蓄、融会贯通，然后才能独创一格。

——荀慧生

只看一个人的著作，结果是不大好的，你就得不到多方面的优点。必须如蜜蜂一样，采过许多花，这才酿出蜜来，倘若叮在一处，所得就非常有限枯燥了。

——鲁　迅

学习中要懂得跨越困难，大踏步地找要点。

——钱伟长

博取广收，取精用弘。

——郑振铎

试图在一天之内就学会飞的人，首先必须先学会站、走、爬、跑和跳等等，因为不加训练，突然飞起来是不可能的。

——尼　采

发明千千万，起点是一问。禽兽不如人，过在不会问。智者问得巧，愚者问得笨。人力胜天工，只在无事问。

——陶行知

一看就懂的东西，不必细读，浏览一下就行了。但是切忌走马观花地浏览那些费解的东西。

——苏霍姆林斯基

即使一个天才极高的人，想精通几门科学，也须先学好一门，再去学另一门，先做这么个专家，再做那么个专家。假使他同时抓几样，他就永远一样不专，一事无成。

——老　舍

你们从一开始工作起，就要在积累知识方面养成严格循序渐进的习惯。

——巴甫洛夫

没学会走先学跑是不成的，不但跑不快，跑不好，而且要摔跟头，反倒停滞不前。

——荀慧生

科学研究好像钻木板，有人喜欢钻薄的，而我喜欢钻厚的。

——爱因斯坦

青年同学们必须记住，想要连跑带跳地把过去的一切文化遗产都得着，那是办不到的。这需要有坚定的顽强性和艰苦的劳动。要知道，在这条路上克服困难，这件事本身就是非常好的兴奋剂。

——奥斯特洛夫斯基

重复是学习之母！

——狄兹根

仅学了人家的好处，总也要自己会变化才好，要是哪派不变化，那只好永做人家的奴隶了。

——周信芳

我对我国有志于科学的青年有什么祝愿呢？首先，循序渐进。我一说起有成效的科学工作这条最重要的条件时就不能不感情激动。循序渐进，循序渐进，循序渐进……在未掌握前一项时决不要开始后一项。

——巴甫洛夫

好问是好的。……如果自己不想，只随口问，即使得到正确答复，也未必受到大益。所以“学问”二字，“问”放在“学”的下面。

——谢觉哉

做学问要花工夫，持之以恒，日积月累。

——吴玉章

做学问的功夫，是细嚼慢咽的功夫。好比吃饭一样，要嚼得烂，才好消化，才会对人体有益。

——陶　铸

“书山有路勤为径”，为学之道没有捷径可走。我就是这样循序渐进，下苦工夫攻读的。

——卢鹤绂

毅力——衡量决心的尺度

让这朵宝石般刚强的火焰永远点燃，保持这份狂热，这就是成功的人生。

——佩　特

全部秘诀只有两句话：不屈不挠，坚持到底。

——陀思妥耶夫斯基

我信仰的原则是用比别人加倍的时间去干，并且培养自己具有坚持到底的顽强精神。

——广中平佑

伟人们所创造的成就都不是出于偶然，而是凭一份辛苦，一份毅力，夜以继日地去追寻。

——赫德诺格

马克·吐温小传

马克·吐温　(1835—1910)美国优秀的讽刺小说家,幽默短篇小说大师。年轻时当过排字工人、银矿工人、密西西比河领航员、报社新闻记者等。马克·吐温是其笔名。19世纪60年代开始文学创作,第一部短篇小说集《卡拉维拉斯县著名的跳蛙》于1867年出版,显示出作者的幽默才能。19世纪70至90年代为其创作最旺盛的时期。著有《镀金时代》、《汤姆·索亚历险记》、《哈克贝利·费恩历险记》、《傻瓜威尔逊》、《王子与贫儿》、《亚瑟王宫廷中的美国佬》、《败坏了赫德莱堡的人》等。马克·吐温是美国一位优秀的现实主义代表作家。幽默讽刺是他独具一格的艺术创作特点,在美国近代文学史上占有重要的地位,他的作品是美国民族文学的瑰宝。

马克·吐温的故事——狗娘子养的议员

《镀金时代》是马克·吐温的杰作。它彻底揭露了美国政府的腐败和政客、资本家的卑鄙无耻。当记者在小说发表之后采访他时,他答记者问说:"美国国会中,有些议员是狗娘子养的。"此话一经发表,各地报刊杂志争相刊出,使美国国会议员暴怒,说他是人身攻击,正因不知哪些议员是狗娘子养的,便人人自危。所以群起鼓噪,坚决要马克·吐温澄清事实并公开道歉,否则将以中伤罪起诉,求得法律手段保护。几天后,在《纽约时报》上,马克·吐温刊登了一则致联邦议员的"道歉启示":"目前鄙人在酒会上答记者问时发言,说'美国国会中有些议员是狗娘子养的'。事后有人向我兴师问罪。我考虑再三,觉得此话不恰当,而且不符合事实,故特此登报声明。我的话修改如下:'美国国会中有些议员不是狗娘子养的。'"这段"道歉启示"发表后,那些议员们便都认为自己不是狗……于是不再过问此事。

最谨慎的人最聪明，只有不中途停顿的人才能获胜。

——惠特曼

一棵质地坚硬的橡树，即使用一柄小斧去砍，那斧子虽小，但如果砍个不停，终必把树砍倒。

——莎士比亚

一个人只要时时刻刻为一个思想努力，那他就不难达到他的目的。

——契诃夫

人们的毅力是衡量决心的尺度。

——穆太奈比

涓滴之水最终可以磨损大石块，不是由于它力量强大，而是由于昼夜不舍的滴坠。

——贝多芬

顽强的毅力可以征服世界上任何一座高峰。

——狄更斯

锲而不舍，金石可镂。

——荀　子

一个人是可以做到他想做的一切的，需要的只是坚韧不拔的毅力和持久不懈的努力。

——高尔基

百折不挠、战胜困难是成功者的良好心理素质；反之，害怕挫折、逃避困难则是失败者的懦弱心态。

——阿雷蒂诺

败而不馁，就是胜者。

——哈伯德

将无法实现之事付诸实现正是非凡毅力的真正标志。

——茨威格

成功的秘诀是走向目的的坚持。

——狄斯雷利

一个人的力量在于顽强的毅力，没有毅力的人无异于草木。

——瓦鲁瓦尔

不要冥思苦想，还是做你自己的事。人生无需动多少脑筋，也不是那么苛刻，要的只是坚韧不拔。

——爱默生

伟大的作品不是靠力量，而是靠坚持来完成的。

——约翰逊

伟人们到达高峰不是靠突飞而来的，而是他们在同伴们酣睡的夜晚不辞劳苦地坚持攀登而来的。

——朗费罗

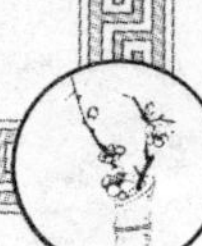

十四、教育之道

教育是帮助被教育的人。给他们能发展自己的能力，完成他的人格，于人类文化上尽一份责任，不是把被教育的人造成一种特别器具，给抱有他种目的的人去应用，……教育是要个性与群体平均发达的。

——蔡元培

教育——百年大计，教育为本

人生具有人道的根苗，须待教育发展出来使人实践人的造诣。

——康　德

性格的教育是教育的主要目的，虽然它不能算是唯一的目的。

——爱迪生

教育要面向现代化，面向世界，面向未来。

——邓小平

爱迪生幼年的故事，给了我两个深刻的印象：一是科学要从小孩学起，二是科学的幼苗要像爱迪生的母亲一样爱护才能保全。

——陶行知

正确教育子女的方法，我们以为最主要的应该是爱和严相结合。

——吴玉章

要做火热的感情与冷静的理智融为一体的大河，而不可匆忙地、贸然地作出决定。这是教育艺术永不干涸的源泉之一。

——苏霍姆林斯基

教育就像一门十分精细的医术，它要医治并完全治愈脓疮，但不承认挖除是个好办法。

——苏霍姆林斯基

教育者的关注和爱护在学生的心灵上会留下不可磨灭的印象。

——苏霍姆林斯基

过去中国之衰，原因虽有种种，但教育的不振，当然是主要的原因之一。

——郁达夫

善于鼓励学生，是教育中最宝贵的经验。

——苏霍姆林斯基

教育首先在于培养、磨炼一个人成为受教育者的能力。

——苏霍姆林斯基

盖一国之教育，凡以进民德、开民智、增民力而已。

——范源康

教育是国家万年根本之计。

——陶行知

教育之在社会，其功用为绵续文化而求其进步。

——梁漱溟

教育是人类最崇高、最神圣的事业，上帝也要低下至尊的头，向她致敬。

——门捷列夫

教育的目的至少能培养学生做一个适于现代生活的人。

——杨贤江

教育的目的不是在制造机械，而是在造成人。

——罗　素

使孩子诚实是对儿童教育的开始。

——拉斯金

智力教育的主要内容不是为了获取数据，而是要让数据说明问题。

——奥立弗·霍姆斯

如果你让一位男子接受教育，你只是教育一个人；如果你让一位妇女接受教育，那么你教育了一家子。

——鲁比·马尼肯

教育，是民族最伟大的生存原则，是一切社会里把恶的数量减少、把善的数量增加的唯一手段。

——巴尔扎克

人才的培养，基础在教育。

——邓小平

教育是廉价的国防。

——亚里士多德

教育的目的是养成自己学习，自己研究，用自己的头脑来想，用自己的眼睛来看，用自己的手来做的这种精神。

——郭沫若

只要把学校和生活联系起来，那么一切的学科就必然地相互联系起来。

——杜 威

教人要从小教起。幼儿比幼苗，必须培养得宜，方能发芽滋长。否则幼年受了损伤，即不夭折，也难成才。所以小学教育是建国之根本；幼稚教育尤为根本之根本。

——陶行知

一个人应能利用别人的经验，以弥补个人直接经验的狭隘性，这是教育的一个必要的组成部分。

——杜 威

我们把教育定义如下：所谓教育，是忘却了在校学的全部内容之后剩下的本领。

——爱因斯坦

对学生诚恳，对教务认真，在教师的立志上，可以说已经抓住了对人对事两项的要点。

——叶圣陶

人类天生就是钻石的原石，要去切磋琢磨才能发出超越万物的光辉。

——松下幸之助

教育乃是社会生活延续的工具。

——杜 威

教育是一种最为精细的精神活动。我要把教育者对受教育的影响比作音乐的影响。

——苏霍姆林斯基

教育的对象是文化生长。教育若能陶冶人格而推动社会生长，便算尽了能事，此外实在别无捷径。

——林砺儒

教师——燃烧的蜡烛

教师要有高度的自我牺牲精神，目的不必在使自己登上科学的最高峰，但要使更多青年登上科学最高峰。这样的老师自然也就登上教育科学的最高峰了。

——郭沫若

捧着一颗心来，不带半根草去。

——陶行知

教师的成功是创造出值得自己崇拜的人。先生之最大快乐，是创造出值得自己崇拜的学生。

——陶行知

做教师的人，必须天天学习，天天进行再教育，才能有教学之乐而无教学之苦。

——陶行知

小学老师必须拿着科学的火把引导儿童过渡。不懂科学的人，不久便不能做教师了。

——陶行知

教师得先肯负责，才能谈到循循善诱，师生合作。教师不负责，有的因为对教堂本无兴趣，当教师只是暂局。这种人只有严加淘汰一法。

——叶圣陶

教师应该严格，不要严厉，严厉是封建的，如体罚等，那是使教师变成了统治者，而学生则变成了被统治者。教师要严格，要学生尊敬。

——徐特立

活的人才教育不是灌输知识而是将开发文化宝库的钥匙尽我们知道的交给学生。

——陶行知

教师的功用只在指示一个门径，一点方法，而探索内容应用方法，完全要靠自己。

——杨贤江

教师不仅是知识的传播者，而且是模范。

——布鲁斯

校园的好坏，一方面要看办学者的旨趣精神是否健全而真挚，他方面就要看教师的优劣和学生自治习惯的有无。

——杨贤江

教师如果不在教堂过程中发挥主导作用，也就等于从根本上否定了教师本身存在的必要。

——丁诰川

教师有独立的思考与见解，又能不断研究和实践，掌握启发学生和引导学生的方法，才能使学生得到实在的益处。

——叶圣陶

教师的职务，是“千教万教，教人求真”。学生的职务，是“千学万学，学做真人”。

——陶行知

办好教育的关键，第一在于教师，第二还在于教师。

——永井道雄

请你记住，你不仅是自己学科的教员，而且是学生的教育者、生活的导师和道德的引路人。

——苏霍姆林斯基

可以大胆地说，如果教师很有威信，那么这个教师的影响就会在某些学生身上永远留下痕迹。

——加里宁

教师个人的范例，对于青年人的心灵，是任何东西都不可能代替的最有用的阳光。

——乌申斯基

使学生对教师尊敬的唯一源泉在于教师的德和才。

——爱因斯坦

为了在学生眼前点燃一个知识的火花，教师本身就要吸取一个光的海洋，一刻也不能脱离那永远发光的知识和人类智慧的太阳。

——苏霍姆林斯基

教师是老一代人与年轻一代人之间的联结环节，他应该依靠人类社会有史以来积累起来的全部丰富的人类文化。

——凯洛夫

教师要要求自己的态度、举止、行动都很文明，并且遵守规则。

——凯洛夫

教师如果对学生没有热情，决不能成为好教师。但是教师对于学生的爱是一种带有严格要求的爱。

——凯洛夫

教师像一支红烛，燃烧得越旺，心里越欢畅，燃烧得越彻底，心里越快慰，即使燃烧到最后，也还要进行勇敢的冲刺……

——巴特尔

教师应该是道德卓异的优秀人物。

——夸美纽斯

教师——他是学生智力生活中的第一盏指路明灯。

——苏霍姆林斯基

园丁的汗水，在绿叶上闪光；教师的汗水，在心灵中结果。园丁的梦境，常常是花的芳香，叶的浓荫；教师的梦境，常常是稚甜的笑脸，琅琅的书声……

——巴特尔

教师像一座山一样，出现在第三条战线上——学习的战线上，书本的战线上，好像一个骑兵，一个英勇的前线战士——一个英雄。

——马雅可夫斯基

一个坏的老师奉送真理，一个好的老师则教人发现真理。

——第斯多惠

如果一个教师没有树立起一个比他的学生更崇高的人生观，就不能进行讲授。

——列夫·托尔斯泰

如果说必须有耐心，作为教育者还是不及格的，教育者必须有爱心和喜悦。

——裴斯泰洛齐

如果一个教师把热爱事业和热爱学生结合起来，他就是一个完美的教师。

——契尔那葛卓娃

教养——美好和光明的向往

有文化教养的人能在美好的事物中发现美好的含义。这是因为这些美好的事物里蕴藏着希望。

——王尔德

性情的修养，不是为了别人，而是为自己增强生活能力。

——池田大作

人不可有傲气，但不可无傲骨。

——徐悲鸿

这就是淳朴性格的好处：如果说这种性格有时会叫人作出非常笨拙的事情，如果说这种性格在上流社会几乎可以肯定会让具有它的人遭到毁灭，那么从另一方面说，这种性格对于具有相近性格的人来说，它的影响却是迅速的，具有决定性意义的。

——司汤达

在风度上和在各种事情上一样，唯一不衰老的东西，是心地。心地善良的人单纯朴实。

——巴尔扎克

对我们的习惯不加节制，在我们年轻、精力旺盛的时候，不会立即显出它的影响。但是它逐渐消耗这种精力，到衰老时期我们不得不结算账目，并且偿还导致我们破产的债务。

——泰戈尔

对一个有优越才能的人来说，懂得平等待人，是最伟大、最真正的品质。

——理查德·斯蒂尔

我愿意以天才比美德，以学问比财富。如美德越少的人，越需要财富，天才越低的人，越需要学问。

——杨　格

所谓良好教养……它们在几乎所有国家中乃至于一个地区里，都不尽相同；每一个明辨事理的人都会模仿他所在之地的良好教养，并与之看齐。

——切斯特菲尔德

海明威小传

海明威　(1899—1961)美国小说家。1954年度的诺贝尔文学奖获得者。生于乡村医生家庭,从小喜欢钓鱼、打猎、音乐和绘画,曾作为红十字会车队司机参加第一次世界大战,以后长期担任驻欧记者,并曾以记者身份参加第二次世界大战和西班牙内战。晚年患多种疾病,精神十分抑郁,经多次医疗无效,终用猎枪自杀。著作有长篇小说《太阳照样升起》、《永别了,武器》、《丧钟为谁而鸣》;剧本《第五纵队》;短篇小说《打不败的人》和《五万大洋》;中篇小说《老人与海》。在艺术上,海明威那简约有力的文体和多种现代派手法的出色运用,在美国文学中曾引起过一场"文学革命",许多欧美作家都明显受到了他的影响。

海明威的故事——样品

一个嫉妒的人写了一封讽刺信给美国著名作家海明威,信上说:"我知道你现在是一字千金,现在附上一块美元,请你寄个样品来看看。"海明威收下钱,回答一个字——"谢!"

海明威完全识破对方的刁难、侮辱人的行为,但他根本不将此放在眼里,他就照他人的刁难要求办,结果也搞得那人难下台。

修养的本质如同人的性格，最终还是归结到道德情操这个问题上。

——爱默生

没有伟大的品格，就没有伟大的人，甚至也没有伟大的艺术家，伟大的行动者。

——罗曼·罗兰

在男人身上，智慧和教养最要紧，漂亮不漂亮，对他来说倒算不了什么！要是你头脑里没有教养和智慧，那你哪怕是美男子，也还是一钱不值。

——契诃夫

无知的人总以为他所知道的事情很重要，应该见人就讲。但是一个有教养的人是不轻易炫耀他肚子里的学问的，他可以讲很多东西，但他认为还有许多东西是他讲不好的。

——卢　梭

彬彬有礼的风度，主要是自我克制的表现。

——爱默生

这种落于俗套的高贵和风雅是再平庸低劣不过的。

——雨　果

要想有教养，“就要去了解全世界在谈论和思索的最美好的东西”。

——诺　德

没有经过琢磨的钻石是没有人喜欢的，这种钻石戴了也没有好处。但是一但经过琢磨，加以镶嵌之后，它们便生出光彩来了。美德是精神上的一种宝藏，但是使它们生出光彩的则是良好的礼仪。

——洛　克

总会发生些情愿与不情愿、知道与不知道、清醒与迷误的那种痛苦与幸福的事儿。但如果心里存在虔诚情感，那么在痛苦中也会得到安宁。否则，便只能在愤怒争吵、嫉妒仇恨、唠唠叨叨中讨活了。

——泰戈尔

礼仪又称教养，其本质不过是在交往中对于任何人不表示轻视或侮蔑而已，谁能理解并接受了这点，又能同意以上所谈的规则和准则，并努力去实行它们，他一定会成为一个有教养的绅士。

——洛　克

教养中寄寓着极大的向往——对美好和光明的向往。它甚至还有一个更大的向往——使美好和光明战胜一切的向往。

——阿诺德

涵养为首，致知次之，力行又次之。

——朱　熹

教养就是习惯于从最美好的事物中得到满足而且知道为什么。

——范戴克

十五、立身之本

你要爱惜自己的才能！你的躯体对你来说，并不是重要的东西，而你的才能，却是献给人世间的礼物。

——高尔基

天才——天生我材必有用

任何一个伟大的天才都有一种痴呆的缺陷。

——塞内加

对天才的迫害只能扩大他的影响。

——塔西陀

天才有时可能需要鼓励，但他往往更需要约束。

——朗吉努斯

精神的浩瀚，想象的活跃，心灵的勤奋：就是天才。

——狄德罗

天才和创造力很接近。

——歌　德

人才和天才的区别是，人才能说他只听过一遍的话，而天才说他从未听到过的话。

——爱默生

当真正的天才在世界上出现时，你可以从这个迹象认出他来：那就是所有的笨伯都会共谋去反对他。

——斯威夫特

一个天才的人多少总有点孩子气。

——巴尔扎克

一个天才永远不能平静下来。

——塞缪尔·约翰逊

天才的使命是创造，是依着内心的法则创造一个簇新的有机体的世界，而自己必须整个儿生活在里头。

——罗曼·罗兰

天才的十分之一是灵感，十分之九是血汗。

——列夫·托尔斯泰

天才不会毁于他人，只会毁于自己。

——塞缪尔·约翰逊

要使山谷肥沃，就是时常栽树。我们应该注意培养人才。

——约里奥·居里

在要求天才的产生之前，应该先要求可以使天才生长的民众。

——鲁　迅

不但产生天才难，单是有培养天才的泥土也难。

——鲁　迅

天才只有依靠科学，才能取得最高的成就。

——斯宾塞

天才就是强烈的兴趣和顽强的入迷。

——木村久一

天才在某种程度上是汗水的结晶物。

——秦　牧

天才不过是承受无穷辛劳的能力。

——霍普金斯

天资并不带来任何技巧，天资只提供学习任何技巧的可能性。

——茅　盾

耐心是天才的必要素质。

——迪斯累里

相信自己的思想，相信对自己是真实的事物，用自己的心相信万人的真实——这就是天才。

——爱默生

天才就是创造前无古人的业绩——第一个做正确事情的才能。

——哈伯德

任何天才都不可能在孤独中得到发展。

——列夫·托尔斯泰

天才的发现之所以伟大，就在于这些发现逐渐成为全人类的财富。

——屠格涅夫

天才三境界：入世随俗，避世隐居，救世献身。

——周国平

凡人以自己如何适应既定社会为天职，而天才则开拓适合于自己的社会。

——长与善郎

天才永远存在于人民中间，就像火藏在燧石里一样，只要具备了条件，这种死的石头就发出火花来。

——司汤达

天才人物的条件之一是要有创造发明，发明了某一种形式、某一个体系或某一种原动力。

——巴尔扎克

有了天才不用，天才一定会衰退的。而且会在慢性的腐朽中归于消灭。

——克雷洛夫

真正的天才不可能被安置在一条轨道上描摹，那个轨道应在所有批评评价之外。

——海　涅

所谓天才人物是指具有毅力的人，勤奋的人和忘我的人。

——木村久一

才能常常受到嫉妒，而天才通常受到同情。因为天才所承受的死于医院监禁、债务和坏名声的机会是他人的两倍。

——霍姆斯

天才能够洞察眼前的世界，进而发现另一面世界。

——叔本华

天才是努力生活的结晶，而绝不是不中用者、怠惰者、冒牌货。

——郭沫若

敢于冲撞命运才是天才。

——雨　果

天才经常孤立地降生，有着孤独的命运，天才是不可能遗传的，天才经常有着自我摒弃的倾向。

——黑　塞

智慧——照明黑夜的光亮

纵然我们可以借他人的知识而增进见闻，但是，智慧者需倚靠自己的智慧，倒是确然事。

——蒙　田

智慧是没有别的东西可以代替的快乐。

——契诃夫

智慧并不产生于学历，而是来自对于知识的终生不懈的追求。

——爱因斯坦

小聪明的人，往往不能快乐；大智慧的人，经常笑口常开。

——三　毛

如果离开不良环境，那么人的智慧就会表现出来，而且他的性格也会日臻完善。

——车尔尼雪夫斯基

智慧和命运交锋时，如果智慧有敢作敢为的胆识，命运就没有机会动摇它。

——莎士比亚

主宰世界的有三个要素，那就是智慧、光辉和力量！

——歌　德

智慧最后的结论是：生活也好，自由也好，都要天天去赢取，这才有资格去享有它。

——歌　德

人的智慧掌握着三把钥匙：一把开启教学，一把开启字母，一把开启音符。知识、思想、幻想就在其中。

——雨　果

从智慧的土壤中生出三片绿芽：好的思想，好的语言，好的行动。

——希腊谚语

任何伟大事业的成就都离不开伟人，人只有当他们下定决心成为伟人时才会成为伟人。

——戴高乐

智慧，勤劳和天才，高于显贵和富有。

——贝多芬

精神像乳汁一样是可以养育的，智慧便是一只乳房。

——雨　果

我们最稳当的保证人就是自己的智慧。

——华盛顿

智慧不仅仅存在于知识之中，而且还存在于运用知识的能力中。

——亚里士多德

智慧有三果：一是思虑周到，二是语言得当，三是行为公正。

——德谟克里特

智慧、友爱，这是照明我们的黑夜的唯一光亮。

——罗曼·罗兰

人们追求智慧是为了求知，并不是为了实用。

——亚里士多德

智慧的纪念碑比权力的纪念碑存在得更长久。

——培　根

人类的智慧就是快乐的源泉。

——薄伽丘

我有时感到，伟人犹如巍巍高山，人们只有远离其一段距离才能看到他们的高大。

——张伯伦

如果聪明而知理的人，在老年竟然轻视起知识来，那仅仅是因为他对知识和他对自己的要求都过高。

——歌　德

当智慧骄傲到不肯哭泣，庄严到不肯欢笑，自满到不肯看人的时候，就不成为智慧了。

——纪伯伦

智慧的可靠标志就是能够在平凡中发现奇迹。

——爱默生

以伟大的认知能力和无私的心情结合，其中最易于产生出智慧来。

——罗　素

没有人给我们智慧，我们必须自己找到它，这里经历一次茫茫荒野上的艰辛跋涉——没有人能代替我们，也没有人能使我们免除这种跋涉。因为我们的智慧是一种我们最终赖以观察世界的观点。

——普鲁斯特

智慧是经验之女。

——达·芬奇

就智能说来，也需要有训诫；没有了训诫，正确性将永远不能获致。

——罗　素

高超的智慧兼普通的勇气，比出众的勇气兼普通的智慧有更大的作用。

——克劳塞维茨

没有智慧的蛮力是没有什么价值的。

——克雷洛夫

才智——情感的墓志铭

你若敲打你的脑袋，奇异的才智就会涌来。

——蒲　柏

仅仅拥有才智是不够的，一个人应该拥有足够的才智来避免拥有太多的才智。

——莫洛亚

没有才智比没有金钱更不幸。

——约翰·雷

才智就像爱情一样无限，而且在质量上更经久耐用。

——雷普利尔

真正的才智如同装点得美丽的大自然，人们常常对之向往，却永远不能表现得如此完美。

——蒲　柏

才智能激起人们更多的是仰慕而非信仰。

——桑塔亚那

才智就是几个想法的仓促结合，而在此之前它们是毫不相关的。

——马克·吐温

才智和勇气必定满意地与机遇共享荣誉。

——塞缪尔·约翰逊

利用别人的善告跟好的自我劝告一样需要才智。

——拉罗什夫科

才智是情感的墓志铭。

——尼　采

才智是难以驾驭的火车头，到处乱撞，有时伤着朋友，有时伤着火车司机自己。

——赫伯特

要勇于运用你自己的聪明才智。

——康　德

才智是一支背信弃义的箭，它可能是唯一的一种能从背后刺中自己的武器。

——伯　克

才智比美貌更不可缺。我认为有才的年轻女子没有一个丑的，无才的窈窕女子没有一个美的。

——威衍利

名人名言

戴尔·卡耐基小传

戴尔·卡耐基 (1888—1955)美国著名的心理学家和人际关系学家。卡耐基开创的“人际关系训练班”遍布世界各地。他以超人的智慧、严谨的思维,在道德、精神和行为准则上指导万千读者,给你安慰,给你鼓舞,使你从中汲取力量,从而改变你的生活,开创崭新的人生。早期著作《人性的光辉》、《语言的突破》、《美好的人生》、《人性的优点》曾被译成28种文字,其中《人性的弱点全集》一书,是继《圣经》之后世界出版史上的第二畅销书!

卡耐基的故事——警察也是人

卡耐基常常带着一只叫雷斯的小猎狗到公园去散步。但是当地法律规定不给狗系上链子或戴上口罩是一种违法行为。雷斯不喜欢戴口罩,卡耐基也不喜欢它那样,又因为这条狗友善而不伤人,所以卡耐基常常不替雷斯系狗链或戴口罩。

一天下午,卡耐基和雷斯正在一座小坡上赛跑,突然,他看见一位警察正骑在一匹棕色的马上。卡耐基想,这下栽了!他决定不等警察开口就先发制人。他说:“先生,这下你当场逮到我了。我有罪。你上星期警告过我,若是再带小狗出来而不替它戴口罩,你就要罚我。”

“好说,好说,”警察回答的声调很柔和,“我晓得在没有人的时候,谁都忍不住要带这样一条小狗出来遛达。”“的确忍不住。”卡耐基说道,“但这是违法的。”

“哦,你大概把事情看得太严重了,”警察说,“这样吧,你只要让它跑过小山,到我看不到的地方就行了。”

警察也是人,他要的是一种被人看重的感觉,因此卡耐基用责怪自己的方法来增强他的自尊心,以获取他的宽容。

拥有的才智越多，就越是感到不满足。

——达兰贝尔

才华是刀刃，辛苦是磨刀石，很锋利的刀刃，若日久不用不磨，也会生锈，成为废物。

——老　舍

我决不相信，任何先天的或后天的才能，可以无需坚定的长期苦干的品质而得到成功。

——狄更斯

一个好作家不但拥有他自己的才智，而且还拥有他的朋友们的才智。

——尼　采

一个不能分辨是非善恶的人有才能，这才能就会变成他的帮凶。

——罗　兰

人的才能就在于使生活快乐，在于用灿烂的色彩，使他生活的阴暗的环境明亮起来。

——伊巴涅斯

个人只有在社会上占有为此所需的地位时，才能够表现出自己的才能。

——普列汉诺夫

真正有能力的人工作时总是默不作声，全神贯注，干净利落地把工作任务完成，事后表情轻松，显得若无其事。

——铃木健二

我是那么迷信才智，我担心自己已盲目崇拜它而排斥智慧了。

——黎　里

一个人必须自己拥有大量的才智，才能容忍他人的才智。

——切斯特菲尔德

才智知道它的位置是在队伍的末尾。

——霍姆斯

才智作为一种可能性，只有通过知识和学问，才能付诸实现；这就是说，人的理性有能力做到一切事情，但若没有勤奋不懈的实践，就一事无成。这种知识或者实践就是心灵的完美，这种完美绝非天生固有。

——格里美尔斯豪森

敏锐才智的最大过错是越过界限。

——拉罗什夫科

纯粹的才智只是人类的一件浮华饰品，它和生活的关系就像铃铛和马——不能期望它去驮运重物，它只是在马匹驮运时叮当作响。

——比彻

才能——成功者的必备素质

一个人最大的痛苦莫过于知识很多而未能施展自己的才能。

——希罗多德

谁要成大事，就必须集中全力，在限制中才显出大师的本领，只有规律才能给我们自由。

——歌德

没有一个人会认为自己在一切方面都比不上别人——哪怕是他最钦佩的人。

——拉罗什夫科

真正有才能的人会摸索出自己的道路。

——歌德

所谓成功的才能无非就是做那些你能做好的事，并把你所做的一切事情尽量做得好一些，不要对声名过于患得患失。

——朗费罗

才能，存在于理解之中，往往出于遗传；而天才，则存在于充满理性和想象力的行动之中，极少或从不遗传。

——柯勒律治

可以轻松地完成别人认为困难的事情，这就是才能；能够去做有才能者认为办不到的事情，这就是天才。

——埃米尔

决不要告诉他们怎么干，告诉他们干什么，他们就会以他们的独创性让你吃惊。

——巴顿

一个人的精力和才智是极其有限的。面面俱到者，终将一事无成。

——莫洛亚

领导能力和学识，两者彼此不可或缺。

——肯尼迪

无论是谁，具有一技之长总是值得高兴的。

——约翰·梅斯菲尔德

没有必要在每个人面前显露你的才能。

——格拉西安

人的天赋就像火花，它既可以熄灭，也可以燃烧起来。而逼使它燃烧成熊熊大火的方法只有一个，就是劳动，再劳动。

——高尔基

才能一旦让懒惰支配，它就一无可为。

——克雷洛夫

一个人应该善于使用自己的才能，使它不至于枯竭，并且还要和谐地发展。

——高尔基

缺乏才智，就是缺乏一切。

——哈里发克斯

才能不是天生的、可以任其自然的，而是要钻研艺术、请教良师，才会成材。

——歌　德

才能是长期努力所获得的报酬。

——福楼拜

不管是什么样的人，命运之神都赋予了他一种他人所没有的优秀才能。

——铃木健二

精明的人是精细考虑他自己的人，智慧的人是精细考虑他人利益的人。

——雪　莱

人的价值蕴藏在人的才能之中，事业上最重要的是有创造力的天才。

——邹韬奋

才能就是相信自己，相信自己的力量。

——高尔基

才能来自对事业的热爱，甚至可以说，才能实质上无非就是对事业的热爱、对工作的热爱。

——高尔基

没有加倍的勤奋，就既没有才能，也没有天才。

——门捷列夫

一个人的才能无论大小，都可以发展和提高。

——舒　曼

一个人的才能并不应局限于他的书本知识，而应当是综合的、全面的。

——刘　一

人人都有自己的才能。

——爱默生

凡是有才能的人总会受到外在世界的压迫。

——歌　德

我们最可靠的保护是自己的才能。

——沃夫拿格

才能就像肌肉一样，是通过锻炼成长起来的。

——奥勃鲁切克

十六、成功之路

如果你要成功，你应该朝新的道路前进，不要跟随被踩烂了的成功之路。

——洛克菲勒

创新——人类最伟大的品质之一

人类最伟大的品质之一便是其创造性。

——莫里斯

人生下来就应像恺撒那样去书写，去创造伟业。

——约·德莱顿

与其让繁荣来保佑我们，不如自己去创造繁荣。

——弥尔顿

生活的意义在于创造，而创造是独立自在、没有止境的！

——高尔基

掌握新技术，要善于学习，更要善于创新。

——邓小平

踩着前人的脚印前进，最佳结果也只能是“亚军”。

——李可染

人的身上本来就蕴藏着无限的创造力的源泉，如果不是这样，就谈不上是人。所以需要把它们解放和开拓出来。

——列夫·托尔斯泰

向还没有开辟的领地进军，才能创造新天地。

——李政道

一切生命的意义就在于此——在于创造的刺激。

——罗曼·罗兰

人类最高的欲求，是在时时创造新的生活。

——李大钊

只有创新才能推动历史的前进。

——贝弗里奇

光明之前有混沌,创造之前有破坏。

——郭沫若

如果你想要创造,你必须抛弃所有的制约,否则你的创造力将只不过是抄袭,它将只是一个复本。

——奥　修

人类从未终止追求生产和创造,因为创造性是力量、自由和幸福的源泉。

——弗洛姆

同是不满于现状,但打破现状的手段却不同:一是革新,一是复古。

——鲁　迅

能正确地提出问题就是迈出了创新的第一步。

——李政道

作出重大发明创造的年轻人,大多是敢于向千年不变的戒规、定律挑战的人,他们做出了大师们认为不可能的事情来,让世人大吃一惊!

——弗尔马

科学也需要创造,需要幻想,有幻想才能打破传统的束缚,才能发展科学。

——郭沫若

具有创造性活动的意识是巨大的幸福,也是人活着的伟大证明。

——马修·阿诺德

人的本性的最深刻的特点就是创新。

——歌　德

创新就是在生活中发现了古人没有发现的东西。

——李可染

创造的神秘,有如夜间的黑暗是伟大的。而知识的幻影却不过如晨间之雾。

——泰戈尔

艺术的事情大都始于模仿,终于独创。

——叶圣陶

创新是一个民族进步的灵魂,是国家兴旺发达的不竭动力。

——江泽民

如果学习只在模仿，那么我们就不会有科学，也不会有技术。

——高尔基

一个没有创新能力的民族，难以屹立于世界先进民族之林。

——江泽民

创造新陆地的，不是那滚滚的波浪，却是地底下那细小的泥沙。

——冰　心

创造者所渴求的是成就超人的愿望和射向他的箭。

——尼　采

需要是真正的创造者，它是我们的发明之母。

——柏拉图

创造，或者酝酿未来的创造，是一种必要性；幸福只能存在于这种必要性得到满足的时候。

——罗曼·罗兰

一个健全而进步的社会不仅需要集中控制，而且也需要个人和集团的创造力。

——罗　素

想出新办法的人在他的办法没有成功以前，人家总说他是异想天开。

——马克·叶温

对新的对象必须创出全新的概念。

——柏格森

异想天开给生活增加了一分不平凡的色彩，这是每一个青年和善感的人所必需的。

——巴乌斯托夫斯基

非经自己努力所得的创新，就不是真正的创新。

——松下幸之助

对于一个艺术家来说，如果能够打破常规，完全自由地进行创作，其成绩往往会是惊人的。

——卓别林

人类的创新之举是极其困难的，因此便把已有的形式视为神圣的遗产。

——蒙　森

思考——理性的行动

读书可以获得知识，思考才能去粗存精。

——奥斯本

思考是理性的行动，而幻想是理性的愉悦。

——雨　果

人类一思考，上帝就发笑。

——米兰·昆德拉

人因思索而忍受的煎熬，比之因别的事情而忍受的煎熬更大。

——列夫·托尔斯泰

思考是创造一个世界的首要工作。

——加　缪

世界上什么工作最艰苦？思考问题。

——爱默生

任何事情只怕不想，如果肯想，没有想不明白的人。

——叶圣陶

我们是会思考的人类，我们无法把理智排斥在我们参与的一切活动之外。

——威廉·詹姆斯

每一个人都必须按照他自己的方式去思考；因为他在自己的道路上，就会发现能帮助他度过一生的一条或一种真理。

——歌　德

真正思考的人，从自己的错误中吸取的知识要比从自己的成就中吸取的知识更多。

——杜　威

只有通过沉思，让我们的灵魂与思想的最高峰在一起时，我们有的活动、言辞、行为才能变得真实。

——泰戈尔

教会学生思考，这对学生来说，是一生中最有价值的本钱。

——赞可夫

读书而不思考，等于吃饭而不消化。

——波尔克

发展独立思考和独立判断的一般能力应当始终放在首位。

——爱因斯坦

冷静思考的能力，是一切智慧的开端，是一切善良的源泉。

——弗洛伊德

多方面思考我们周围的世界，对我们进行生活的自我省察有益无害。

——奥　修

善问和善思是一对孪生兄弟。

——柯罗连科

一个能思考的人，才真是一个力量无穷的人。

——巴尔扎克

要学会思考，不要一碰到困难就向别人伸手。

——爱因斯坦

缺少知识就无法思考，缺少思考就不会有知识。

——歌　德

经过深思熟虑的允诺总是最可信赖的。

——卢　梭

你对问题考虑得越深入，你的记忆就越牢固。没有理解之前，不要试图去记忆，这会浪费时间。

——苏霍姆林斯基

学习知识要善思考，思考，再思考，我就是靠这个方法成为科学家的。

——爱因斯坦

欲解决问题必须思考，即使决定应收集哪些事实也必须思考。

——霍金斯

学习必须和思索交替进行。一天到晚读书，却不注意消化，这种学习效率是不会高的。

——秦　牧

学习和思考二者必须结合起来，不可偏废。单思不学，会变成空想妄想；单学不思，又变成书呆子。

——蔡尚思

比尔·盖茨小传

比尔·盖茨 （1955— ）全球个人计算机软件的领先供应商——微软公司的创始人、前任董事长和首席执行官，世界首富。盖茨曾就读于西雅图的公立小学和私立湖滨中学，在那里，他开始了自己个人计算机软件的职业经历，13 岁就开始编写计算机程序。1973 年，盖茨进入哈佛大学一年级，在那里他与 Steve Ballmer 住在同一楼层，后者目前是微软公司总裁。在哈佛期间，盖茨为第一台微型计算机开发了 BASIC 编程语言。3 年后退学，开始经营微软公司。这家公司现在是世界最成功的企业之一。盖茨不仅是一个读书迷，而且很喜欢打高尔夫和桥牌。

比尔·盖茨的故事——没有脑子的混蛋

微软一位程序员发现公司的 Basic 语言软件中的着色功能有缺陷，他花了好几天时间才改好。然后，他得意地找到总裁比尔·盖茨说："比尔，你看看这个，我找到了一处设计错误。"

盖茨问他："错在哪里?"

程序员回答说："你看，就在这里。我真不能想象是哪个没有脑子的混蛋写了这段程序。"

盖茨又问："你能证明现在没有问题吗?"

"我敢肯定现在没有问题。"程序员回答说。

"很好!"盖茨点点头。

后来，那个程序员才听说写错 Basic 语言软件中的着色功能程序的"没有脑子的混蛋"就是他的老板比尔·盖茨。

只有那些善于思考的人，才能运用认识能力去发现真理。

——赫拉克利特

地球上最美的花朵是思维着的精神。

——恩格斯

伟人只在事业上惊天动地，他时常不声不响地深思熟虑。

——克雷洛夫

一个人年轻的时候不学会思索，他将一无所获。

——爱迪生

谁不用脑子去思索，到头来他除了感觉之外，将一无所有。

——歌　德

不会思想的人是白痴，不肯思想的人是懒汉，不敢思想的人是奴才。

——尼　采

人，总有根据前人思索过的记忆来使用眼睛的习惯，因而一切东西都一定还有未被探索到的地方。

——福楼拜

凡是值得思考的事情，没有不是被人思考过的；我们必须做的只是试图重新加以思考而已。

——歌　德

如果你内心始终存在神圣的人生目的，再加上自己谨慎的思考，便可以征服一切困难，获得非凡的成就。

——雷　音

阅读只能供给知识的材料，若要据为己有，必须依靠思索能力。

——洛　克

人们解决世界的问题，靠的是大脑思维和智慧，而不是照搬书本。

——爱因斯坦

任何问题都有解决的办法，无法可想的事是没有的。可是你果真弄到了无法可想的地步，那也只能怨自己是笨蛋、是懒汉。

——爱迪生

懒于思索，不愿意钻研和深入理解，自满或满足于微不足道的知识，都是智力贫乏的原因。

——高尔基

探索——未知世界的旅行

为一生工作而进行探索的人是幸福的,因为他无须再探索其他的幸福了。

——卡莱尔

一个人只要肯深入到事物内部去探索,哪怕他自己也许看得不对,却为旁人扫清了道路,甚至能使他的错误也最终能为真理的事业服务。

——博　克

我们将不会终止我们的探寻,我们所有的探寻的终结,将来到我们出发的地点,而且将第一次真正认识这个地点。

——艾略特

人应该进行超越能力的攀登,否则,天空的存在又有何意义?

——罗・勃朗宁

在黑暗中摸索的人常会发现自己原先并不想找的东西。

——约翰・雷

凡是追逐不依靠自身而依赖外界方能获得幸福的人,命运总是和他作对的。

——莫罗阿

追求幸运的人应该是行李越轻越好。

——巴尔扎克

人生最大的快乐不在于占有什么,而在于追求什么的过程。

——班　廷

希望是隐藏在群山后的星星,探索是人生道路上执著的旅人。

——第谷・布拉赫

我们处在一个探索的时代,这个时代有一个好处,就是什么也不相信,探索是主要的。现在就像打猎一样,披荆斩棘,四处寻找,对每一棵灌木都要查看一番;找的目标不对就扔在一边,再去寻找。

——斯特林堡

登山不以艰险而止,则必臻乎峻岭矣。

——葛　洪

我们的一切追求和作为都是一个令人厌倦的过程。作一个不识厌倦为何物的人该有多好。

——歌 德

让整个一生都在追求中度过吧,那么在这一生里必定会有许许多多顶顶美好的时刻。

——高尔基

对真理和知识的追求并为之奋斗,是人的最高品质之一——尽管把这种自豪喊得最响的往往是那些努力最小的人。

——爱因斯坦

有不少人,他们不追求那些物质的东西,他们追求理想和真理,从而得到了内心的自由和安宁。

——爱因斯坦

如果你掌握了审时度势的艺术,在你的婚姻、你的工作以及你与他人的关系上,就不必去追求幸福和成功,它们会自动找上门来的。

——阿瑟·戈森

路漫漫其修远兮,吾将上下而求索。

——屈 原

不断地让自己有新理想、新计划,使自己有新的发挥,生活才不致平淡无聊,生命的价值也才能充分地显现。

——罗 兰

不要为过去的时间叹息!我们在人生的道路上,最好的办法是只向前看,不要回头。

——罗 兰

对精神的追求和对物质的追求都是永无止境的。但是脱离了前者的后者,是虚空、堕落;脱离了后者的前者,趋前而不顾后。

——范 晔

不满是向上的车轮,能够载着不自满的人类,向人道前进。

——鲁 迅

名人名言

行动——心动不如行动

始吾于人也，听其言而信其行。今吾于人也，听其言而观其行。

——孔　子

人生来是为行动的，就像火光总向上腾，石头总往下落。对人来说，一无行动，也就等于他并不存在。

——伏尔泰

现实是此岸，理想是彼岸。中间隔着湍急的河流，行动则是架在川上的桥梁。

——克雷洛夫

临渊羡鱼，不如退而结网。

——班　固

行动是知识最适切的果实。

——富　勒

每个人都知道，把语言化为行动，比把行动化为语言困难得多。

——高尔基

使生活变成幻想，再把幻想化为现实。

——居里夫人

单是说不行，要紧的是做。

——鲁　迅

不是享乐，也不是受苦，而是行动；在每个明天，我们命定的目标和道路，都要比今天前进一步。

——朗费罗

我们的行为决定了我们的人品，正如我们的人品决定了我们的行为。

——艾略特

有真切的见解，才有精明的行为。

——鲁　迅

我们的行为就像某些押韵诗词，每个人都能把它放进他喜悦的形式里。

——拉罗什夫科

人只有在他立足的地方，在他应该有所作为的地方，才能有所作为。

——赫尔达

完美的行为产生于完全的无功利心。

——帕韦泽

有什么样的行为就有什么样的名声。

——亚里士多德

人的行为是受知识指导的，不是受激情指导的。

——卢　梭

任何强制或诱使都是行为的外在动力。尽管如此，但它们仍有区别。强制导致勉为其难的行为；诱使导致甘心情愿的行为。

——拉布吕耶尔

一个人的行为依赖于他的观念和理想。

——莫里斯

在生活中，真正的问题不在于我们得到什么，而在于我们做什么。

——托·卡莱尔

行动是必需品，思辨是奢侈品。

——柏格森

没有行动，思想永远不能成熟而化为真理。

——爱默生

人用行动比用语言文字更能表现自己。

——纪 德

行动往往胜于雄辩。

——莎士比亚

一切伟大的行动和一切伟大的思想都拥有一个微不足道的开始。

——加 缪

尽管干与不干都是人生的自由，但其中仍有区别，干总比不干强。

——《薄伽梵歌》

最可怕的莫过于无知而行动。

——歌 德

行动不一定每次都带来幸运，但坐而不行，一定是无任何幸运可言。

——迪斯累里

人生的终点并不是抽象的知识，而是具体的行动。

——赫胥黎

晚起步不如早起步，晚行动不如早行动。踟蹰不如当机立断，唉声叹气不如奋发图强。

——张抗抗

我们的行动是唯一能够反映出我们精神面貌的镜子。

——托·卡莱尔

动必量力，举必量技。

——管 仲

一个人不断重复自己的行动，他就会变得越来越固执、越来越墨守成规。

——弗洛姆

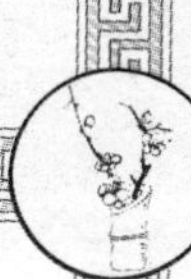

十七、岁月如梭

时间会刺破青春表面的彩饰，会在美人的额上掘深沟浅槽，会吃掉稀世之珍、天生丽质，什么都逃不过他那横扫的镰刀。

——莎士比亚

时间——光阴似箭

时间是最大的革新家。

——培　根

时间是一只永远在飞翔的鸟。

——罗伯逊

时间是最残酷的暴君，它在我们向老年进发的过程中，向我们征收健康、才能、体力及容貌等税项。

——霍斯特

时间是人类的天使。

——席　勒

时间对于谁都是奔着走的。

——莎士比亚

时间是世界上一切成就的土壤。时间给空想者痛苦，给创造者幸福。

——麦金西

时间像奔腾澎湃的急湍，它一去无还，毫不流连。

——塞万提斯

时间是最公平合理的，它从不多给谁一分，勤劳者能叫时间留下串串果实，懒惰者只能让它留给他们一头白发，两手空空。

——高尔基

醒来吧——你的良宵已经来临！醒来吧——每瞬间贵如黄金！

——普希金

时间能使人生色，也能使人毁灭。

——歌　德

从我的左袋里偷走白银的角币吧，但不要碰我的右袋——里面装着黄金的时间！

——霍姆斯

时间不能增添一个人的寿命，然而珍惜光阴可使生命变得更有价值。

——卢瑟·伯班克

青春是有限的，智慧是无穷的，趁短短的青春，去学无穷的智慧。

——高尔基

如果错过了太阳时你流了泪，那么你也要错过群星了。

——泰戈尔

谁虚度年华，青春就要褪色，生命就会抛弃自己。

——雨　果

我们应该用心跳来计算光阴。

——菲·贝利

每个人嘴上都谈到时间的价值，但只有很少的人在行动上珍惜时间的价值。

——切斯特菲尔德

成功与失败的分水岭，可以用这五个字来表达——我没有时间。

——富兰克林

真正忙碌的人没有时间去胡思乱想。

——塞涅卡

在生活里，我们命中碰到的一切美好的东西，都是以秒计算的。

——高尔基

赢得时间的人就是赢得了一切。

——迪斯累里

任何事物都无法抗拒吞食一切的时间。

——泰戈尔

除了聪明没有别的财产的人，时间是唯一的资本。

——巴尔扎克

时间带走一切，长年累月会把你的名字、外貌、性格、命运都改变。

——柏拉图

记住吧，只有一个时间是重要的，那就是现在！它所以重要，就是因为它是我们唯一有所作为的时间。

——列夫·托尔斯泰

时间是无声的脚步，往往不等我完成最紧急的事务就溜过去了。

——莎士比亚

明天的时光长于逝去的时光，行动的动力是我们不死的愿望。不管何处是生命的尽头，活一天就要有一天的希望。

——莱蒙托夫

时间就是速度，时间就是力量。

——富兰克林

时间是无私的，也是无情的，它不为快乐的人、任务繁重的人有所延长，也不为痛苦的人、焦急等待的人有所缩短。

——泰戈尔

时间即是生命。

——巴尔扎克

时间是金钱。

——梁实秋

最不会利用时间的人，最会抱怨时间不够用。

——拉布吕耶尔

谓学不暇者，虽暇也不能学。

——刘　安

惜时——一寸光阴一寸金

任何节约归根到底是时间的节约。

——马克思

生命是以时间为单位的，浪费别人的时间等于谋财害命，浪费自己的时间等于慢性自杀。

——鲁　迅

马克思小传

卡尔·马克思 (1818—1883)共产主义的创始人,第一国际的组织者和领导者,全世界无产阶级和劳动人民的伟大导师。马克思从小勤奋好学,善于独立思考。1830年,他进入特利尔中学,1841年,他结束大学生活,获哲学博士学位。1843年秋,马克思迁居巴黎,筹备出版《德法年鉴》杂志。1845年1月,马克思被法国政府驱逐出境。1864年9月28日,国际工人协会,即第一国际成立,他被选为国际的领导机构总委员会的成员,并担任德国通讯书记。他为国际起草了《成立宣言》、《临时章程》和其他许多重要文件,为国际制定了斗争纲领、斗争策略和组织原则。在国际存在的整个时期,他始终是国际的领袖、国际的灵魂。正像恩格斯说的,"叙述马克思在国际中的活动,就等于编写这个协会本身的历史"。1883年3月14日,马克思因病去世,安葬在伦敦的海格特公墓,和他的夫人燕妮葬在一起。

马克思的故事——演算代数

马克思喜欢击剑骑马,爱好下棋,还养了一大批小动物。除此之外,马克思喜爱演算数学,代数是他精神上的安慰。

无论是在惊涛骇浪、颠沛流离的流亡国外生活中,还是在构建他无产阶级理论宏图时的读书写作中,马克思摆脱困扰、痛苦,放松休息的办法,就是沉浸在代数的玄思奥妙中。在这难得的精神享受中,马克思获得了安宁与自慰,又以蓬勃的生机和昂扬的精神,投入到新的生活与战斗之中。

浪费时间是所有支出中最奢侈及最昂贵的。

——富兰克林

丢失的牛羊可以找回，但是失去的时间却无法找回。

——乔 叟

你若是爱千古，你应该爱现在；昨日不能唤回来，明日还是不实在；你能确有把握的，只有今日的现在。

——爱默生

如果有什么需要明天做的事，最好现在就开始。

——富兰克林

明日复明日，明日何其多！我生待明日，万事成蹉跎。世上若被明日累，春去秋来老将至。朝看水东流，暮看日西坠。百年明日能几何？请君听我《明日歌》。

——文 嘉

人们说生命是很短促的，我认为是他们自己使生命那样短促的。由于他们不善于利用生命，所以他们反过来抱怨说时间过得太快；可是我认为，就他们那种生活来说，时间倒是过得太慢了。

——卢 梭

谁虚度年华，青春就要褪色，生命就会抛弃他们。

——雨 果

三更灯火五更鸡，正是男儿立志时。黑发不知勤学早，白首方悔读书迟。

——颜真卿

世界上最宝贵的就是“今”，最容易丧失的也是“今”，因为它最容易丧失，所以更觉得它宝贵。

——李大钊

时间是由分秒积成的，善于利用零星时间的人，才会做出更大的成绩来。

——华罗庚

对时间的慷慨，就等于慢性自杀。

——奥斯特洛夫斯基

世界上最快而又最慢，最长而又最短，最平凡而又最珍贵，最容易忽视而又最令人后悔的就是时间。

——高尔基

昨天是一张作废的支票，明天是一张期票，而今天则是你唯一拥有的现金——所以应当聪明地把握。

——李昂斯

必须记住我们学习的时间是有限的。时间有限，不只由于人生短促，更由于人的纷繁。我们应该力求把我们所有的时间用去做最有益的事。

——斯宾塞

在所有批评家中，最伟大、最正确、最天才的是时间。

——别林斯基

世上真不知有多少能够成功立业的人，都因为把难得的时间轻轻放过而致默默无闻。

——莫泊桑

只有过去才是确实的。

——塞内加

子在川上曰：“逝者如斯夫！不舍昼夜。”

——孔　子

勿谓今日不学而有来日，勿谓今年不学而有来年；日月逝矣，岁不我延。

——朱　熹

时间有三种步伐：未来姗姗来迟，现在像箭一样飞逝，过去永远静止不动。

——席　勒

我现在的这一分钟是经过了过去无数亿万分钟才出现的，世上再没有什么比这一分钟更好。

——惠特曼

人拥有的东西没有比光阴更贵重、更有价值的了，所以千万不要把你今天所做的事拖延到明天去做。

——贝多芬

我们每天撕一张日历，日历越来越薄，快要撕完的时候不免矍然以惊，惊的是又临岁晚，假使我们把几十册日历装为合订本，那便象征我们的全部的生命，我们一页一页地往下扯，该是什么样的滋味呢?

——梁实秋

明天，明天，还有明天，人们都在这样安慰自己，殊不知这个明天，就足以把他们送进坟墓。

——屠格涅夫

时间应分配得精密，使每年、每月、每天和每小时都有它的特殊任务。

——夸美纽斯

你爱惜生命吗？如果爱惜，那就别浪费时间，因为生命是时间铸成的。

——本杰明·富兰克林

上苍赐给世人的时间是无限的。究竟怎样赐给我们呢？是一下子就给我们一千年吗？不，是把时间均匀地分成一个个清新的早晨。

——爱默生

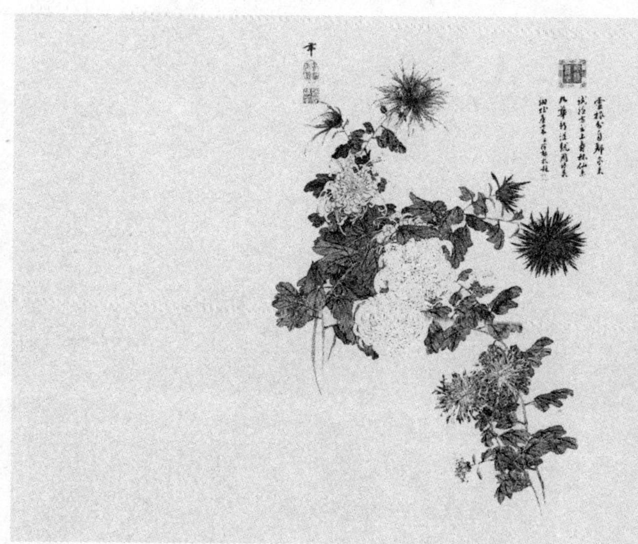

珍惜一切时间，用于有益之事，不搞无谓之举。

——本杰明·富兰克林

时间给幻想者留下惆怅，给创造者带来财富。

——英国谚语

时间就是生命，时间就是金钱。

——本杰明·富兰克林

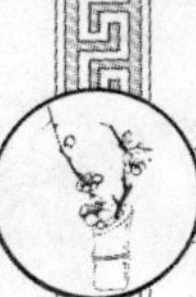

十八、情感地带

野心、贪婪、自爱、虚荣、友谊、慷慨、公共精神，这些在不同程度上掺杂在一起而遍布社会的情感，自有史以来一直是所有行动和事业的动因。它们已为人类所注视。

——休　谟

情感——心灵的呼唤

每个年轻人最主要的是要记住，不要用粗野的情感，如喊叫、暴躁、凶狠来填补思想上的空虚。

——苏霍姆林斯基

抑制感情的冲动，而不是屈从于它，人才有可能得到心灵上的安宁。

——托马斯

心比精神更高，因为精神像花的芳香一样，消散之后，心作为根留在那儿。

——吕克特

美丽的心灵是那种博大、开朗而又准备容纳一切的心灵。

——蒙　田

在这世界上，除了人类心灵的崇高的精神表现以外，一切都是渺小而没有趣味的。

——契诃夫

喜怒哀乐之动乎中必见乎外。

——欧阳修

情感，是指嗜欲，愤怒，恐惧，自信，嫉妒，喜悦，友情，憎恨，渴望，好胜心，怜悯心，和一些伴随痛苦或快乐的各种感情。

——亚里士多德

与其过有思想的生活，莫如去体验有情感的生活。

——济　慈

只有经受了考验、经历了生活患难的感情，才是真正的感情。

——格·巴尔科夫

任何感情只有在自然的时候才有价值。

——柯罗连科

感情在无论什么东西上面都能留下痕迹,并且能穿越空间。

——巴尔扎克

唯有恰如其分的感情才最容易为人们所接受,所珍惜。

——蒙　田

在感情之中寻到享受,正如在孤独和劳作之中求得幸福一样。

——巴尔扎克

感情有着极大的鼓舞力量,因此,它是一切道德行为的重要前提。谁要是没有强烈的感情,他就不会具有强烈的志向,也就不能够热烈地把这个志向体现于事业之上。

——凯洛夫

所有一切我们能够加以控制的情感都是合法的,所有一切反过来控制我们的欲念就是犯罪。

——卢　梭

静默是表示快乐的最好的办法:要是我能够说出我心里多么快乐,那么我的快乐只是有限度的。

——莎士比亚

任何暴力都吓不倒的人,却被羞怯的迷人的红晕解除了武装;任何鲜血都不能扑灭的复仇之火,却被泪水窒息了。

——席　勒

感情淡薄使人平庸。

——狄德罗

一种发自内心的情感,是一种清澈明确的内心感受。这种感受,会使你发现你有能力超越自己,创出意想不到的伟业。

——马克斯威尔·马尔兹

人的理性粉碎了迷信,而人的感情也将摧毁利己主义。

——海　涅

我不喜欢情感中的三种变化:悲伤时忽然发笑;忧郁时突然暴跳;愤怒时突然恐惧。特别是最后一种,我厌恶并且鄙夷。

——刘心武

人的情感，人的理智，这两种灵性的发达与天赋，不一定是平均的。有些人，是理智胜于情感，有些人是情感溢于理智。

——郁达夫

感情的长处在于会使我们迷失方向，而科学的长处就在于它是不动感情。

——王尔德

良心是灵魂之声，感情是肉体之声。

——卢　梭

一切都管，就是不管自己的感情，那是君王们由来已久的特权。

——狄更斯

所有的感情在本性上都是好的，我们应当避免的只是对它们的误用或滥用。

——笛卡尔

爱情是空幻的，只有情感才是真实的，是情感在促使我们去追求使我们产生爱情的真正的美。

——卢　梭

大凡一个人在急难之中，最容易流露真情。在太平无事的时候，由于拘谨，有些强烈的情感即使不能压抑下去，至少也会想法遮掩，要是处于心烦意乱的情况中，人就不会做作，无意中会将真实感情暴露出来。

——司各特

雁尽书难寄，愁多梦不成。

——沈如竭

我们对于情感的理解愈多，则我们愈能控制情感，而心灵感受情感的痛苦也愈少。

——斯宾诺莎

野花愁对客，泉水咽迎人。

——王　维

激情——生活的畅想曲

只有热情，巨大的热情，才能使灵魂升华。

——狄德罗

没有激情，人只不过是一种潜在的力量。就像火石，在它能够发出火星之前等待着铁的撞击。

——阿密尔

没有激情，世界上任何伟大的事业都不会成功。

——黑格尔

在热情的激昂中，灵魂的火焰才有足够的力量把创造天才的各种材料熔于一炉。

——司汤达

要遏制邪恶，挫伤激情不是办法，而应力图使它的这种活力为我们的德性服务。

——比　彻

我们的激情实际上像火中的凤凰一样，当老的被焚化时，新的又立刻在它的灰烬中出生。

——歌　德

激情常使最精明的人变成疯子，使最愚蠢的傻瓜变得精明。

——拉罗什夫科

岁月使皮肤起皱，而没有热情则会使灵魂起皱。

——埃斯拉·马勒

热情并不是暴雨，它是烈火……是心里的烈火。

——革拉特珂夫

激情是人世间各种事物中真正绝对的东西，它从来不承认自己错了。

——巴尔扎克

激情对于人生只不过是一个偶然发生的事件。这个偶然只发生于优秀的人们的心中。

——司汤达

事情常常是这样，过分的热情和恭敬只能招来相反的结果。

——海　涅

热情是普遍人性之一，假如人类根本没有热情，那么宗教、历史、艺术，以及风流韵事，都将变得没有价值。

——巴尔扎克

伟大的热情能战胜一切，因此，我们可以说，一个人只要强烈地坚持不懈地追求，他就能达到目的。

——司汤达

有了伟大的热情，才有伟大的行动，可是，要是缺乏革命理想，就会迷失方向，变成盲目的行动。要是把热情和理解结合起来，就会无往而不胜。

——王若飞

热情之中应当有冷静，冷静之中应当有热情，两者相统一，才能巩固美好的爱情。

——池田大作

没有知识的热情是无光的火焰。

——托·富勒

没有激情便没有天才。

——蒙　森

激情是使航船扬帆的骤风，有时也使它沉没，但没有风，船就不能前进。

——伏尔泰

热情既使人疯狂糊涂，也使人明澈深思。

——沈从文

激情是一种希望。这种希望可能变成失望。激情同时意味着痛苦和过度，希望破灭时，激情便终止了。

——巴尔扎克

热情，不小心的时候是一个自焚的火焰。

——纪伯伦

热情有极大的价值，只要我们不因此忘乎所以。

——歌　德

热情是人们唯一的动力；它造成我们在世界上所看见的一切善和恶。

——司汤达

名人名言

牛顿小传

牛　顿　17～18世纪的英国物理学家、天文学家、数学家，近代科学家中最杰出的代表，被誉为“现代科学之父”。他18岁进剑桥大学学习，27岁即出任剑桥大学教授，发明微积分与积分法两项定律。他在天文、地理、数学、神学等方面都取得了辉煌的成就。他发现了普通白光由七色组成，出版了近代科学奠基性巨著《自然科学的数学原理》。他发现了运动三大定律和万有引力定律，为近代力学奠定了基础，实现了以伽利略为先导的数学与实验手段的结合。1703年他被选为英国皇家学会会长，连任25年直到临终。牛顿临终前，面对仰慕和称颂他伟大科学成就的人，却谦虚地说：“我只是一个在海边拾取小石子和贝壳的小孩子，真理浩瀚如海洋，远非我们所能全部看到。”

牛顿的故事——煮怀表

大物理学家牛顿经常感慨地说：“心无二用，心无二用！”有一次，给他做饭的老太太有事要出去，告诉牛顿：鸡蛋放在桌子上，要他自己煮鸡蛋吃。过了一会儿，老太太回来了，掀开锅盖一看，大吃一惊：锅里竟然有一只怀表！原来，这块怀表刚才放在鸡蛋旁边，而牛顿因为忙于运算，错把怀表当鸡蛋煮了。又有一次，牛顿牵着马上山，走着走着，突然想起了研究中的某个问题，他专注地思考着，不由得松开手，放掉了马的缰绳，马跑了，他却全然不知。直到走上山顶，前面没了路时，牛顿才从沉思中清醒过来，发现手中牵着的马跑了。正是因为牛顿这样心无二用才成就了他伟大科学家的美名。

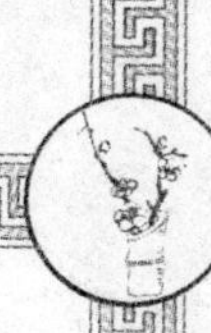

理智——生命的光和灯

在任何事情方面，我们都必须以理性为最后的判官和指导。

——约翰·洛克

最好这样运用我们的理智：在不幸降临时帮助我们承受不幸，在不幸可能降临时帮助我们预见不幸。

——拉罗什夫科

勇敢地使用你自己的理智吧，这就是启蒙的格言，人的理性的公开使用应该经常是自由的。

——康　德

理智可以说是生命的光和灯。

——西塞罗

不管是在最快乐、最惬意的时候，还是在最忧愁、最恼火的时候，理性是用以镇住各种脾气的唯一要素。

——笛　福

天神把理智赋予凡人，这是一切财宝中最有价值的财宝。

——索福克勒斯

没有理智的支配，任何事物都不会持久。

——昆图斯

无论在理论的或实践的范围内，没有理智便不会有坚定性和规定性。

——黑格尔

理智是一切力量中最强大的力量，是世界上唯一自觉活动着的力量。

——高尔基

凡是合乎理性的东西都是现实的；凡是现实的东西都是合乎理性的。

——黑格尔

理智是人的最高天赋，是人本质上区别于低级动物的特征。

——海克尔

极少数人有理智，多数人有眼睛。

——查尔斯·丘吉尔

没有理智决不会有理性的生活。

——斯宾诺莎

失掉理智就是失去了做人的一切。

——《五卷书》

理智一旦产生，支配它们，那便是美德。

——蒙　田

要想让一切都服从你，你就必须首先服从理智。

——塞内加

理性是人类最高的能力，理性未充分发达的人，不可能懂得自己活着的意义，也不可能知道人们活着的意义。

——列夫·托尔斯泰

人们每违背一次理智，就会受到理智的一次惩罚。

——霍布斯

让我们首先遵循理智吧，它是可靠的向导。

——法朗士

应该依赖自己的理智，从生活的合乎情理的现象出发。

——马卡连柯

理智不能用大小或高低来衡量，而应该用原则来衡量。

——爱比克泰特

我们航行在生活的海洋上，理智是罗盘，感情是大风。

——蒲　柏

我们可以把幻想作为伴侣，但必须以理智作为我们的指引。

——约翰逊

感情从前门进来，理智就会从后门离去。

——托·富勒

憎恨——平息下来的愤怒

憎恨是平息下来的愤怒。

——西塞罗

不能恨就不能真挚地爱，必须把灵魂分为两半，一定要透过恨才能爱。

——高尔基

恨由于互相的恨而增加，但可为爱而消灭。

——斯宾诺莎

爱与憎在本质上是同一种感情，只不过前者是积极的，而后者是消极的而已。

——格劳斯

人的恨比爱更坚定，如果我讲过一句话曾伤害了某个人，我再对他说多少好话也无济于事。

——博斯威尔

互爱，这就是仇恨同一个敌人。

——萨　特

爱而知其恶，憎而知其善。

——《礼记》

恨，能挑起一切争端；爱，能遮掩一切过错。

——《旧约全书·箴言》

恨是一种使我们抵御曾经给我们造成某种伤害的东西的倾向。

——斯宾诺莎

懦夫一旦受到威胁，就只会以憎恨作为报复。

——萧伯纳

憎恨是要加害于别人并继续增加与扩大的一种欲望。

——芝　诺

真有名目的仇恨，一朝达到了目的，恨意就会慢慢地淡化。但为了无聊而作恶的人是永远不肯罢休的，因为他们永远无聊。

——罗曼·罗兰

和最高尚的美德以及最凶恶的狗一样，最大的仇恨也是默不作声的。

——里克特

恨和爱一样，是容易使人轻信的。

——卢　梭

一个人一旦被人憎恨，他的善举和恶行就会一起压迫着他。

——本·琼森

当我们的恨太活跃时，它就把我们降低到我们所恨的人之下。

——拉罗什夫科

一个真正的人对谁都不应该恨。

——拿破仑

愤恨是毒化精神的毒剂，它使人得不到快乐，并且把争取成功的巨大能量消耗殆尽。

——马尔兹

憎恨使人眼瞎。

——王尔德

对人怀恨就好比为赶走一只耗子而焚掉自己的家一样。

——福斯迪克

不听智者劝，不听老人言，悔恨就要在眼前。

——布莱希特

悔恨在顺利时入睡，在逆境中苏醒。

——卢　梭

愤怒——灵魂的冲动

愤怒与其说是理智的标志，不如说是感情的标志，它是诚实症的突然发作。

——哈利法克斯

不轻易发怒的人，胜于勇士；制服自己心灵的人，比夺取一座城市的人还强。

——《旧约全书·箴言》

人在愤怒时千万要注意两点：第一不可恶语伤人，这不同于一般的对世情发牢骚，而会植下怨毒之种；第二不可因怒而轻泄他人的隐私，这会使人不再被信任。

——培　根

愤怒是一种灵魂的肌腱，谁缺少它就会成为精神上的残疾人。

——托·富勒

愤怒使别人遭殃，但受害最大的却是自己。

——列夫·托尔斯泰

人生中最重要的行动往往就从盛怒中萌芽、产生。

——巴尔扎克

“可以激动，但不可犯罪。可以愤怒，但不可含愤终日。”也就是说，对愤怒必须从程度和时间两方面加以节制。

——培　根

在感受到损害时，人心如果纷乱不安，并且有报复之意，这不叫做愤怒。

——洛　克

咒骂就是表现愤怒的情绪。

——马克·吐温

被人轻蔑会激起怒气，其效果胜于其他伤害。

——培　根

冷笑是愤怒的和婉表现。

——梅瑞狄斯

愤怒是一种灵魂的冲动。

——托·富勒

愤怒是一种情绪或厌恶，这种仇恨或厌恶是我们对那些曾经对我们自己而不是任何不相干的人做过坏事或试图伤害我们的人所抱的情绪。

——笛卡尔

动辄发怒是放纵和缺少教养的表现。

——普鲁塔克

医治愤怒的最好疗药是拖延。

——塞内加

发怒和鲁莽并步前进，而悔恨则踩着两者的脚后跟。

——富兰克林

愤怒是对于用不正当的方法来伤害别人的一种报复的欲望。

——芝　诺

习惯性的愤怒必定会导致自我怜悯，那又是人所养成的最坏的习惯。

——莫尔兹

人总是人，圣贤也有错误的时候；一个人在愤怒之中，就是好朋友也会翻脸不认。

——莎士比亚

愤怒能使傻瓜变得机智，也能使聪明人变成傻瓜。

——培　根

再软弱的手也可以从愤怒中获取力量。

——奥维德

愤怒是一种昂贵的奢侈品，只有有相当收入的人才可随意享用。

——乔·柯蒂斯

愤怒这个武器有奇妙的效用。所有的武器都由人类使用，唯独这个武器是它在使用我们。

——蒙　田

无能者的唯一安慰就是恼火。

——车尔尼雪夫斯基

决不要忘记一个人在发怒时吐露的真言。

——比　彻

勇者愤怒，抽刃向更强者；怯者愤怒，却抽刃向更弱者。

——鲁　迅

人要是发脾气就等于在人类的进步阶梯上倒退了一步。

——达尔文

愤怒将理智的灯吹熄，所以在考虑解决一个重大问题时，你必须脉搏缓慢，心平气和，头脑冷静。

——英格索

愤怒乃片刻之疯狂，所以你应该控制感情，否则，感情便控制你。

——大仲马

人身的各种精神机能，必须完全自在，不受纷扰，才能在活泼健壮下发挥它最大的功能，一切思考始能集中、清楚、敏捷而合逻辑。假使你为愤怒所激，为烦恼所苦，还能做成什么事？

——林　肯

愤怒只证实一点——愚昧怯懦而已！

——斯威夫特

无论你怎样地表示愤怒，都不要做出任何无法挽回的事来。

——培　根

火气甚大，容易引起愤怒的烦扰，那是一时冲动而没有理性的行动。

——彼得·阿柏拉德

动不动就愤怒，表示一个人太幼稚，还无法驾驭自己。

——希尔泰

抑制自己愤怒的最好办法：当别人愤怒时，你就冷静观察那是怎样一副德性。

——塞涅卡

恐惧——惶惶不安的沉思

我认为克服恐惧最好的办法理应是：面对内心所恐惧的事情，勇往直前地去做，直到成功为止。

——罗斯福

此外，这些胆怯的人不会明白，冰一裂脚下就要崩塌——这就证明：人在走路，只有一种方法才不会坍塌——这就是不停地一直往前走。

——托尔斯泰

畏惧敌人，徒然沮丧了自己的勇气，也就是削弱自己的力量，增加敌人的声势，等于让自己的愚蠢攻击自己。畏惧并不能免于一死，战争的结果大不了也不过一死。奋战而死，是以死亡摧毁死亡；畏怯而死，却做了死亡的奴隶。

——莎士比亚

大胆产生勇气，多疑却产生恐惧。

——康拉德

勿将生命消耗于怀疑与恐惧之中。

——爱默生

有两个杠杆可以推动人们前进，一个是恐惧，一个是个人利益。

——拿破仑

如果你是懦夫，你就是你自己最大的敌人；但如果你是勇者，你就是你自己最大的朋友。

——弗兰克

痛苦有个限度，恐惧则绵绵无际。

——浦利尼斯二世

表现勇敢则勇气来；往后退缩则恐惧来。

——康拉德

软弱甚至比恶行更有害于德性。

——拉罗什夫科

谁恐惧，谁就要受折磨，并且已经受着他的恐惧的折磨。

——蒙　田

怠惰造成怀疑和恐惧。行动则产生信心和勇气。

——戴尔·卡耐基

恐惧的产生永远是由于愚昧无知。

——爱默生

彻底的恐惧就是乐观主义的基础。

——王尔德

胜利所带来的最好之事，莫过于解除了胜利对失败的恐惧感。

——尼　采

恐惧与勇敢近在咫尺，而且互相共存——向敌阵地突进的人，最晓得其中实情。

——梭　罗

没有希望就没有恐惧，没有恐惧也就没有希望。

——斯宾诺莎

人一开始恐惧，他便不容易安静下来。

——雨　果

恐惧和忧愁很容易侵蚀人心，我觉得它们比灾难本身还更加可憎。

——歌　德

恐惧离我们尚远的时候，我们感觉到它，而当它真正来临时有获得成功的记录做后盾，他便能克服恐惧。

——戴尔·卡耐基

如果不对宇宙的本质有所揭示，就不能消除对最重要的现象的恐惧。

——伊壁鸠鲁

恐惧，是一种惶惶不安的沉思。

——雨　果

恐怖是对我们的一种警告……

——洛　克

凡是发生过悲剧的地方，恐怖和怜悯就留在那里。

——雨　果

恐怖是一种情感，如果支配得法，也有它的用处。

——笛　福

过于恐惧而太不自信，则是怯懦。

——亚里士多德

恐惧是世界上最摧折人心的一种情绪。

——罗斯福

恐惧有时来自缺乏判断和勇气。

——蒙　田

丘吉尔小传

丘吉尔　全名温斯顿·丘吉尔(1874—1965),英国传记作家、历史学家、政治家。生于牛津附近的布莱尼姆宫。1893 年勉强考入桑德斯特陆军军官学校。1895 年,以少尉军衔编入皇家第四骑兵团。先后以志愿兵和随军记者的身份参加过西班牙对古巴的殖民地战争和英国军队在印度、苏丹、南非的战争。在战斗中,他还发表了报告文学《马拉坎德远征记》、《河上的战争》、《南非从军记》和小说《沙普罗拉》等,广受欢迎。

1899 年,丘吉尔退伍参政。1939 年,第二次世界大战爆发,丘吉尔被聘任为张伯伦内阁的海军大臣。1940 年,他临危受命,出任首相,领导英国人民保卫英伦三岛,并积极展开外交活动,与美苏结盟,形成国际反法西斯统一战线,为反法西斯战争的最后胜利作出重大贡献。1955 年因年事高辞职退休,专心撰写四卷本《英语民族史》(1956—1958)。1965 年 1 月因脑溢血辞世。

丘吉尔的故事——决不放弃

1948 年,牛津大学举办了一个“成功秘诀”讲座,邀请到了当时声誉已登峰造极的伟大的丘吉尔来演讲。各界人士引颈等待,翘首以盼。

这一天终于到来了,会场上人山人海,全世界各大新闻机构都到齐了。人们准备洗耳恭听这位大政治家、外交家、文学家(丘吉尔曾获诺贝尔文学奖)的成功秘诀。丘吉尔用手势止住大家雷动的掌声后,说:“我的成功秘诀有三个:第一是,决不放弃;第二是,决不、决不放弃;第三是,决不、决不、决不放弃!我的讲演结束了。”说完就走下讲台。会场上沉寂了一分钟后,才爆发出热烈的掌声,经久不息。

乐观——积极的心态

真正乐观主义的人是用积极的精神向前奋斗的人，是战胜愁虑穷苦的人。

——邹韬奋

快乐是从艰苦中来。只有经过劳作、经过奋斗得来的快乐，才是真快乐。

——谢觉哉

悲伤紧随欢乐而至，这是我们人类的命运，也是上天的旨意。

——普劳图斯

最优美的、最理智的欢乐，包含于促进别人的快乐之中。

——拉布吕耶尔

只有在他感到欢喜或苦痛的时候，人才认识到自己；人也只有通过欢喜和苦痛，才学会什么应追求和什么应避免。

——歌　德

快乐的一面必然伴有痛苦，痛苦的一面必然伴有快乐。可见人心是不能达到绝对快乐之境的，但是只要努力求其客观，并与自然一致，就能保持无限的幸福。

——西田几多郎

内心的欢乐是一个人过着健全的、正常的、和谐的生活所感到的喜悦。

——罗曼·罗兰

工作愈伟大，所受的反抗也愈厉害，简直成为一种律令，对付这种厉害的反抗，最重要的工具是乐观主义。

——邹韬奋

一个人老是愁来愁去，不久就要愁坏心肝，躺倒下来死掉的。

——斯坦培克

快乐既然是人类和兽类所共同追求的东西，所以从某种意义上说，它就是最高的善。

——亚里士多德

一个敏感的人，即使在最痛苦的时候，也能找到美的因素。

——阿尼克斯特

行动是治疗忧愁的唯一方法。

——刘易斯

幸福永远存在于人类不安的追求中，而不存在于和谐与稳定之中。

——鲁 迅

不要为突如其来的不幸而苦恼。因为不是与生俱来的东西，留也留不住。

——伊 索

正直之人艰苦奋斗，然后享有欢乐；诡诈之人则尽情享乐，然后经受痛苦。

——富兰克林

世界上的事情最好是一笑了之，不必用眼泪去冲洗。

——泰戈尔

我说做个乐观主义者要这样——即使情况不佳，你也确信它会好转。

——休斯

快乐是情感上的享受，但却必须要用理智去追求。

——罗 兰

要保持健康的身体，除了节食、安静这两位医生外，还有一位，就是快乐。

——丘吉尔

乐观是养生的唯一秘法，常常忧思和愤怒，足以使健康的身体变得衰弱。

——屠格涅夫

出类拔萃的人，都是通过痛苦而得到快乐。

——胡 赫

永远以积极乐观的心态去拓展自己和身外的世界。

——曾宪梓

苦中作乐，从病痛里滤出快活来使健康的消失有种赔偿。

——钱钟书

悲观的人虽生犹死，乐观的人永葆青春。

——拜　伦

良好的健康状况、精神饱满和体力充沛——这是朝气蓬勃地感知世界、乐观主义精神和随时准备克服困难的重要的条件。

——苏霍姆林斯基

不能明智地、正直地、如愿地生活，就无法快乐地生活；同样，不能快乐地生活，也就不会明智地、正直地、富裕地去生活。

——伊壁鸠鲁

要让别人从自己这里得到快乐，其乐倍增。独享快乐只能使人意志消沉。

——克里索斯托姆

一个人要对昨天的日子感到快乐，对于明天感到有信心。

——华兹华斯

乐观意味着不对无可奈何的事情怨天尤人。怨天尤人是那些失去自我依赖的人的借口。

——雷　音

真正的痛苦会自然而然地流露出来，即使在一个努力掩藏痛苦、决不扰及旁人的人也是如此。

——莫罗阿

心里最好常保快乐。如此就能防止百害，延长寿命。

——莎士比亚

所有快乐中，最伟大的快乐存在于对真理的沉思之中。

——阿奎那

只有真正享受到了欢乐，人才能从中得到裨益。

——爱默生

快乐并不总是幸运的结果，它常常是一种德性，一种英勇的德性。

——史蒂文森

粗茶淡饭同美酒佳肴一样，也能给人以快乐，如果饥饿时能吃块面包喝口水，那也是乐不可支的。

——伊壁鸠鲁

谁要是能够把悲哀一笑置之,悲哀也会减弱它咬人的力量。

——莎士比亚

充满着欢乐与战斗精神的人们,永远带着快乐,欢迎雷霆与阳光……

——赫胥黎

悲哀——懒惰的一种

在所有对人有害的恶劣情绪中,悲哀是首屈一指的。

——米南德

我们现在这一切悲哀痛苦,到将来便是握手谈心的资料。

——莎士比亚

出师未捷身先死,长使英雄泪满襟。

——杜　甫

郁结不发的悲哀正像闷塞了的火炉一样,会把一颗心烧成灰烬。

——莎士比亚

与其为过去悲哀,不如为将来高兴。

——陶菲格·哈基姆

人生不过是一个不断失掉我们心爱的人和事物的漫长过程。我们在身后留下一连串的悲哀。

——雨　果

当悲哀的利齿只管咬人，却不能挖出病疮的时候，伤口的腐烂疼痛最难忍受。

——莎士比亚

我们今天的悲哀里最苦的东西，是我们昨天的快乐的回忆。

——纪伯伦

悲愁这种感情原也不可能作为人的一种精神状态长期存在，它一定要从进行某种艰巨工作的活动中去寻找出路。

——泰戈尔

重大的悲哀是为解除轻微的不幸的。

——莎士比亚

悲哀不可没有限度，而应和承受的打击成正比。

——佚　名

在悲哀里度过的时间似乎是格外长的。

——莎士比亚

过度的悲哀是人生的大错。

——迪斯累里

悲哀并不是绝望，而上帝却把它们像兄弟般凑合在一起，以便使两者彼此决不让对方单独留下来陪伴我们。

——缪塞

知道悲哀是怎么回事的人，很少愁眉苦脸。

——迪斯累里

在人类承受的所有悲哀中，没有共鸣的悲哀似乎是最不堪忍受的。

——胡德

世上没有一种悲哀可以和无言的悲哀相提并论。

——朗费罗

悲哀的创痕在你身上刻得越深，你越能容受更多的欢乐。

——纪伯伦

呵！我要是能够忘了我自己，我将会忘记多少悲哀。

——莎士比亚

悲哀应该是聪明人的导师。

——拜　伦

悲哀是虚度时光的表现。

——塞缪尔·约翰逊

眼泪是悲哀的解药。

——茅　盾

悲莫悲兮生别离。

——屈　原

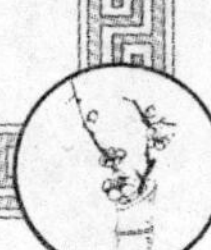

十九、清逸生活

生活的意义在于美好，在于向往目标的力量。应当使生活的每一个瞬间都具有崇高的目的。

——高尔基

生活——柴米油盐酱醋茶

人类的生活，必须时时刻刻拿最大的努力，向最高的理想扩张传衍、流转无穷，把那陈旧的组织、腐滞的机器一一地扫荡摧清，别开一种新局面。

——李大钊

态度是你与人见面时最先给人的一个印象，它的重要性不可言喻。

——富兰克林

生活的美妙就在于它的丰富多彩，要使生活变得有趣，就要不断地充实它。

——高尔基

生活得愉快并不算重要。重要的是要生活得富有建设性，而且永远不能希冀一时便利而委弃节操。

——华　纳

认识了生活的全部意义的人，才不会随便死去，哪怕只有一点机会，就不能放弃生活。

——海　涅

生活不是苦难，也不是享乐，而是我们应当为之奋斗并坚持到底的事业。

——托克维尔

假如生活欺骗了你，不要悲伤，不要心急，阴郁的日子需要镇静。相信吧，那愉快的日子即将来临。心永远憧憬未来，一切都是瞬息，一切会变成过去，而过去了的，将会变成亲切的回忆。

——普希金

人最宝贵的东西是什么？是生活，因为我们的一切欢乐、我们的一切幸福、我们的一切希望都和生活联系在一起。

——车尔尼雪夫斯基

如果我们生活的全部目的仅在于我们个人的幸福，而我们个人的幸福又仅仅在于一个爱情，那么生活就会变成一片遍布荒墓枯冢和破碎心灵的真正阴暗的荒原，变成一座可怕的地狱。

——别林斯基

人人都在生活，但只有少数人熟悉生活，只要你能抓住它就会饶有趣味！

——屠格涅夫

生活有时候就是这样变幻莫测，一会儿是满天云雾，一转眼间又现出鲜明的太阳。

——奥斯特洛夫斯基

生活不是苦难，也不是享乐，而是我们应当为之奋斗并坚持到底的事业。

——托克维尔

歌声就是生活，没有歌声就没有生活，犹如地球上没有太阳一样。

——伏契克

没有目标而生活，恰如没有罗盘而航行。

——歌　德

没有运动，生活就是昏睡。

——卢　梭

谁能以深刻的内容充实每个瞬间，谁就是在无限地延长自己的生命。

——库尔茨

必须对生活先有信心，然后才能使生活延续下去。而所谓信心，就是希望。

——保罗·郎之万

生活也同寓言一样，不是以它的长短来衡量，而是以它的内容来衡量。

——小塞涅卡

做没有意义的事情，其本身就是对生活的享受。

——卢 梭

生活越紧张，越能显示人的生命力。

——恩格斯

如果我们不能建筑幸福的生活，我们就没有任何权利享受幸福，这正如没有创造财富就无权享受财富一样。

——萧伯纳

生活是没有观众的。

——伏契克

娱乐——劳逸结合

消遣就是娱乐，无可消遣当然就是苦闷。世间喜欢消遣的人，无论他们的嗜好如何不同，都有一个共同点，就是他们必都有强旺的生命力。

——朱光潜

一个文明开化的民族，在其良好的工作技艺中，势必辅添完善的娱乐艺术。

——桑塔亚那

在工作与游乐之间，存在着一种和谐，两者巧妙地结合起来，生活的艺术就在其中了。

——罗曼·罗兰

腾不出时间娱乐的人，早晚会被迫腾出时间生病。

——沃纳梅克

终日埋头工作而不去玩耍，聪明的孩子也会变傻。

——詹·豪厄尔

懂得如何玩乐实在是一种幸福的才能。

——爱默生

我们的心智需要松弛，倘若不进行一些娱乐活动，精神就会垮掉。

——莫里哀

萧伯纳小传

萧伯纳 (1856—1950)19世纪至20世纪之间英国最杰出的剧作家。14岁失学,在都柏林一家地产公司当小职员。他于1876年到伦敦,最初发表的是音乐评论。同年发表第一部小说,1892年开始发表剧本。他的一生共写有大小剧本50多部,主要剧作有《不快意的戏剧集》、《为清教徒写的戏剧集》、《英国佬的另一个岛》、《巴巴拉少校》、《伤心之家》、《苹果车》、《真相毕露》等。1931年他访问前苏联。1933年访问中国,受到以鲁迅为代表的中国进步作家的欢迎。

萧伯纳的故事

(一)太阳的福气

萧伯纳访问上海时有这样一个趣闻,上海那几天天气一直十分阴晦,林语堂先生陪着萧伯纳在花园里散步时,天气开晴了,清亮的阳光照在他们身上。林语堂先生说:"萧先生,您福气真大,可以在上海看见太阳。"萧伯纳却说:"不,是太阳的福气,可以在上海看见萧伯纳。"

(二)务必和小狮子狗商量

萧伯纳收到过一位小姑娘的来信,信中写道:"您是我最钦佩的作家,为了表达我对您的敬仰,我打算用您的名字来命名我的小狮子狗。它是我过生日时亲戚们送给我的礼物,不知您是否同意。"萧伯纳在回信中写道:"亲爱的孩子,读了你的信,颇觉风趣盎然,我赞同你的打算。但是,最主要的一点,你务必和小狮子狗商量一番。"

生活既与娱乐相区别，又与娱乐是同一的。娱乐必须成为生活，生活必须成为娱乐。

——三木清

人只有当他是名副其实的人的时候，才游戏；而且只有当他游戏的时候，他才完完全全是人。

——席　勒

我十分赞赏公共娱乐，因为娱乐可以防止人们去干不正经的事。

——约翰逊

真正的娱乐是应着真正的工作的要求而发生的，换言之，打起精神做真正的工作人，才热烈地想望，或预备真正的娱乐！

——冰　心

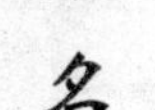

娱乐活动是为学习做好准备，又是学习后消除疲劳的良药。

——马克·吐温

适度的娱乐能放松人的情绪，陶冶人的情操。

——塞内加

一切没有后患的欢乐不仅有补于人生的终极（即幸福），也可以借以为日常的憩息。

——亚里士多德

娱乐至少与工作有同等的价值，或者说娱乐是工作之一部分！

——冰　心

人总不能把毕生的精力都耗费在玩乐之中。

——塞缪尔·约翰逊

娱乐存在于生活之中，并创造了生活的风貌。

——三木清

放松与娱乐，被认为是生活中不可缺少的要素。

——亚里士多德

娱乐，是可以用来解除疲劳的一种特殊的沮丧。

——安·比尔斯

有目的娱乐，不能成为真正的娱乐。娱乐没有目的，可对生活来说是符合目的的。

——三木清

娱乐应该成为艺术，生活应该成为艺术。生活的技术应该就是生活的艺术。

——三木清

以适当的娱乐调节工作过度后的疲劳，是非常有益的，不仅身心两方面都感到舒适和满足，就精神方面，也因由紧张而趋于松弛而更能发挥出它的能力。

——菲力普斯

旅行——背起行囊走四方

年轻人就是应该出去走走，即便纯粹是为了游山逛水。

——拜　伦

对我来说，旅行不是为了到达某个地方，而是为了行走。我是为旅行而旅行的。旅行的重要意义就在于动。

——史蒂文森

旅行对我来说，是恢复青春活力的源泉。

——安徒生

一个人在旅游时必须带上知识，如果他想带回知识的话。

——约翰逊

行路多者见识多。

——托·富勒

旅游使智者更慧，愚者更昧。

——托·富勒

旅行虽然夹杂着烦恼，究竟有很大的乐趣在。旅行是一种逃避——逃避人间的丑恶。

——梁实秋

旅游的作用就是用现实来约束想象：不是去想事情会是怎样的，而是去看它们实际是怎样的。

——约翰逊

没有知识的旅游者是一只没有翅膀的鸟。

——萨　迪

谁在旅行中注意观察并制定计划，谁就会不虚此行。

——阿尔考特

谁想快乐地旅行，谁就必须轻松地旅行。

——圣埃克苏佩里

旅行是真正的知识最伟大的发源地。

——杜　南

从不出门的人，必定有满腹的偏见。

——哥尔斯密

世界是一本书，从不旅行的人等于只看了这本书的一页而已。

——奥古斯狄尼斯

旅行是一种延长生命的方法，至少在外表上是如此。

——富兰克林

任何名胜，游览一次有一次的情趣，再游便另是一种风光。

——梁实秋

旅行在我看来还是一种颇为有益的锻炼，心灵在旅行中不断地进行观察新的未知事物的活动。

——蒙　田

一个旅游者懂得的越少，必须犯的错误也越少，因为他总不会让自己去解释完全不懂的东西。

——亚当斯

旅游是获得愉悦感和浪漫性的最好媒介。

——麦金托什

人之所以要旅行，不是为了抵达目的地，而是为了享受旅途中的种种乐趣。

——歌　德

旅行使人变得谦虚。因为，它使你领悟：人在世界上所占的地位是多么的渺小。

——福楼拜

流浪精神使人能在旅行中和大自然更加接近。所以这一类旅行家都喜欢到阒无人迹的山中去,以便可以悠然享受和大自然的融合之乐。

——林语堂

在远天底下,有许多我迟早要去,也终必能去的地方——我摆脱不了在心灵中流浪,又要在天地间流浪的命运的诱惑。

——余纯顺

旅行是傻瓜的天堂。我们才旅行了几次就发现,地点是毫无意义的。

——爱默生

财富我不企求,也不希望得到爱情或知己朋友。头上的天堂和脚下的道路,就是我一切的追求。

——史蒂文森

旅行有好多益处:新鲜满怀,见闻大开,观赏新都市的欢悦,与陌生朋友的相遇,更能学到各种高雅的举止。

——萨　迪

我认为,乘火车旅行根本不能算旅行。人完全是被寄送到了一个地方,这与邮寄包裹没什么两样。

——罗斯金

旅行使人伤感,但如果在旅行时只一味地陷入伤感情绪中,就不会有任何深刻的见解和独特的感受。

——三木清

旅行是人生的缩影。因我们在旅行时脱离了日常的事物而陷入纯粹的静观,对于以平生自明的、已知的事理为前提的人,才保持了新鲜的感觉。旅行使我们体味人生。

——三木清

对于人类来说,生存本身就是旅行。

——东山魁夷

人生在世上,局促在一个小圈圈里,大概没有不想偶然远走高飞一下的。出门旅行,游山逛水,是一个办法,然亦不可常得。

——梁实秋

时尚——时代的脉搏

一切时髦的东西总会变成不时髦的，如果你一辈子追求时髦，一直追求到老，你就会变成一个受任何人轻视的花花公子。

——舒　曼

傻瓜发明了时尚，智者只得顺应。

——巴特勒

时髦仅仅只会引起流行病。

——萧伯纳

时髦把低劣抬到了讨人喜欢的水平，继而把坏的和好的变得十分相像。

——本特利

时髦是力求脱俗、不愿被追上的一种教养。

——哈兹里特

超前有风险，落伍遭耻笑，因此中国人处理时尚问题，就有两原则，也有两条古训，一条叫“变通以趋时”，一条叫“不为天下笑”。

——易中天

中国人反对奇装异服，并非反对“时髦”，而是反对“独异”。

——易中天

时尚：名词，一个暴君，智者嘲笑他却服从他。

——安·比尔斯

裁缝与作家必须注意时尚。

——托·富勒

一个女性不管怎样时髦、出类拔萃，如果连家什也安排不好，那就只能算作一个非常原始的女性。

——池田大作

时髦的东西，总是在突出的个性之中包含了相当广泛的共性，了解时髦，也就在一定程度上了解了一个社会和时代。

——汪国真

所谓时尚就是目前的传统。一切传统都带有某种必要性，使人们非向它看齐不可。

——歌　德

艺术创造的丑恶，将随着时间不断变得美丽；相反，时髦产生的美丽却总是随着时间不断变得丑恶。

——科克托

不存在的东西被认为是稀罕的，陈旧的东西被人们争相模仿，二十年以前的东西却重新获得了魅力。

——鲍蒙特

阿谀奉承原是一种不道德的行为，而现在却成了时尚。

——普·绪儒斯

究竟什么是时髦？从艺术的观点来看，它常常是一种丑陋的形式，每半年就得变换一次，真令人难以忍受。

——王尔德

我们赞扬和谴责大多数事情都是因为赞扬和谴责它们是一种时髦。

——拉罗什夫科

时尚决不能仅仅表现在怪异的衣着上，更重要的是要体现在思想上。

——张　震

时髦是摆脱了粗俗之后的优雅，因而，它会被新的时髦所代替。

——赫兹里特

时尚如果只体现在怪异的发型、奇异的服装上，未免有些太肤浅了。

——亨　特

时尚就是对生活最强烈的敏感性。

——约　瑟

最传统的东西反而会是最时尚的。

——季羡林

每一代人都嘲笑陈旧的时尚，却虔诚地追随新的时尚。

——梭　罗

休闲——悠闲是哲学之母

人有时间才悠闲，书页上留出空边才好看。

——梭　罗

悠闲的生活始终需要一个怡静的内心、乐天旷达的观念和尽情欣赏大自然的胸怀。

——林语堂

具有偷闲本领的人往往有广泛的兴趣和强烈的个性。

——史蒂文森

假如你正在失去悠闲，当心！也许你正在失去灵魂。

——史密斯

最合于享受人生的理想人物，就是一个热诚的、悠闲的、无恐惧的人。

——林语堂

休息与工作的关系，正如眼睑与眼睛的关系。

——泰戈尔

享受悠闲的生活决不需要金钱。有钱的阶级不会真正领略悠闲生活的乐趣。

——林语堂

悠闲是哲学之母。

——霍布斯

纵使你觅遍天下，也难找到比悠闲自得地生活在自己家里更美的事。

——布伦特

我相信，单独生活的目的只有一个，就是生活得更悠闲、更随便些。

——蒙　田

假如你空着，就不要独处，假如你无伴，就不要闲着。

——塞缪尔·约翰逊

只要还有可能把时间安排得更好，他就是闲着的。

——托·富勒

财富的增长和闲暇的增加是人类文明的两大杠杆。

——迪斯累里

谁有读小说的闲暇，谁就很少有悲伤。

——塞缪尔·约翰逊

真正的闲暇并不是说什么也不做，而是能够自由地做自己感兴趣的事情。

——萧伯纳

凡是有名的隐士，他总是已经有了悠哉游哉，聊以“卒岁”的幸福的。倘不然，朝砍柴，昼耕田，晚浇菜，夜织履，又哪有吸烟品茗，吟诗作文的闲暇？

——鲁　迅

在知识方面能充满闲暇，是文明至上的产物。

——勒塞尔

闲暇的目的不是为了心灵获得充足，而是为了心灵获得休息。

——西塞罗

没有充分的闲暇，就不可能有高度的文明。

——比　彻

真正的思想家最向往的是闲暇，平凡的学者却回避它，因为他不知道如何处理闲暇，而此时安慰他的是书籍。

——尼　采

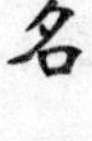

有时间改善自己灵魂资产的人享有真正的闲暇之乐。

——梭　罗

忙里偶然偷闲，闹中偶然习静，于身于心，都有极大裨益。

——朱光潜

着装——穿出自己的品味

我认为，穿带补丁的衣服并不低人一等。但我肯定，人总是希望穿件时髦的，至少清洁而无补丁的衣服，甚至把这看得比拥有良知还重要。

——梭　罗

只有当你想得到别人的尊重而又没有其他办法时，漂亮的衣服才能派上用场。

——塞缪尔·约翰逊

最朴素的往往是最华丽的，最简单的往往是最时髦的，素装淡抹常常胜过浓妆艳服。

——莫罗阿

漂亮的服装将为你叩开所有的大门。

——托·富勒

精致服装的好处仅是为你提供赢得尊敬需要的手段。

——塞缪尔·约翰逊

我并不提倡“人靠衣裳马靠鞍”这句话，但是，必须靠外表来判断一个人的时候，首先看的还是脸和服装。

——樱井秀勋

女人都清楚地知道，通常所说的崇高的、诗一般的爱情并不取决于德行，而是取决于频繁的幽会、头发梳理的样子以及衣服的颜色和款式。

——列夫·托尔斯泰

人穿好衣服还有原因：只要你穿得体面，狗就不会咬你，而会对你敬三分。

——爱默生

名人名言

拜伦小传

拜　伦　(1788—1824)1788 年 1 月 22 日生于英国的一个破落的贵族家庭。成年后，适逢欧洲各国民主民族革命兴起的时代，他反对专制压迫，支持人民革命的民主思想。20 岁，他出国游历，先后去过许多国家。1811 年回国。他在这次旅途中写下了长诗《哈罗尔德游记》，发表后震动了欧洲的诗坛。拜伦一生为民主、自由、民族解放的理想而斗争，而且努力创作。他的作品具有重大的历史进步意义和艺术价值。他未完成的长篇诗体小说《唐璜》，是一部气势宏伟、意境开阔、见解高超、艺术卓越的叙事长诗，在英国乃至欧洲的文学史上都是罕见的。1824 年 4 月 19 日逝世。

拜伦的故事——永不服输

拜伦在上阿伯丁小学时，因跛足很少运动，身体虚弱，走路都困难。一天，几个健壮的同学在操场上踢足球，一个健壮而顽皮的同学郎司跑过来拉他去踢足球。拜伦不肯，郎司眼珠一转，想出了个坏主意。他恶作剧式地找来一只篮子，强迫拜伦把一只脚放进去，“穿”着这只篮子绕场一圈。当时拜伦真想扑上去打郎司一拳。但怎么打得过高大健壮的郎司呢？无奈只好忍气吞声地把篮子穿在脚上，一跛一拐地绕操场走起来。

但这次当众受辱的经历激发了拜伦的志气，他意识到一切不公都来自于自己的体弱。后来，拜伦刻苦参加各项运动。一年半以后，他的体质明显增强了，手臂上的肌肉也凸了起来。不久，他参加了学校运动会，恰巧他在拳击比赛中与郎司相遇，激战相持了很久，最后，拜伦一个勾拳，击中郎司下巴，把他打倒在台上。观众为拜伦的志气、力量和永不服输的精神深深感染，他们欢呼着将拜伦抛向空中。

不管你穿什么衣服,人总还是那样的人。

——罗曼·罗兰

男女服装之最大不同,便是男装之遮盖身体无微不至,仅仅露出一张脸和两只手吸取日光紫外线,女装的趋势,则求遮盖愈少愈好。

——梁实秋

必要的时候不妨把衣服穿得马虎一点,可是心灵必须保持整洁才行。

——马克·吐温

再漂亮的时装也会很快过时。

——托·富勒

制服,给人安稳的同时又给人尊敬的感觉,所有的服装或多或少都是制服。

——亚　兰

服装和举止不能造就一个人,但他被造就成人时,服装和举止就会极大地改善他的外貌。

——比　彻

任何人,甚至一个证券经纪人都会因穿上晚礼服、戴着领带所表现的文雅而赢得名誉。

——王尔德

出国不要制装。我不明白为什么外国人到中国来就不需要制中装,而中国人到外国去就要制西装。

——梁实秋

讲究衣着是一件十分愚蠢的事情,但对一个男人来说,不讲究衣着更加愚蠢。

——切斯特菲尔德

情操上的任何微瑕都会使你美丽的服饰失去全部魅力。

——爱默生

男人由衣服来相配,女人则自己去配衣服。

——豪　夫

人应当一切都美,外貌、衣裳、灵魂、思想。

——契诃夫

尽你的财力购贵重的衣服，可是不要炫新立异，必须富丽而不浮艳，因为服装往往可以表现人格。

——莎士比亚

装饰可以使多少活生生的女人得到幸福，同时也可以使得别人感到美的享受和幸福。

——卢　梭

仪容不修，举止浪漫，如此亲近你的人只是假意而已，远离你的人倒是正直坦率的。

——富兰克林

我们的穿着必须给人一种整洁的印象，服饰不必过分考究，只要不邋遢就行。

——西塞罗

年轻人应该装束得华丽潇洒一些，表示他的健康活泼，正像老年人应该装束得朴素大方一些，表示他的矜严庄重一样。

——莎士比亚

服饰是女人容貌的一部分，衣装不整齐就等于是容貌不端正或有伤痕。

——哈　代

只把穿着打扮视为生活中的首要内容的人，他们的价值还比不上他们的衣服。

——威·哈兹里特

装饰的华丽可以显示出一个人的富有，优雅可以显示出一个人的趣味；但一个人的健康与茁壮则须由另外的标志来识别。

——卢　梭

对于一个明智和懂事的人而言，衣着的第一要求，应永远是得体和整洁。

——华盛顿

一个相当标致的女人可以无需装饰品的帮助，运用艺术的手法，把化妆下降到次要的地位，而突出自己朴素的美。

——巴尔扎克

无论如何，一个人应永远保持有礼貌和穿着整齐。

——海登斯坦

情趣——安逸是对辛劳的奖赏

千金不足惜，宁静价连城。

——莫泊桑

人只有勤奋工作，才能尽情享受安逸。

——克·杰罗姆

安逸是对辛劳的奖赏。

——约翰·雷

安逸的生活和懒惰的生活不是一回事。

——富兰克林

要想得到安逸，就要合理安排自己的时间。

——富兰克林

幽雅比美丽更富有魅力。

——爱默生

仅有丽质而无幽雅的神态，有如鱼钩上未放钓饵。

——爱默生

生活的乐趣取决于生活者本身，而不是取决于工作或地点。

——爱默生

有时间增加自己精神财富的人才是真正享受到安逸的人。

——梭　罗

悠闲就是指做一些益事的时间。

——纳塞尼尔·豪

以诗常会友，惟德自成邻。

——臧克家

幽默当然用笑来发泄，但是笑未必就表示着幽默。

——钱钟书

有喜有忧，有笑有泪，有花有实，有香有色，既须劳动，又长见识，这就是养花的乐趣。

——老 舍

有一种方法可以获得恬静。我认为，这种方法不仅对我，而且对所有人，都是行之有效的。这个办法是：临窗遥望繁星。

——爱默生

寂寞中有不可言传的和谐，静默中有无限的创造。

——徐志摩

趣味是人生中不可缺少的东西，一切的力量，一切的创造，一切的罪恶，全在这上面培养、教育、结束。

——王统照

玩笑与幽默不仅令人开怀，而且还常有妙用。

——西塞罗

安闲有益于身心。

——奥维德

装疯卖傻有时也有乐趣。

——塞内加

清闲是一切财富中最难得的。

——第欧根尼

你将会发现：垂钓是人类的一种美德，它具有平心静气的精神和祈祷万福的境界。

——艾·沃尔顿

圣哲道："要想悠闲地生活，最好的办法就是减少工作。"

——马可·奥勒利乌斯

乐趣的先决条件是美德，没有美德也就不会有什么乐趣。

——第欧根尼

正如和平是战争的目的一样，忙碌的目的是安逸。

——塞缪尔·约翰逊

一个人思虑太多，就会失去做人的乐趣。

——莎士比亚

我们说乐趣是生活的目的，并非指浪子之乐，或肉体之乐……肉体摆脱痛苦，灵魂得到解脱，这才是我们所说的乐趣。

——伊壁鸠鲁

在闲暇的时候去垂钓并不是浪费光阴；它使我大脑松弛，心旷神怡，使我忘却悲伤，抛弃烦恼与恶欲，换来心灵的满足。

——艾·沃尔顿

缺乏幽默感的人不能算是完善的人。

——柯勒律治

生活中有三种纯洁而又持久的乐趣，均来自无生命的东西，那就是图书、绘画和自然界。

——威·赫兹里特

只有圆满地完成自己的艰苦工作，人才能得到安宁。

——骚塞

别人认为你干不成的事你干成了，这就是人生最大的乐趣。

——白哲特

狩猎是北美洲野人的生计，却是英国绅士的娱乐。

——博斯威尔

无论城市还是乡村，都不能给我们提供幽静的环境，幽静在我们心灵的深处。

——约瑟夫·鲁

无所事事使人不得安宁，即便是国王也要有事情做。

——兰多尔

能聪明地充实闲暇时间是人类文明的最新成果。

——伯·罗素

二十、养生之道

健康的价值，贵重无比。它是人类为了追求它而唯一值得付出时间、血汗、劳力、财富——甚至付出生命的东西。

——蒙　田

健康——生活的出发点

残疾人也有光明的前途。残疾并不可怕，可怕的是思想的残疾。

——宁德伟

一个人的身体健康，绝不是个人的，要把它看作是社会的宝贵财富。

——徐特立

健康为最好的天赋，知足为最大的财富，信任为最佳的品德。

——释迦牟尼

人民的健康是幸福和国力的真正基础。

——迪斯累里

一个民族，老当益壮的人多，那个民族一定强；一个民族，未老先衰的人多，那个民族一定弱。

——郭沫若

健康当然比金钱更为可贵，因为我们所赖以获得金钱的条件就是健康。

——约翰逊

身体的经久比美丽更好。

——伊　索

良好的健康状况和由之而来的愉快的情绪，是幸福的最好资本。

——斯宾塞

健康是智慧的条件、快乐的标志，也是开朗和高尚的天性。

——爱默生

健康的人最重视的是生活，特别是有天才的人，因为他比别人更需要生活。

——罗曼·罗兰

保持身体健康是一种职责，但是只有极少数人意识到这一点。

——斯宾塞

我们深信健康是生活的出发点，也就是教育的出发点。

——陶行知

世界上没有比结实的肌肉和新鲜的皮肤更美丽的衣裳。

——马雅可夫斯基

伟大的事业基于高深的学问，坚强的意志在于强健的体魄。

——孙中山

健康人不知道健康的珍贵，只有病人才知道。

——卡莱尔

对人生来说，健康并不是目的，但它是第一个条件。

——武者小路实笃

健康的乞丐比有病的国王幸福。

——叔本华

一个人最严重的错误是，为追求利益而牺牲健康。

——叔本华

我们当尽力维护健康，唯有健康方能绽出愉悦的花朵。

——叔本华

身体强健的主要标准在能忍耐劳苦。

——洛　克

健康和聪明是人生的两大幸福要素。

——米南德

唯有健康才是人生。

——哈格多恩

健康是自然所能给我们准备的最公平最珍贵的礼物。

——蒙　田

健康是智慧的条件，是愉快的标志。

——爱默生

忧愁、顾虑和悲观，可以使人得病；积极、愉快和坚强的意志及乐观的情绪，可以战胜疾病，更可以使人强壮和长寿。

——巴甫洛夫

健全的肉体是健全心灵的产物。

——萧伯纳

健康的价值贵重无比，唯有它才是人生的追求目标。

——蒙　田

我们要能工作，要有幸福，必须先有健康。

——洛　克

身体健康才是幸福。

——狄更斯

健康就是金子一样的东西。

——高尔基

健康是我们人类得以享受的第二快乐——一种金钱买不到的幸福。

——沃尔顿

健康是一种自由——在一切自由中首屈一指。

——亚美路

健康是至上的快乐，可以说，是一切快乐的根本。

——托马斯·莫尔

健康和愉快相辅相成。

——爱迪生

没有健康，一切喜悦都将无从谈起。

——盖　伊

理想的人是品德、健康、才能三位一体的人。

——木村久一

不是任何生命都有生气，唯有健康的生命才充满了生气。

——马提雅尔

没有一个朋友能够比得上健康，没有一个敌人能够比得上疾病。

——《五卷书》

强健的身体和活泼的精神是个人生趣的根源，工作的利器。

——杨贤江

没有什么比健康更快乐了，虽然他们在生病之前并不曾觉得那是最大的快乐。

——柏拉图

居里夫人小传

居里夫人　(1867—1934)法国籍波兰科学家,研究放射性现象,发现镭和钋两种放射性元素,一生两度获诺贝尔奖。居里夫人一生创造、发展了放射科学,长期无畏地研究强烈放射性物质,直至最后把生命贡献给了这门科学。她一生中共得过包括诺贝尔奖在内的10种著名奖金,得到国际高级学术机构颁发的奖章16枚,世界各国政府和科研机构授予的各种头衔多达100多个。但是她一如既往地那样谦虚谨慎。伟大的科学家爱因斯坦评价说:"在我认识的所有著名人物里面,居里夫人是唯一不为盛名所颠倒的人。"

居里夫人的故事——这违背科学精神

居里夫妇发现镭后,世界各地纷纷来信索求制镭的方法。怎样处理这件事呢?

某星期日的早晨,他们进行了5分钟的谈话。彼埃尔·居里平静地说:"我们必须在两种决定之中选择一个。一种是毫无保留地叙述我们的研究结果,包括提炼办法在内……"居里夫人做了一个赞成的手势说:"是这样的。"彼埃尔继续说:"或者我们可以以镭的所有者和发明者自居。若是这样,那么,在你发表你用什么方法提炼铀沥青矿之前,我们须先取得这种技术的专利执照,并且确定我们在世界各地造镭业上应有的权利。"

"专利"代表着舒适的生活,巨额的金钱,但是,居里夫人坚定地说:"我们不能这样办,这违背科学精神。"

专心于健康的事越少，变为不健康的倾向的危险就越大。

——狄更斯

疾病能感觉到，而健康则一点感觉不到。

——富　勒

我的幸福十分之九是建立在健康基础上的。健康就是一切。

——叔本华

科学的基础是健康的身体。

——居里夫人

健康是个人的欲望和能力与社会秩序的和谐。

——魏特林

病有千百种，健康只有一种。

——贝尔奈

适当的休息，是健身的主要秘诀之一，万不可忽略。忽略健康的人，就是等于在与自己的生命开玩笑。

——陶行知

健康加富裕就能创造出美来。

——博　恩

养生——乐观是养生的唯一秘诀

节制和劳动是人类的两个真正医生。

——卢　梭

长寿之道在于我有快乐的性格。

——阿巴斯·哈萨

散步能促进我的思想。我的身体必须不断运动，脑力才会开动起来。

——卢　梭

健全自己的身体，保持合理的规律生活，就是自我修养的基础。

——周恩来

壮志因愁减，衰容与病俱。

——白居易

欢乐就是健康，忧郁就是病魔。

——哈利伯顿

世界上最高级的三个医师：节食博士、安宁博士、快乐博士。

——斯威夫特

乐观是养生的唯一秘诀，常常忧思和愤怒，足以使健康的身体变成衰弱而有余。

——屠格涅夫

起居时，饮食节，寒暑适，则身利而寿命益。

——管　子

饮食节制常常使人头脑清醒、思想敏捷。

——富兰克林

心情愉快是肉体和精神的最佳卫生法。

——乔治·桑

长期的心灰意懒以及烦恼足以致人于贫病枯萎。

——布　朗

早睡早起最能使美丽的脸鲜艳，并降低胭脂的价值，至少几个冬天。

——拜　伦

人无泰然之习惯，必无健康之身体。

——拿破仑

谁要想寿命和钱财两旺，请您从今天开始即早睡早起。

——拜　伦

一种美好的心情，比十服良药更能解除生理上的疲惫和痛楚。

——马克思

养行之道，以不欺己、善加忍耐为要谛。

——贝原益轩

长期的身体毛病使最光明的前途蒙上阴暗，而强健的活力就是不幸的境遇也能放金光。

——斯宾塞

运动——生命在于运动

一个埋头脑力劳动的人，如果不经常活动四肢，那是一件极其痛苦的事情。

——托尔斯泰

器官得不到锻炼，同器官过度紧张一样，都是极其有害的。

——康　德

最易于使人衰竭，最易于损害一个人的，莫过于长期不从事体力活动。

——希波克拉底

运动是健康的泉源，也是长寿的秘诀。

——马约翰

运动是一切生命的源泉。

——达·芬奇

健全的头脑寓于健全的体格。

——尤维纳利斯

年轻人有的是健康，因而他也就浪费健康。到了觉得健康值得宝贵的时候，那犹如已经把钱失掉了的败家子，是已经失掉健康了。

——郭沫若

散步不需要伴侣，东望西望没人管，快步慢步由你说，这不但是自由，而且只有这种时候才特别容易领略到“前不见古人，后不见来者”那种“分段苦”的味道。

——梁实秋

一般说来，只因为运动，我们才获得印象，我们可以构成一个公理，即：没有运动，便没有感觉。

——拉瓦锡

家庭应当用尽各种方法，鼓励儿童对运动的兴趣。

——马卡连柯

轻快的步行如同其他形式的运动一样，是治疗情绪紧张的一副理想的“解毒剂”，并能改善人们的一般健康。

——怀　特

生命在于运动,不运动等于死亡。

——路·莫里斯

作为一个民族来看,我们训练不足,我们旁观但没有参与。我们以车代步,这种养尊处优的生活方式剥夺了我们为有强健体魄而进行最低度体育锻炼的机会。

——肯尼迪

运动是身体的锻炼、德性的培养。

——雨　果

游戏活动是身体幸福所不能缺少的。

——斯宾塞

一个人如果不经常从事运动,身体不可能健壮。

——培　根

生活多美好啊,体育锻炼乐趣无穷!

——普希金

沉寂意味死亡,生命在于运动。

——帕斯卡

散步能促进我的思想,我们的身体必须运动,脑力才会开动起来。

——卢　梭

走路是最好的运动,人应该养成走长路的习惯。

——杰弗逊

对于那些具有强烈的爱好,其活动又都恰当适宜,并且不受个人情感影响的人们,成功地度过老年绝非难事。

——罗　素

静止便是死亡,只有运动才能敲开永生的大门。

——泰戈尔

运动是世界上最好的安定剂。

——怀　特

人的健全,不但靠饮食,尤靠运动。

——蔡元培

良好的健康状况和由之而来的愉快的情绪,是幸福的最好资金。

——斯宾塞

生活就是运动,人的生活就是运动。

——托尔斯泰

愉快的笑声——这是精神健康的可靠标记。

——高尔基

体育是增进青年健康、发展他们的体力和各种能力的必要条件。

——凯洛夫

我们力求使学生深信,由于经常的体育锻炼,不仅能发展身体的美和动作的和谐,而且能形成人的性格,锻炼意志力。

——苏霍姆林斯基

体育对于儿童的脑力紧张不会增加负担,相反,它在脑力作业之后起一种松弛作用,使脑力得到特殊的休息。

——加里宁

一身动,则一身强;一家动,则一家强;一国动,则一国强;天下动,则天下强。

——颜　元

身体必须要有精力,才能听从精神的支配。

——卢　梭

强国必先强种,强种必先强身。

——张伯苓

为了建设祖国和谋取人类幸福作贡献,必须讲强身之道,坚持体育锻炼。

——宋庆龄

有健康的身体才有健全的精神。

——洛　克

生命在于矛盾,在于运动。一旦矛盾消除,运动停止,生命也就结束了。

——歌　德

锻炼身体要经常,要坚持,人同机器一样,经常运动才能不生锈。

——朱　德

要坚持革命,坚持学习,坚持锻炼。

——邓颖超

只有经常运动才能保持生命力的旺盛。

——帕斯卡

我们的生命力存在于运动之中,绝对的静止就是死亡。

——帕斯卡

健康是为我们的事业和我们的福利所必需的。没有健康,就不可能有什么福利、有什么幸福!

——约翰·洛克

若要培养出健康、强壮、灵敏、机智、勇敢,既善于克服困难,又卓有信心正视前面的人,则体育和运动乃是很重要的因素。

——加里宁

要从小把自己锻炼得身强力壮,能吃苦耐劳,不要娇滴滴的,到大自然里去远走高攀吧!

——恩里科费米

有秩序的健康生活必须是教育的基础;同样也是教育的最初准备。

——赫尔巴特

钢是在烈火和急剧冷却里锻炼出来的,所以才能坚硬和什么也不怕。我们的一代也是这样在斗争中和可怕的考验中锻炼出来的,学习不在生活面前屈服。

——奥斯特洛夫斯基

健康的身体是灵魂的客厅,病弱的身体是灵魂的监狱。

——培　根

劳动——财富之父

劳动唯有使人甘美。绝不会成为重荷,唯有心怀忧心事才会厌恶劳动。

——普鲁曼

只有经过劳动,思想才会变得健全;而只有注重思想,劳动才显得快乐。此二者不能加以分割。

——罗斯金

劳动一天，可得一夜的安眠；勤劳一生，可得幸福的长眠。

——达·芬奇

劳动和节制是人类最好的两个医生。劳动增进食欲，节制防止放纵过度。

——弥尔顿

奢侈只是从他人的劳动中获取安乐而已。

——孟德斯鸠

人的天赋就像火花，它既可以熄灭也可以燃烧起来。而逼使它燃烧成熊熊大火的方法只有一个，就是劳动，再劳动。

——高尔基

假如没有劳动这个压舱的货物，任何风暴都会使生活之船翻掉。

——司汤达

为人类的幸福而劳动，这是多么壮丽的事业，这个目的有多么伟大！

——圣西门

学习是劳动，并且应当永远是劳动，是充满了思想的劳动。

——乌申斯基

年轻人对劳动不能凭空产生热爱，只有通过劳动才能获得这个珍宝。

——苏霍姆林斯基

劳动使人变得高尚。

——别林斯基

劳动可以使我们摆脱三大灾祸：寂寞、恶习、贫困。

——伏尔泰

甚至当你已经达到最高幸福境界时，你也不应该搁起双手闲坐，你应该不停地劳动。

——鲁达基

劳动的主要长处在于它本身既是目的也是手段——欢乐在于劳动，而不在于劳动的成果。

——阿明·雷哈尼

为了工作而工作，是工作的真义；希望借工作而获得报酬的人，只是在为报酬效劳而已。

——贝　克

劳动是一切知识的源泉。

——陶　铸

没有顽强的细心的劳动，即使是有才华的人也会变成绣花枕头似的无用的玩物。

——斯坦尼斯拉夫斯基

只有在尝到劳动滋味的满足中，才能孕育出人生的乐趣。

——考塞卜

体力劳动是防止一切社会病毒的伟大的消毒剂。

——马克思

劳动是产生一切力量、一切道德和一切幸福的威力无比的源泉。

——拉·乔乃尼奥里

如果你能把自己的全部精神灌注到劳动里面去，那么幸福本身就会找到你。

——乌申斯基

任何一个民族，如果停止劳动，不用说一年，就是几个星期，也要灭亡，这是每一个小孩都知道的。

——马克思

劳动是最伟大的美，让孩子们认识这个美，是教育的奥秘之一。

——苏霍姆林斯基

当一个人在深思的时候，他并不是在闲着。有看得见的劳动，也有看不见的劳动。

——雨　果

在人生活中最主要的是劳动训练。没有劳动就不可能有正常人的生活。

——卢　梭

劳动是财富之父，土地是财富之母。

——威廉·配第

劳动是社会中每个人不可避免的义务。

——卢　梭

完善的新人应该是在劳动之中和为了劳动而培养起来的。

——欧　文

劳动是人类存在的基础和手段，是一个人在体格、智慧和道德上臻于完善的源泉。

——乌申斯基

在重视劳动和尊敬劳动者的基础上，我们有可能来创造自己的新的道德。劳动和科学是世界上最伟大的两种力量。

——高尔基

看呀！世界不是劳动的艺术品吗？没有劳动，就没有世界。

——邓中夏

既然思想存在于劳动之中，人就要靠劳动而生存。

——苏霍姆林斯基

社会主义制度的建立给我们开辟了一条到达理想境界的道路，而理想境界的实现还要靠我们的辛勤劳动。

——毛泽东

天才不能使人不必工作，不能代替劳动。要发展天才，必须长时间地学习和高度紧张地工作。人越有天才，他面临的任务也越复杂，越重要。

——斯米尔诺夫

正是劳动本身构成了你追求的幸福的主要因素，任何不是靠辛勤努力而获得的享受，很快就会变得枯燥无聊、索然无味。

——休 谟

热爱劳动吧！没有一种力量能像劳动，即集体、友爱、自由的劳动的力量那样使人成为伟大和聪明的人。

——高尔基

科学不是可以不劳而获的——诚然，在科学上除了汗流满面是没有其他获致的方法的；热情也罢，幻想也罢，以整个身心去渴望也罢，都不能代替劳动。

——赫尔岑

人生最大的快乐，是自己的劳动得到了成果。

——谢觉哉

我知道什么叫劳动，它是世界上一切欢乐和美好事情的源泉。

——高尔基

卢梭小传

卢　梭　(1712—1778)生于日内瓦，法国国籍，18世纪最杰出的思想家之一，启蒙运动者，封建旧世界和日趋巩固的资本主义关系深刻的批判者，他对欧美的社会思想、教育学和文学都起过深远的影响。卢梭的父亲是钟表匠，同时也教跳舞，对儿子缺乏照顾，使卢梭10岁就生活在社会底层，度过13年穷困的流浪生活，曾被华伦夫人收留，并接受了伏尔泰哲学思想的影响。1756年后，他发表了《新爱洛绮丝》和《爱弥尔》等作品。《爱弥尔》出版后，当局下令焚毁并逮捕作者，从此他开始流亡生活，在流亡中写成了自传《忏悔录》。1778年逝世在一个侯爵的庄园里。他死后葬在一个对他很崇拜的贵族的庄园里，直到革命年代，他的遗体才被隆重地迁移到伟人祠。

卢梭的故事——老来自我反省

卢梭在少年时曾经将自己极不光彩的盗窃行为转嫁在一个女仆的身上，致使这位无辜的少女蒙冤受屈，成功后卢梭为这件事陷入痛苦的回忆中。他说："在我苦恼得睡不着的时候，便看到这个可怜的姑娘前来谴责我的罪行，好像这个罪行是昨天才犯的。"

卢梭在他的名著《忏悔录》中对自己作了严肃而深刻的批判。他敢把这件丑事公诸世人，显示了他彻底反省的坦荡胸怀和不同凡响的伟大人格。

乐劳苦，营本业，其后衣食必有余。纵口腹，事游逸，其后衣食必不足。此非天命，乃自取者也。

——倪文节

我觉得人生求乐的方法，莫过于尊重劳动，一切乐境，都可由劳动得来，一切苦境，都可由劳动解脱。

——李大钊

知识是从刻苦劳动中得来的，任何成就都是刻苦劳动的结晶。

——宋庆龄

劳动是幸福之父。

——富兰克林

人在自己的劳动中创造自己并理解劳动的美。

——苏霍姆林斯基

学习和劳动的结合，就在于干活时思考和思考时干活。

——苏霍姆林斯基

灵感，不过是“顽强地劳动而获得的奖赏”。

——列　宾

劳动是人生一桩最要紧的事件。

——蔡元培

最大的无聊却是为了无聊费尽辛劳。

——莎士比亚

肉体的劳动可以消除我们内心的疲倦，这就是穷人的快乐。

——罗休夫柯

不息的劳作是人生全部意义之所在。

——塞涅卡

劳动是使有如圣火光辉的良心不断在你的胸中燃烧。

——华盛顿

用劳动实现自己的理想；用理想指导自己的劳动。

——陈　毅

一切归劳动者所有，哪能容得寄生虫。

——欧仁·鲍狄埃

铁不用就会生锈，水不流就会发臭，人的智慧不用就会枯萎。

——达·芬奇

平日不劳动的人，一生也没有幸福过。

——涅克拉索夫

欢乐与行动会使人觉得时光缩短。

——莎士比亚

我们的第一个哲学教师是我们的两条腿、一双手和一对眼睛。

——卢　梭

二十一、多才多艺

艺术不是享乐、安慰或娱乐；艺术是一桩伟大的事业。艺术是人类生活中把人们的理性意识转化为感情的一种工具。

——列夫·托尔斯泰

艺术——感情的传递

在一个自由的社会里，艺术绝不是一种武器。

——肯尼迪

艺术远没有生活重要，但是没有艺术的生活是多么乏味啊！

——罗伯特·马瑟韦尔

艺术和宗教是两条使人着迷并逃离现实的道路。

——克莱夫·贝尔

如果没有艺术的话，粗鲁的现实会使世界难以忍受。

——萧伯纳

人们容易被他们同时代的艺术感动，这倒不是因为这种艺术更完善，而是因为他们与这种艺术有密切的联系。

——爱伦堡

艺术总是被两种东西占据着：一方面坚持不懈地探索死亡，另一方面始终如一地以此创造生命。

——帕斯捷尔纳克

在诸般艺术中可以说诗和雄辩类似音乐，而散文可以说类似建筑、雕刻和绘画。

——亚　兰

自由与进步是艺术的目标，如在整个人生中一样。

——贝多芬

艺术就是要表现最道德、最健康、最美好的事物，这就是舞蹈家的使命。

——邓　肯

如果艺术放弃了它的富于想象力的媒介，那么艺术也就放弃了一切。

——王尔德

所谓艺术就是塑造大自然的人性，也就是塑造自然、现实、纯真的人性。

——梵　高

不能真切、深刻，也就不成为艺术。

——鲁　迅

生命是短暂的，艺术是永存的。

——辛尼加

一般说来，生活就是“一切艺术的永恒的源泉”。

——屠格涅夫

艺术像一架显微镜，艺术家用它揭示自己心灵的秘密，向所有的人显示出人们共有的秘密。

——列夫·托尔斯泰

如果我们欣赏一幅画，因此忘掉了艺术家，艺术家一定认为这是对他的最高赞美。

——席　勒

艺术是自然的右手。自然只让我们存生，而艺术创造我们的人类。

——席　勒

生活是艺术所生长的最肥沃的土壤，思想与情感必须在它的底层蔓延自己的根须。

——艾　青

艺术是比经验更具有高尚形态的知识。

——亚里士多德

艺术是感情的传递。

——列夫·托尔斯泰

秉性是上天的启示，艺术是人类的启示。

——朗费罗

与人类生活有关的所有艺术形式都被一根微妙的纽带联系在一起。

——西塞罗

山陰任頤伯年
壬午九月

最高的艺术是要把观念纳入形象。一个字应包含无数的思想，一个画面要概括整套的哲理。

——巴尔扎克

不论有多杰出的艺术家，一旦和真实断绝关系，不是趋于死亡，就是完全陷于疯狂。

——卡莱尔

离开了思想的美，就没有艺术的美。

——秦　牧

艺术不歪曲事物的本来面貌，它只向人类展示事物的真实原形。

——罗斯金

艺术家既是自然的主宰，又是自然的奴隶。

——歌　德

离开了民族性，就既没有艺术，也没有真理，也没有生命，什么也没有。

——屠格涅夫

大自然创造的是花卉，把它们编成花环的是艺术。

——歌　德

艺术的道路不在于它的美丽里面，而是我所重视的第一风格，其次才是真实。

——福楼拜

艺术的历史是一部不断复兴的历史。

——卢卡奇

所有艺术都是亲兄弟；每一种艺术都能给另一种艺术以启迪。

——伏尔泰

艺术家不看俗人看自然。艺术家的感动，在于挖掘出隐藏在自然外衣之下的真实。

——罗　丹

艺术是自然的造化，但自从它们开始相信艺术为最高目的的瞬间起，颓废倾向就开始了。

——米　勒

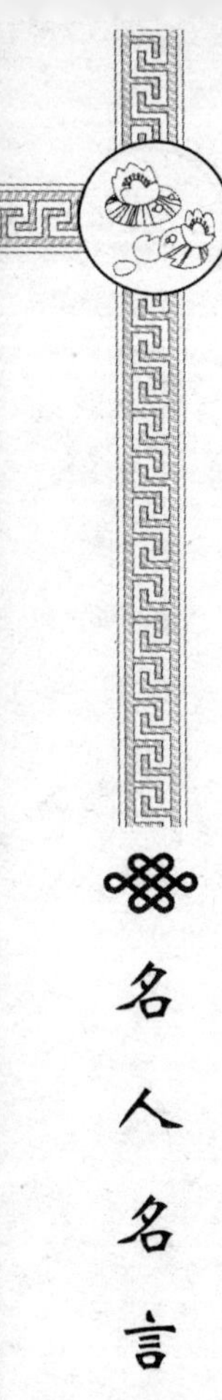

艺术创作需要付出艰苦的劳动，而短暂的生命就是这劳动的报酬。

——席　勒

艺术趣味的培养，有赖于传统文化艺术的滋养。

——宗白华

在艺术作品中，最富有意义的部分即技巧以外的个性。

——林语堂

一切美好的艺术都是来自人类的精神，不需要任何外表虚饰。

——邓　肯

一件完美的物品不会给艺术家什么灵感，因为它缺乏缺陷美。

——王尔德

我的艺术必须为贫困人们的幸福而奉献。

——贝多芬

艺术家表现的绝不是他自己的真实情感，而是他认识到的人类情感。

——朗　格

描绘同构思愈相符合，……艺术作品的形式同它的思想愈相符合，那么这种描绘就愈成功。

——普列汉诺夫

艺术是浑然一体的，只有融合了一切种类的艺术才能臻于最完美的境界。

——列夫·托尔斯泰

艺术家的工作是在社会生活的河流里发现出本质的共性，创造出血液温暖的人物来。

——胡　风

精湛而又朴实的艺术，是以得到艺术家的最高升华和公众的最高赞扬为前提的。

——阿米尔

艺术家的任务不是要使人们为虚构的人物的行为而感动或愤怒。

——柴伐蒂尼

伟大的艺术家大都是在人生的战场中奋斗过来的。

——张闻天

人生是带刺的蔷薇树，艺术是在这树上盛开的花。

——艾伯斯

艺术，不是充饥的面包，不是育婴的摇篮，更不是吓麻雀的稻草人，而是开启心灵的钥匙。

——王朝闻

艺术作品的源泉是想象的自由活动，而想象就连在随意创造形象时也比自然较自由。

——黑格尔

艺术上不同的形式和风格可以自由发展，科学上不同的学派可以自由争论。

——毛泽东

艺术家必须为自己的艺术而牺牲，就像蜜蜂以刺赌注它的生命。

——爱默生

艺术家首先是自己时代的人，是自己时代的悲喜剧的直接观看者和积极参加者。

——高尔基

没有一种艺术可以不为别人或没有别人参加创造的。

——萨　特

犹如阳光使百花绚丽多姿，艺术使生活丰富多彩。

——史太因林

艺术与科学的价值，在于对万众的利益作全无私欲的奉献与服务。

——罗斯金

你可以杀一个艺术家或思想家，但你不能得到他的艺术或思想。

——李大钊

艺术产生于人，其人的作品中自然而然地流露出其人的个性。

——三木清

花长在土地和水上，土地和水就是生活，一切艺术的根源是生活。

——艾　青

艺术家是自然的爱人，他是她的奴隶和主人。

——泰戈尔

艺术并不超越自然，不过使自然更完美而已。

——塞万提斯

给人的心灵深处送去光明，这就是艺术家的使命

——舒　曼

真正的艺术家总是冒着危险去推倒一切既存的偏见，而表现他自己所想到的东西。

——罗　丹

美学——引人向善的力量

一个人的美不在外表，而在才华、气质和品格。

——马雅可夫斯基

最美的东西是无法用画笔表现的。

——培　根

美能激发人的感情，爱能净化人的心灵。

——迪　南

人得自天赋的美感应该提高到由学习、修养而形成的审美趣味的水平。

——别林斯基

美的东西应该让大家都能看到，只有这样，它才会有生命力。

——高尔基

人的根本改造应当从儿童的感情教育、美的教育入手。

——郭沫若

美与丑，并不在于一个人的本来面貌如何，而在于他是如何看待自己的。

——索洛维契克

点燃了的火炬不是为了火炬本身，就像我们的美德应该超过自己照亮别人，否则等于没用。

——莎士比亚

世界上最自然之美，乃基于精神上的诚与真。

——沙甫慈白利

绝大多数哲人，以及最伟大的人物，都通过对美的欣赏和沉思来补偿学校教育，并获得智慧。

——蒙　田

黄金的作用大，但美的作用更大，这一点是千真万确的。

——马辛杰

不要因为长期埋头科学而失去对生活、对美、对诗意的感受能力。

——达尔文

请热爱真实，因为它是美的，只要你能辨认它，并深刻感受它。

——安格尔

漂亮是美的，“艺术的价值”也是美——抽象的美，无所附丽的美。

——瞿秋白

科学和艺术也是为最高的善服务的，而这最高的善同时就是最高的真和美。

——别林斯基

用劳动来创造美的时候，美才能使人的情操更为高尚。

——苏霍姆林斯基

孔雀虽然为自己的羽毛而自豪，也为丑陋的双脚感到不安。

——萨　迪

美具有引人向善的作用和力量。

——柏拉图

丑和美不但可互转，而且可以由反衬而使美者愈美，丑者愈丑。

——朱光潜

美——是道德纯洁、精神丰富和体魄健全的强大源泉。

——苏霍姆林斯基

色彩的感觉是一般美感中最大众化的形式。

——马克思

你不要忘了我最喜欢的一句箴言：“自然总是美的。”能了解自然向我们指出的，这就够了。

——罗　丹

列宁小传

列　宁　(1870—1924)出生在伏尔加河岸的辛比尔斯克城,即现在的乌里扬诺夫斯克,是马克思、恩格斯创立的无产阶级学说及其事业的继承者。他创建了俄国布尔什维克党,并缔造了世界上第一个社会主义国家苏联,他是世界无产阶级及其他劳动人民的领袖和导师、殖民地半殖民地被压迫民族的朋友。列宁是新型无产阶级政党的缔造者,又是社会主义建设的指导者。他是把自己的一切都奉献给革命事业的无产阶级的领袖,不知疲倦和长期紧张的政治活动,以及社会革命党暗杀造成的创伤,严重损害了他的健康,从 1922 年上半年起,便身患重病。1924 年 1 月 21 日,列宁与世长辞。他的逝世是全世界无产阶级和劳动人民最沉痛的损失。他为人类作出的杰出贡献永垂青史。

列宁的故事——妙计对付宪兵

1897 年,列宁被沙皇俄国当局逮捕并流放到西伯利亚。在流放地,列宁仍然从事着大量的革命活动,并同散落在各地的社会民主主义者保持着广泛而密切的联系。

1899 年 5 月 2 日晚,一队沙皇宪兵突然闯入列宁的住处,要对列宁的屋子进行搜查。列宁不慌不忙地给宪兵们递上椅子,让他们从柜子的顶层搜起。宪兵们爬上椅子开始搜查。

一开始,他们查得非常认真,但是,看着看着,就被一叠叠的统计资料汇编弄糊涂了,渐渐失去了耐心,当搜到下面几格的材料时,只是匆匆地拉开扫了几眼就关上了,最后,宪兵们一无所获无可奈何地离去了。而列宁最重要的文件和书信,正是放在柜子下面的几个格子里。

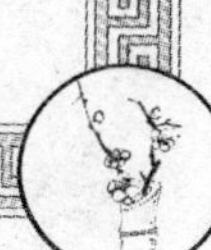

文学——精神上的指导

因为文学家是解剖社会的医生，挖掘灵魂的探险家，悲天悯人的宗教家，热情如沸的革命家；所以要做他的代言人，也得像宗教家一般的虔诚，像科学家一般的精密，像革命志士一般的刻苦顽强。

——傅 雷

文学是对待一代实行潜移默化的很有力的工具。它能帮助青年了解生活，了解人们，了解人们精神寄托的所在，了解人们思想情感的表现；定会教育青年学会观察人们，知道什么东西在经常激励他们。

——克鲁普斯卡娅

文学是经由语句组织起来，而成为一种扣动人类心弦和生命息息相关的东西。

——歌 德

文学是优美的形象语言艺术，这种语言有如动人的旋律。正是这种高雅的气氛"陶冶"着人的心灵。

——瓦西利夫

对一个作家而言，人脑远胜于电脑！

——维 纳

文学是社会现象经过创造过程的反映；反过来，社会要受到文学的创造性的影响而被塑造。社会向文学提供素材，文学向社会提供规范。

——郭沫若

文学应当预见到未来的发展规律，创造未来的人物的形象。

——谢德林

人们对博览群书者怀有崇高的敬意，这本身就是对文学的极大赞誉。

——爱默生

世界上不可能用任何人力材料建筑的宫殿和城堡，原可以用文字作成功的。

——沈从文

文学作品应当能使读者不仅从作品所说的事情中，而且从述说这些事情的方式中，得到快乐；否则，就称不上是文学。

——布鲁克

文学既然在于解释生活，充当抽象的科学以及读者大众之间的中介人，给人一种令人高尚起来的审美享受，激起智慧有所作为，那么它对人类的发展多多少少总会有所影响，在历史运动中多多少少总会起重要的作用。

——车尔尼雪夫斯基

文学像炉中的火一样，我们从人家借得火来，把自己点燃，而后再传给别人，以致为大家所共有。

——福楼拜

文学经常预测人生。文学不是复制人生，其目的是铸造人生。

——王尔德

文学的第一个要素是语言。语言是文学的主要工具，它和各种事实、生活现象一起，构成了文学的材料。民间有一个最聪明的谜语确定了语言的意义，谜语说："不是蜜，但是可以粘东西。"

——高尔基

文学的一般任务是什么呢？就是把人的美、诚实、崇高的品质表现在色彩、文字、音乐、形式中。

——高尔基

鉴别文学作品的优劣，揭示它的美丑，正如筛子能把粮食与沙砾区分开来一样。

——努埃曼

文学的职能就是一种精神上的指导。

——阿·托尔斯泰

文学是一种探索人类内心奥妙的思想。

——卡莱尔

任何一个文学活动总不能在形式上产生，……俗话说得好，在空间中现存的东西，并不都能生根发芽。

——黑格尔

人们最高精神的连锁是文学，使无数弱小的心团结而为大心，是文学独具的力量。文学能揭穿黑暗，迎接光明，使人们抛弃卑鄙和浅薄，趋向高尚和精深。

——叶圣陶

人为什么需要文学？需要它来扫除我们心灵上的尘垢，需要它给我们带来希望，带来勇气，带来力量。

——巴　金

文学就是用语言来创造形象、典型的性格，用语言来反映现实事件、自然景象和思维过程。

——高尔基

只有在小说里，一切都暴露得淋漓尽致。

——D. H. 劳伦斯

优秀的作品无论你怎样去探测它，都是探不到底的。

——歌　德

好作品的秘密，在于用新的形式叙述一件旧的事情，或者用一种旧的形式叙述一件新的事情。

——R. 戴维斯

我们未曾亲身经历的体验的唯一代用品，就是文学艺术。

——索尔仁尼琴

一切优秀作品都格外真实，即使生活中果真发生过那些事，也不可能比书中所描写的更真实了。当你读完之后，你会觉得那一切故事就发生在你身边，而且以后也将属于你。

——海明威

对学术和文艺的庇护一去不复返了。我们任何人都不指望学识渊博的达官贵人的慷慨庇护，这种庇护同罗蒙诺索夫一起逝去了。我们当代的文学不但是，而且应当是气度高尚、独立不倚的。

——普希金

音乐——治疗痛苦的灵丹

歌曲像在海风中泛起的泡沫，尽管它的内容像海一样深邃。

——史文朋

音乐以其影响的魔力，在一定的程度上，能描画出想画的一切。

——莱修埃尔

名人名言

音乐是比一切智慧、一切哲学更高的启示……谁能参透音乐的意义，便能超脱寻常人无以振拔的苦难。

——贝多芬

音乐使人感觉到仿佛在汹涌的波涛上，乘着极小的船。

——列那尔

音乐最容易暴露一个人的心事，泄露最隐蔽的思想。

——罗曼·罗兰

唯有音乐，才是把我们的精神生活引向感觉生活的媒介。

——罗曼·罗兰

音乐的基本任务不在反映出客观事物，而在于反映出最内在的自我。

——黑格尔

有多少种激情，就有多少种歌曲。

——马林·麦尔生

音乐当使人类的精神爆出火花。

——贝多芬

音乐是心情的艺术，它直接针对着心情。

——黑格尔

音乐是唯一可以纵情而不会损害道德和宗教观念的享受。

——艾迪森

对于一颗苦难的心，一曲悲歌是最美的音乐。

——菲·锡德尼

最纯洁和思想最深沉的心地是最热爱色彩的。

——罗斯金

音乐是最高级的默契者，它反映了心灵和叫做上天的崇高物体之间的直接、即刻的联系。

——普吕多姆

音乐，有人将它比作花朵，因为它铺满在人生的道路上，散发出不绝的芬芳，把生活装饰得更美。

——贝多芬

“音乐是天使的演讲”，这句话形容得极妙。

——卡莱尔

音乐可以称做是人类的万能语言，人类的感情用这种语言能够向任何心灵说话，被一切人理解。

——李斯特

语言不是欣赏音乐的阻碍。爱好音乐的人不熟悉乐曲的歌词也能对音乐作出反应。

——锡坦舒·雷

没有音乐，生命是一个错误。

——尼　采

次于沉默，最接近于表达出不能表达的，就是音乐。

——赫胥黎

君子以钟鼓道志，以琴瑟乐心。

——荀　子

凡音之起，由人心生也。人心之动，物使之然也。

——《礼记·乐记》

乐者，音之所由生也，其本在人心之感于物也。

——《礼记·乐记》

歌者，直己而陈德也，动己而天地应焉。

——《礼记·乐记》

乐也者，郁于中而泄于外者也。

——韩　愈

假如心头只能歌唱着自己的悲哀和欢笑，那么世界并不需要你，不如把你的琴一起摔掉。

——裴多菲

感人的歌声留给人的记忆是长远的。无论哪一首激动人心的歌，最初在哪里听过，那里的情景就会深深地留在记忆里。

——吴伯箫

音乐是一切艺术中最超逸的，最富于神秘性的，亦是最近于为数学的。

——张申府

音乐是形诸于声的诗歌，也是形诸于声的美术画卷。

——白　云

音乐常使死亡迟延。

——伊　索

音乐和旋律，足以引导人们走进灵魂的秘境。

——苏格拉底

乐，非独以自乐也，又以乐人。

——刘　向

美色不同面，皆佳于目；悲音不共声，皆快于耳。

——王　充

音乐的理解是由两个部分组成的，是由感觉和记忆组成的。

——阿里斯托克森

音乐是对立因素的和谐的统一，把杂多导向统一，把不协调导向协调。

——波利克里托斯

和谐的乐调不仅对于人是一种很自然的工具，能说服人，使人愉快，而且还有一种惊人的力量，能表达强烈的情感。

——朗吉弩斯

治疗痛苦的灵丹——那就是音乐。

——荷　马

庄严的音乐是对于昏迷的幻觉的无上安慰，愿医治好你们那在煎炙着的失去作用的脑筋！

——莎士比亚

具有净化作用的歌曲可以产生一种无害的快感。

——亚里士多德

音乐是蕴藏着如此悦耳的催人奋进的力量。

——弥尔顿

音乐有一种魔力，可以感化人心向善，也可以诱人走上堕落之路。

——莎士比亚

音乐安慰人的情绪，不是因为它具有一种合理的力量，而是它具有使人获得摆脱的能力。

——恩匹里克

音乐像诗，只有巨匠的手才能有如此造诣，使不可名状的优雅存在于每一部作品中。

——蒲　柏

音乐是世界的共同语言。

——威尔逊

音乐是耳朵的眼睛。

——英国谚语

诗歌——最高贵的语言

仅仅有美，对诗来说是不够的。诗应该打动人心，把听众的灵魂引导到诗的意境中去。

——贺拉斯

歌与诗是一对天生和谐的姐妹。

——弥尔顿

诗是艺术的语言——最高贵的语言，最纯粹的语言。

——艾　青

诗歌能躲过坟墓，使伟大的业绩永垂青史，使英名代代相传。

——奥维德

作为一种理性的功能，诗的目的在于产生惊奇感。

——马志尼

无韵的诗句，是没有灵魂的肉体。

——斯威夫特

一般来说，诗可以理解为"想象的表现"。自有人类便有诗。

——雪　莱

如果诗的写成不能像树叶发芽那样自然，倒不如不写为妙。

——济　慈

痛苦的诗中也有欢乐，这一点只有诗人才知道。

——威·柯珀

诗不可同化于科学和伦理，一经同化，便是死亡和衰退。

——波德莱尔

诗是翻腾的内心之叹息。

——普吕多姆

伟大的诗，是民族最珍贵的宝石。

——贝多芬

诗本不过是由梦演变而来的。

——弗洛伊德

诗歌是一团火，在人的灵魂里燃烧。这火燃烧着，发热发光。

——列夫·托尔斯泰

真正的诗永远是心灵的诗，永远是心灵的歌，它很少谈论哲理，它是羞于大发议论的。

——高尔基

诗不是一种表白出来的意见。它是从一个伤口或是一个笑口涌出的一首歌曲。

——纪伯伦

诗是迷醉心怀的智慧。

——纪伯伦

人的种种情感在诗中以极其完美的形式表现出来；仿佛可以用手指将它们拈起来似的。

——泰戈尔

不能出卖灵感，但能出卖手稿。

——普希金

诗是神的词句，诗未必只存在于韵文之中，诗到处洋溢着，凡是有美和生命的地方就有诗。

——屠格涅夫

歌声在空中感到无限，图画在地上感到无限。诗呢，无论在空中、在地上都是如此。因为诗的词句含有能走动的意义与能飞翔的音乐。

——泰戈尔

动天地，感鬼神，莫近于诗。

——钟　嵘

片言可以明百意，坐驰可以役万里，工于诗者能之。

——刘禹锡

情景名为二，而实不可离。神于诗者，妙合无垠。

——王夫之

诗非异物，只是人人心头舌尖所万不获已，必欲说出之一句说话耳。

——金圣叹

诗贵有奇趣，却不是说怪话，正须得至理，理到至处，发以仄径，乃成奇趣。

——何绍基

诗有从天籁来者，有从人巧得者，不可执一以求。

——袁　枚

其言动心，其色夺目，其味适口，其音悦耳，便是佳诗。

——袁　枚

诗者，妙观逸想之所寓也，岂可限以绳墨？

——惠　洪

诗可以兴，可以观，可以群，可以怨。

——《论语》

诗贵有不尽之意，然亦须达意。

——方　熏

诗要避俗，更要避熟；剥去数层方下笔，庶不堕“熟”字界里。

——刘熙载

贝多芬小传

贝多芬 (1770—1827)18 世纪后半叶以来世界最著名的德国音乐家、人类艺术上最伟大的创造者之一。1770 年 12 月 26 日诞生于德国莱茵河畔的波恩城。13 岁任宫廷乐队大键琴手,18 岁任歌剧乐队中提琴手。1800 年 4 月举行作品音乐会,1819 年耳朵失聪,但凭借顽强的毅力写下了第三至第八交响曲等,晚年疾病缠身,仍然坚持创作,写下了第九交响曲等杰作。贝多芬通过自己的创作,特别在他的九部交响曲中,反映了那个时代伟大的人民运动和最进步的思想。他以时代和个人的命运为题,通过深刻的哲理和感人的艺术形象相结合,写出了一系列交响乐作品,表现了从斗争到胜利、从黑暗到光明、从苦难到快乐的资产阶级上升时期的精神历程。他的九首交响曲像珍珠一样永远闪闪发光。

贝多芬的故事——生平喜欢吃鱼

贝多芬生平喜欢吃鱼。在他双耳失聪后开始使用的"笔谈录"中,经常可以看到他询问哪里可以弄到好鱼的笔迹。1824 年,伦敦的竖琴制造家史东夫请贝多芬吃饭。他在巴登一家饭店的院子里,在美丽茂密的树阴底下,办了一桌宴席。贝多芬带了他的侄子卡尔一道来赴宴。当他一嗅到鱼香,心中一乐,脸上显出一副滑稽相,睁大眼睛又惊又喜,然后像狗一样地嗅着,俯身贴面地看着煮鱼的锅子……在他一一向在座的人打过招呼后,便建议把桌子搬到中午的日光下。贝多芬一坐好自己的位置,旋即露出心满意足的微笑,径直掀开煮鱼的锅盖。"棒极了,棒极了,果然是鱼!鱼是我最喜欢的了,不过这里的鱼还不算好。遥远的海国之鱼……那恐怕是我最喜欢的食物了,就是伦敦人摆在桌子上的那种……"乐陶陶的他,就这么喋喋不休地自顾自说了下去。

诗人都是些热爱、探索和传播伟大真理的人。

——华·贝利

任何伟大的诗人之所以伟大，是因为他的痛苦和幸福深深根植于社会和历史的土壤里，他从而成为社会、时代以及人类的代表和喉舌。

——别林斯基

诗人们在他们的作品里都运用了最深刻的思想，这种思想就好比果壳里隐藏的果肉，而他们所用的美妙的语言就好比果皮和树叶。

——薄伽丘

哲学家以三段论法说话，诗人则以形象和图画说话。

——别林斯基

诗人——如果不是能够撼动世代恶势力的大山的巨人，便是在花粉里翻掘的小甲虫。

——皮萨列夫

情感是诗的天性中一个主要的活动因素；没有情感就没有诗人，也没有诗。

——别林斯基

诗人如果有才华，就不单单凭质量抓住读者，也凭数量。

——契诃夫

真正的诗人不由自主地痛楚地燃烧起来，并且引燃别人的心灵。

——列夫·托尔斯泰

伟大诗人的态度就是要使奴隶高兴，使暴君害怕。

——惠特曼

历史——人类过去的知识

历史本身是自然史的一个现实的部分，是自然生成人这一过程的一个现实的部分。

——马克思

史学家只须记下事情的经过，并给以评价，不能自身参与决定事情。

——马依内克

历史是人类的过去的知识。

——伊雷内·马鲁

历史不能只记载一个行动，而必须记载一个时期，即这个时期内所发生的涉及一个人或一些人的所有事件，尽管他们之间只有偶然的联系。

——亚里士多德

历史展示出现在与过去的一种对话，在这种对话中，现在采取并保持着主动。

——雷蒙·阿隆

历史往往会对那些为了今天而牺牲明天的人们作出严厉的裁决。

——麦克米伦

死亡的历史会复活，过去的历史会变成现在，这都是由于生命的发展要求它们的缘故。

——克罗齐

历史只有在自由的国家里才得到真实的记录。

——伏尔泰

在这世界的历史里，每个伟大的有威力的时代的产生，都是由于某一种热诚得到了胜利。

——爱默生

街上的每一块石头，阳光中的每一粒分子，都包含着历史。

——詹姆斯

凡是忘记过去的人注定要重蹈覆辙。

——桑塔亚那

历史孕育了真理；它能和时间抗衡，把遗闻旧事保藏下来；它是往昔的迹象，当代的鉴戒，后世的教训。

——塞万提斯

历史告诉人们什么是过去，并帮助人们预测未来。

——杰弗逊

历史并没有真正的科学价值，它的唯一目的乃是教育别人。

——乔·屈维廉

世界史不过是频繁的斗争中产生出来的永远的人间戏剧而已。

——米什莱

在历史上出现得晚的人，得到的并不是骨头，而是多汁液的果实。

——赫尔岑

把历史变为我们自己的，我们遂从历史进入永恒。

——雅斯贝尔斯

历史的大悲剧不是发生于正确与错误相对抗时，而是发生于两个正确互相对抗时。

——基辛格

历史上很少有什么事离得了阴谋。那黑暗的旧社会无疑把许多人推上了这条滑溜难行的道路。

——米·左琴科

人类的历史，就是一个不断地从必然王国向自由王国发展的历史。

——毛泽东

在伟大历史事件的进程中，往往会出现一个就其本身意义而言微不足道的小插曲，但它却能特别鲜明地、异乎寻常地突然反映出整个事件中最重要、最本质的特点，如同有时一滴水可以清楚地反映出周围世界的巨大场面一样。

——谢·斯米尔诺夫

你要知道将来到底怎么样，只消看历史事迹就可以知道了。

——马格丽泰·密西尔

历史是由活着的人和为了活着的人而重建的死者的生活。

——雷蒙·阿隆

历史的目的是通过过去的实例，教给我们指导欲望和行动的知识。

——饶　列

历史是一面镜子，它照亮现实，也照亮未来。

——赵鑫珊

历史是为活着的人们而写的。活着的人们搜了死者腰包之后踏着死者尸体前进。

——罗曼·罗兰

别忘了历史是背向败者，而以胜者为正确的。

——茨威格

历史是什么？是过去传到将来的回声，是将来对过去的反映。

——雨　果

人类是世界史上重要的角色，世界史是从人类命运的集合体中产生出来的。

——贝伦塔诺

历史上最突出的偶然的机遇是赫赫名人、伟大人物的间歇出现。

——阿仑·尼文斯

历史教给最实际的智慧是民族具有前进的可能性。

——柳田国男

可以说人类的历史是与关系颇深的自然相对立斗争的历史。

——柳田谦十郎

二十二、事理方圆

相似不能证明任何事情，这是相当正确的，但它却令人产生一种重归家园般的亲近感。

——弗洛伊德

真理——人生最高之理想

人人都希望真理在自己一边，但并不是人人都希望自己站到真理那一边去。

——惠彻利

不知道真理的人，不过是个傻瓜。但是知道真理，反而说它是谎言的人，就是罪人。

——布莱希特

新的真理往往使人感到不舒服，尤其对当权者来说更是如此，然而在充满残酷和偏执的漫长的历史记载中，它是我们聪慧而谨慎的人类的最重要的成就。

——罗　素

迷信、崇拜和虚伪都有丰厚的薪金，而真理却一直在乞讨。

——马丁·路德

人当然能够不断地诡辩，但它却不能使真理变成谬误。

——卡尔·巴思

错误经不起失败，但是真理却不怕失败。

——泰戈尔

为真理而斗争是人生最大的乐趣。

——布鲁诺

拳头打不倒真理。

——高尔基

热爱真理，是找到真理的最有利的条件。

——爱尔维修

人的价值并不取决于是否掌握或者自以为真理在握，决定人的价值的是追求真理的孜孜不倦的精神。

——莱　辛

冥冥世界终于造成了光明，全部的黑暗都用来缔造一个太阳：真理。

——雨　果

真理是时间的女儿，不是权威的孩子。

——布莱希特

世界上再没有比得到真理更困难的了。

——厄尔文

人生最高之理想，在求达于真理。

——李大钊

一个人的心若能以仁爱为动机，以天意为归宿，并且以真理为地轴而转动，那这人的生活可真是地上的天堂了。

——培　根

不用相当的独立工夫，不论在哪个严重的问题上都不能找到真理；谁怕用工夫，谁就无法找到真理。

——列　宁

真理是在漫长的发展着的认识过程中被掌握的，在这每一过程中，每一步都是它前一步的直接继续。

——黑格尔

科学上没有平坦的大道，真理的长河中有无数礁石险滩。只有不怕巨浪的弄潮儿，才能登上高峰采得仙草，深入水底觅得骊珠。

——华罗庚

科学赐予人类最大的礼物是什么呢？是使人类相信真理的力量。

——康普顿

掩饰真理是卑鄙，因害怕真理而撒谎是怯懦。

——奥加辽夫

真理诚然是一个崇高的字眼，然而更是一桩崇高的业绩。如果人的心灵与情感依然健康，则其心潮必将为之激荡不已。

——黑格尔

认识真理的主要障碍不是谬误，而是似是而非的真理。

——列夫·托尔斯泰

一个人只要肯深入到事物表面以下去探索，哪怕他自己也许看得不对，却为旁人扫清了道路，甚至能使他的错误也终于为真理的事业服务。

——博　克

反对真理归根结底最能促使真理获胜。

——钦宁格

许多伟大的真理开始的时候都被认为是亵渎行为。

——萧伯纳

尊重真理就是聪明睿智的开端。

——赫尔岑

人应该有爱好真理、一见真理就采纳它那样的心灵。

——歌　德

即使通过自己的努力而知道一半真理，也比人云亦云地知道全部真理还要好些。

——罗曼·罗兰

对真理的错误理解，不会毁灭真理本身。

——别林斯基

我们需要真理，仅仅需要真理。千万不可设法逢迎朋友，迁就师长，不得罪任何人。纵然在这条路上，你可能找到宁静平安，但是绝不会得到任何根本的好处。

——奥勃鲁切夫

人需要真理，就像瞎子需要明眼的引路人一样。

——高尔基

真理是智慧的太阳。

——沃韦纳戈

真理的蜡烛常常会烧伤那些举烛人的手。

——布埃斯特

真理之川从它的错误之沟渠中流过。

——泰戈尔

正像新生的婴儿一样，科学的真理必将在斗争中不断发展，广泛传播，无往而不胜。

——富兰克林

真理是人生的向导与光辉。

——狄更斯

追求真理必须不辞劳苦，寻求黄金总是掘多而获金少。

——赫拉克利特

真理是永恒的太阳，世人不可能使它迟升。

——菲力蒲斯

最伟大的真理是最平凡的真理。

——列夫·托尔斯泰

我们只愿在真理的圣坛之前低头，不愿在一切物质权威之前拜倒。

——郭沫若

人的天职在勇于探索真理。

——哥白尼

关键在于要有一颗爱真理的心灵，随时随地碰见真理，就把它吸收进来。

——歌　德

人类牺牲的价值，有比生命还要重要的，就是真理和名誉。

——孙中山

害怕错误，即是害怕真理。

——黑格尔

最好是把真理比做燧石——它受到的敲打越厉害，发射出的光辉越灿烂。

——马克思

伟大的真理都是明摆着的事实。但不见和所有显而易见的事实都是伟大的真理。

——赫胥黎

真理的标准，只能是社会的实践。

——毛泽东

只要再多走一步，仿佛是向同一方向迈的一小步，真理便会变成错误。

——列　宁

知识就是力量，真理就是知识。

——华盛顿·欧文

智慧存在于真理之中。

——歌　德

真理是咱们的武器，真理是咱们的骨头。

——郭沫若

遭冤狱，受迫害，无损于一个人的名望，你不能使真理和正直受到任何损伤。

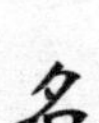

——笛　福

重要的只是真理，在它面前人人平等。

——罗曼·罗兰

要坚持真理——不论在哪里也不要动摇。

——赫尔岑

一切都会过去，只有真理具有永恒的力量，不会随着时间的推移而消失。

——列夫·托尔斯泰

任何一个可信的道理都是真理的一种形象。

——布莱克

只有忠实于事实，才能忠实于真理。

——周恩来

只要稍微一夸大，就是印证了一条真理：从伟大到可笑只有一步之差。

——列　宁

我们不属于暴力的队伍而属于思想的队伍，我们要追求真理。

——罗曼·罗兰

真理只可能对于目光短浅的个别的人才显得狰狞可怖，本身却是永恒的美和永恒的幸福。

——别林斯基

歌德小传

歌　德　(1749—1832)18世纪中期到19世纪初期德国和欧洲最伟大的诗人。很早就开始从事文学活动。他青年时代的著作强烈地体现了进步的思想，对当时德国的进步青年起了很大的鼓舞作用。1794年后与席勒结交，曾合编《时代》杂志，合写《警句》，并开展叙事歌谣创作竞赛。晚年隐居，完成历时10年之久的诗剧《浮士德》，是他最优秀的代表作。重要的作品还有长篇小说《威廉·麦斯特的学习时代和漫游年代》和自传《诗与真》等。

歌德的故事——歌德失恋后

文学巨匠歌德才华出众、品德高尚，但他的爱情并没像他在文学上一样顺畅。他一生经历了十几次恋爱，每次他都全心地投入，把自己全部的热情奉献给对方，但一次又一次都未取回感情的“投资”。23岁那年，他又深深地爱上了一个叫夏绿蒂的少女，哪知她已经有了未婚夫，歌德又一次遭受沉重的打击，只好默默地离去。这已经是他的第5次失恋了。为此他痛苦至极，把一把匕首放在枕头底下，几次想到自杀，但后来终究还是下不了手。他把全部精力投身到文学创作中去，及时地以工作热情补偿了感情上的失落，以事业的成功补偿了失恋的痛苦，也及时挽救了自己。

真理常在，只需揭开心智的盖子去读它的圣示。

——爱默生

货真价实的真理，往往平凡得不似真理。

——陀思妥耶夫斯基

真理是我们最有价值的东西，我们要节用它。

——马克·吐温

欺骗和虚伪害怕接受考验，而真理却迎接考验。

——汤玛士·古柏

时间是真理最亲密的朋友，偏见是真理最大的敌人，谦逊是真理恒久的同伴。

——哥尔顿

知道真理而不大声说出来的人，是说谎者和骗子的同谋。

——贝 玑

一个新的科学真理的确立，并不是通过说服反对者声明自己搞通了，倒是因为它的反对者逐渐死光了，而新一代从一开始就熟悉了这个真理。

——普朗克

如果你禁锢了真理，将它埋没在地下，它将不断生长，并且积聚成爆炸的力量，至爆炸的那一天，将要翻越一切阻碍它的东西。

——左 拉

真理的大海，让未发现的一切事物躺卧在我的眼前，任我去探寻。

——牛 顿

真理就是具备这样的力量，你越是想要攻击它，你的攻击就越加充实了和证明了它。

——伽利略

只要你追求真理，真理就会在你胸中燃烧。

——河原崎十郎

真理是严酷的，我喜爱这个严酷，它永不欺骗。

——泰戈尔

嬉笑是虚伪的舞台，真理是严肃的。

——司汤达

研究真理可以有三个目的：当我们探索时，就要发现真理；当我们找到时，就要证明真理；当我们审查时，就要把它同谬误区别开来。

——帕斯卡

追求绝对真理是最大的错误根源。

——勃特勒

谬误的好处是一时的，真理的好处是永久的；真理有弊病时，这些弊病是很快就会消灭的；而谬误的弊病则与谬误始终相随。

——狄德罗

真理的小小钻石是多么罕见难得，但一经开采琢磨，便能经久、坚硬而晶亮。

——贝弗里奇

科学给予人类最大的礼物是什么？是使人类相信真理的力量。

——昆布顿

哲理——必然是对自然的认识

上帝就是自然。

——斯宾诺莎

自然是通过自身，而不经过任何其他事物被认识。

——斯宾诺莎

乐观主义者宣称我们生活在美好的世界上；而悲观主义者则怀疑这是否是真的。

——卡贝尔

上帝赐给我们一个世界，只是由于我们自己的愚蠢，才使它没能成为一个乐园。

——萧伯纳

那种正确的判断和辨别真假的能力，实际上也就是称之为良知或理性的那种东西，是人人天然的、均等的。

——笛卡尔

宇宙间只有一个实体存在着，而这个实体就是绝对无限的。

——斯宾诺莎

物体不能限制思想，思想也不能限制物体。

——斯宾诺莎

自然是不能违背的，它是有确定不移的秩序的。

——斯宾诺莎

并不是因为事情难我们才不敢做；是因为我们不敢做事情才难。

——塞内卡

属性……是构成实体的本质的东西。

——斯宾诺莎

特质的全部花样，或其形式的多样性，都依靠运动。

——笛卡尔

表面鲜嫩可爱，内核变坏的梨子在这个世界上不知有多少。看上去纯净无瑕，内心早就长了虫的苹果，在这个世界上不知有多少。然而橙子却毫无缺点可以隐瞒，它的外部就是它内心的一面镜子。

——米尔恩

身体不能决定心灵使其思想，心灵也不能决定身体使其动或静。

——斯宾诺莎

尽管各种形式变化无穷，更迭不已，但物质仍然是物质。

——布鲁诺

如果你是一个逻辑学家，你就不应当放弃一个存在的、可以说明一切的原因，提出另一个不可理解的、与结果的联系更难理解的、造成无数困难而解决不了任何困难的原因。

——狄德罗

理智有它的偏见；感觉有它的不定性；记忆有它的限制；想象有它的朦胧处；工具有它的完善处。

——狄德罗

任何事物，除了在我们思想中使之固定不变外，都没有恒常的位置。

——笛卡尔

辩证——物极必反

不清不见尘，不高不见危，不广不见削，不盈不见亏。

——王　克

人有悲欢离合，月有阴晴圆缺，此事古难全。

——苏　轼

事情总是这样，有一个极端就有另一个极端的代表来跟它作对。

——列夫·托尔斯泰

尺有所短，寸有所长；物有所不足，智有所不明。

——屈　原

“物极必反”，错误成了堆，光明就会到来。

——毛泽东

旧事物是一切新事物的源泉。

——别林斯基

人们没有哭，便不会有笑，小孩一生下来，便有哭的本领，后来才学会笑，所以一个人不先了解悲哀，便不会了解快乐。

——培　根

在纯粹光明中就像在纯粹黑暗中一样，看不清什么东西。

——黑格尔

智者千虑，必有一失；愚者千虑，必有一得。

——司马迁

事有大小，有先后。察其小，忽其大；先其后，后其所先，皆不可以适治。

——程　颢

小中见大，大中见小，一为千万，千万为一。

——苏　辙

相反的东西结合在一起，不同的音调造成最美的和谐，一切都是通过斗争而产生的。

——德谟克里特

在光明完全战胜黑暗的那黎明将要到来之前，通常总有一个幽暗的时刻。

——列夫·托尔斯泰

全则必缺，极则必反，盈则必亏。

——吕不韦

在高处的事物不一定就高；在低处的也不一定就低。

——狄更斯

统一物分而为二以及我们对其各矛盾部分的认识，是辩证法的本质。

——列　宁

善从何处而来，恶也从何处而生，但避免邪恶的方法也会应运而生。例如，深水在很多方面是有益的，同时又是有害的，因为深水有溺水之险。但与此同时，却也找到了避免溺水的方法——学会游泳。

——佚　名

暑极不生暑而生寒，寒极不生寒而生暑。屈之甚者，信必烈，伏之久者，正必决。

——魏　源

昨日之新，至今日而已旧；今日之新，至明日而又已旧。所谓新理新事，必更有新于此者。

——谭嗣同

法纪——法网恢恢，疏而不漏

就像雄鹰一般，我们是生来自由的，可是为了生存，我们不得不为自己制作一只法律的笼子，然后栖息其中。

——波利索

没有人高于法律或低于法律，叫任何人守法并不需要征得他的同意。

——T.罗斯福

公正是个整体，它约束整个人类社会，并以一个法律为基础，这个法律就是运用于统治和禁律的公理。

——西塞罗

法律给人类带来的好处是：法律为每个人规定了行动准则，描述了使他能获得社会支持和保护的方式。同心同德，一心一意，没有纪律不行。

——邓小平

公正的法律的规定，对于个别的行为来说，每一条都是普遍的，因为所行的事为数众多，但那些规定每条都是单一的，从而是普遍的。

——亚里士多德

凡事都有规矩。

——德谟克里特

如果一个人没有在正义的法律指导下受过长期教育，就很难从年轻起接受良好的品德锻炼；因为克己耐劳的大多数人，特别是对年轻人是不愉快的。因此之故，他们的教养和职业应由法律作出规定：一旦他们养成了习惯，就不会感到痛苦。

——阿奎那

不以规矩，不能成方圆。

——孟　子

不论从哪个角度看，学习法律总是有用的。它使一个人有益于自己，有益于邻居，有益于公众。它还是政界最理想的晋升台阶。

——杰弗逊

法律以合于德性的以及其他类似的方式，表现了全体共同的利益。它规定了各种行为准则。

——亚里士多德

谁把法律当儿戏，谁就必然亡于法律。

——拜　伦

要讲社会主义的民主，也要讲社会主义的法制。在强调发展民主的同时，更要强调我们的人民特别是青年要有理想，守纪律。

——邓小平

纪律是使教育这一伟大事业彰显其效力的前提，它与获得专门知识和技能一样，对教育来说都是同等重要的。

——佚　名

法律在你之上，你切不可逾越。

——托马斯·富勒

任何一个不忠实于法律的人都将被抛弃，如同风雨飘摇中的小船。如果你聪明的话，你就会相信法律。

——佚　名

法律是理智的产物，不能感情用事。

——亚里士多德

纪律是达到一切雄图的阶梯，要是纪律发生动摇，啊！那时候事业的前途也就变得暗淡了。

——莎士比亚

针对不良倾向、嬉闹和涣散所制定的工作纪律是必需的，这种纪律能控制滥用自由的任性。

——佚　名

一个受理性指导的人，遵从公共法令在国家中生活，较他只服从自己、在孤独中生活更为自由。

——斯宾诺莎

唯有遵纪守法的人才是自由的。

——黑格尔

舆论往往先于法律。

——高尔斯华绥

民主需要纪律、忍让和相互尊重。自由需要尊重他人的自由。

——尼赫鲁

人类受制于法律,法律受制于情理。

——托马斯·富勒

善良的人必很遵守法律。

——爱默生

公正,在那些温和节制的法官那里,不过是对擢升的向往。

——拉罗什夫科

法律好比蜘蛛网,当轻柔的小虫落在上面时,它显得牢不可破,而大一点的虫子却能破网而溜。

——梭　伦

如果一个人着手去研究所有的法律,他就没有剩余的时间去触犯法律。

——歌　德

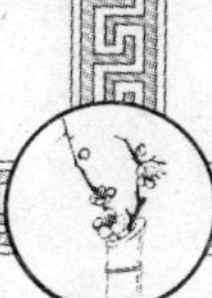

附一:英语名言

人生·处世

Life is a long struggle in the dark.

人生是一场在黑暗中进行的长期斗争。

——留克利希阿斯

Life is not all cakes and ale.

人生并不就是吃喝玩乐。

——托马斯·休斯

The two foes of human happiness are pain and boredom.

人类幸福的两个敌人是痛苦与厌倦。

——叔本华

Every man was not born with a silver spoon in his mouth.

并非人人都生于富贵之家。

——塞万提斯

The proof of the pudding is in the eating.

布丁的味道好不好,只有吃了才知道。

——塞万提斯

In this struggle for life you will find more love and you will be loved.

在为生活而奋斗的过程中,你将发现更多的爱,也将得到爱。

——萨　科

When life is miserable it is painful to endure it;when it is happy it is horrible to lose it;both come to the same thing.

当人生不幸时,生活是一种痛苦;当人生快乐时,失去生活也是一种痛苦;人生就是这样。

——拉布吕耶尔

柏拉图小传

柏拉图 （公元前427—前347）出身于雅典贵族，青年时从师苏格拉底。苏氏死后，他游历四方，曾到埃及、小亚细亚和意大利南部从事政治活动，企图实现他的贵族政治理想。公元前387年活动失败后逃回雅典，在一所称为阿加德米的体育馆附近设立了一所学园，此后执教40年，直至逝世。他一生著述颇丰，其教学思想主要集中在《理想国》和《法律篇》中。

柏拉图的故事——每天甩手三百下

有一天，在课堂上苏格拉底对学生们说："今天咱们只学一件最简单也是最容易做的事。每人把胳膊尽量往前甩，然后再尽量往后甩。"

他边说边示范了一遍，"从今天开始，每天做300下。大家能做到吗?"

学生们都笑了。这么简单的事，难道还做不到吗？一个月过去了，苏格拉底问学生们："每天甩手300下，哪些同学做到了?"有90%的同学骄傲地举起了手。又一个月过去了。苏格拉底又问，这一次，举手的学生只有八成。

一年过后，苏格拉底再一次问大家："每天甩手300下，还有哪几位同学坚持了?"这时，整个教室里，只有一人举起了手。这个人就是后来古希腊的另一位大哲学家——柏拉图。

Only when a man's life comes to its end in prosperity dare we pronounce him happy.

只有当一个人的生命在辉煌中结束时，我们才敢说他是幸福的。

——埃斯库罗斯

The first 40 years of life give us the text, the next 30 the commentary.

人生的前四十年给我们讲课文，后三十年则是讲评。

——叔本华

Life is real! Life is earnest!

生活是真实的！生活是严肃的！

——亨利·沃兹沃思·朗费罗

That man is the richest whose pleasures are the cheapest.

能处处体会快乐的人才是最富有的人。

——亨利·戴维·梭罗

Life can only be understood backwards, but it must be lived forwards.

只有向后看才能理解生活，但是要好好生活就必须向前看。

——齐克果

Mishaps are like knives, that either serve us or cut us, as we grasp them by the blade or the handle.

灾难像把刀，如果你抓住刀柄，它能帮助你；如果你抓住刀刃，它会伤害你。

——詹姆斯·拉赛尔·洛威尔

Happiness is the only sanction of life; where happiness fails, existence remains a mad or lamentable experience.

幸福是生活唯一的约束力；在失去幸福的地方，生存则成为一种疯狂的、可悲的实践。

——乔治·桑塔亚那

The mass of men lead lives in quiet desperation. What is called resignation is confirmed desperation.

多数人在无声无息的绝望中生活。绝望正是屈从的代名词。

——亨利·戴维·梭罗

Discretion is the better part of valour.

考虑周全胜过勇敢。

——莎士比亚

Better do a little well, than a great deal badly.

做事少而精，胜于多而杂。

——苏格拉底

Different sores must have different salves.

对症下药。

——中国谚语

Treat a man as he treats you.

以其人之道，还治其人之身。

——中国谚语

A man can succeed at almost anything for which he has unlimited enthusiasm.

无论何事，只要对它有无限的热情你就能取得成功。

——施瓦布

We must not indulge in unfavourable views of mankind, since by doing it we make bad men believe that they are no worse than others, and we teach the good that they are good in vain.

我们不应该迁就不利于人类的观点，因为这样会使坏人以为他们并不坏，会使好人觉得学做好人也徒劳无益。

——兰　多

艺术·修养

The art of pleasing consists in being pleased.

使人愉悦的艺术就在自己的愉悦中。

——海兹利特

The history of art is the history of survival.

艺术的历史是再生的历史。

——塞缪尔·勃特勒

Art has an enemy called ignorance.

艺术的敌人是不学无术。

——本·琼森

Art is not a handicraft, it is a transmission of feeling the artist has experienced.

艺术不是一门手艺，而是艺术家情感体验的传达。

——列夫·托尔斯泰

A great poem is a fountain forever overflowing with the waters of wisdom and delight.

一首优美的诗犹如一座喷泉，它不断喷出智慧和快乐的水花。

——雪　莱

Art is not a mirror to reflect the world, but a hammer with which to shape it.

艺术并不是一面反映世界的镜子，而是一把打造世界的锤子。

——马雅可夫斯基

Art is much less important than life, but what a poor life without it.

艺术远不如生活那么重要，但没有艺术的生活又是多么贫乏啊。

——罗伯特·马瑟韦尔

Art is a form of catharsis.

艺术是一种净化感情的形式。

——多罗希·帕克

Art is the affirmation of life.

艺术是对生活的肯定。

——施泰格利茨

Art is the expression of the profoundest thought in the simplest way.

艺术用最简单的方法表达最深刻的思想。

——阿尔伯特·爱因斯坦

Art is the lie that enables us to realize the truth.

艺术是使我们认识真理的谎言。

——毕加索

I shut my eyes in order to see.

我闭上眼睛是为了看得更清楚。

——保罗·高更

There is no choice, no art without life.

没有生活就没有艺术,别无选择。

——马格利特

All art is a fight against decay.

一切艺术都是反对衰退的斗争。

——奥尔迪斯

The art needs the sense of humour.

艺术需要幽默感。

——阿叶

The purpose of art is not a rarefied, intellectual distillate——it is life, intensified, brilliant life.

艺术的目的不是纯净的、理智的精华——而是生活,是被强化了的、辉煌的生活。

——阿里亚斯·米森

Don't injure others, but guard against their deceits.

害人之心不可有,防人之心不可无。

——中国谚语

Man can not have dignity without loving the dignity of his fellow.

不尊重别人的尊严,就不会有自己的尊严。

——伯恩斯坦

When angry, count ten before you speak; if very angry, count a hundred.

生气的时候先数到十再开口,如果非常愤怒,先数到一百。

——杰弗逊

It is nature of a fool to see the faults of others and forget his own.

只见人之过而不知己之失，乃愚者之本性。

——西塞罗

A word once spoken can never be recalled.

一言既出，驷马难追。

——霍勒斯

A beautiful form is better than a beautiful face; a beautiful behaviour than a beautiful form.

美丽的外形胜过美丽的脸蛋，美丽的行为胜过美丽的外形。

——爱默生

We always like those who admire us; we do not always like those whom we admire.

我们往往喜欢那些赞美我们的人们，而未必一定喜欢那些为我们所赞美的人们。

——拉罗什夫科

友谊 · 交友

The holy passion of friendship is of so sweet and steady and loyal and enduring a nature that it will last through a whole life time, if not asked to lend money.

神圣的友谊是如此甜美，坚定，忠贞，足以贯穿生命的始终——可别指望靠它借钱。

——马克 · 吐温

The only reward of virtue is virtue, the only way to have a friend is to be one.

美德的唯一回报便是美德，获得友谊的唯一途径便是与人为友。

——拉尔夫 · 沃尔多 · 爱默生

Forsake not an old friend; for the new is not comparable to him; a new friend is as new wine; when it is old, thou shalt drink it with pleasure.

勿弃老友，新朋无法与之相较；朋友如美酒，愈陈愈香。

——《圣经》

In prosperity our friends know us; in adversity we know our friends.

顺境中，朋友结识我们；逆境中，我们辨识朋友。

——丘顿·科林斯

Prosperity makes friends, and adversity tries them.

顺境交朋友，逆境见真情。

——罗伯特·巴克利

Fate chooses your relatives, you choose your friends.

亲戚乃命定，朋友靠选择。

——雅克·德利尔

The language of friendship is not words but meanings.

友谊的语言不在言辞而在心意。

——梭　罗

A friend that you buy with presents will be bought from you.

用礼物买来的朋友终会被买走。

——富　勒

Friendship is the golden thread that ties the hearts of all the world.

友谊是一根金线，把全世界的心连在一起。

——伊夫林

A friend in need is a friend indeed.

患难识知己。

——雷　伊

No matter what accomplishments you achieve, somebody helps you.

无论你取得了多大的成就，都是有人在帮助你。

——吉布森

A man should keep his friendship in constant repair.

友谊只有经常呵护，才能地久天长。

——约翰逊

It is better to be deceived by one's friends than to deceive them.

宁可被朋友所骗，决不欺骗朋友。

——歌　德

Without friends no one would choose to live, though he had all goods.

没有朋友，谁也活不下去，尽管他拥有许多财产。

——亚里士多德

When a friend asks there is no tomorrow.

朋友之求不可怠。

——乔治・赫伯特

Friends are at their best in moments of defeat.

朋友失意时，友情得意时。

——亨利・米勒

To find a friend one must close one eye; to keep him——two.

找朋友得睁一只眼闭一只眼，做朋友得紧闭双眼。

——佚　名

Confidence is the only bond of friendship.

信任是友谊的唯一纽带。

——西鲁斯

The fellow that agrees with everything you say is either a fool or he is getting ready to skin you.

同意你所说的每件事的人，不是傻瓜，就是要欺骗你的人。

——哈伯特

Friends agree best at a distance.

君子之交淡如水。

——英国谚语

Of all the heavenly gifts that mortal men commend, what trustly treasure in the world can countervail a friend?

在人类得到的所有天赐礼物中,有哪样真正的珍宝能与朋友媲美?

——格里莫尔德

理想·事业

Ideal is a duty, a cause, a common pursuit motivated by the devotion.

理想是一种责任,一种事业,一种用献身精神为动力的人类的共同追求。

——冯骥才

Ideals are like the stars, we never reach them, but like mariners, we chart our course by them.

理想好似星星,不能摘到,但我们犹如水手,可借它指引航向。

——舒尔茨

The ideal is so clear, conspicuous and connected with flesh and blood. If it is an ocean, I am a drop of water, if it is a mountain, I am only a sand. No matter how petty I am, I can absorb boundless strength from it.

理想是那么鲜明,看得见,而且同我们血肉相连。它是海洋,我好比一小滴水;它是大山,我不过是一粒泥沙。不管我多么渺小,从它那里我可以吸取无穷无尽的力量。

——巴　金

Have an aim in life or your energies will all be wasted.

人生要有目标,否则你的精力将全部浪费掉。

——彼得斯

Life is meaningful to those who have ideals.

那些有理想的人的生活才充满意义。

——斯大林

Ideals never abandon a painstaking pursuer. Only you don't stop pursuing, can you bathe in the brilliance of the ideals.

理想不抛弃辛苦追求的人。只要不停止追求，你就会沐浴在理想的光辉之中。

——佚　名

Ideal is the beacon. Without ideal, there is no secure direction; without a direction, there is no life.

理想是灯塔，没有理想，就没有可靠的方向；没有方向，就没有人生可言。

——托尔斯泰

Work and love——these are the basics. Without them there is neurosis.

工作和爱是最最基本的需求。没了工作，没了爱，人会变得焦虑不安。

——赖克

Great works are preformed not by strength, but by perseverance.

要成就大事业，靠的不是力量，而是毅力。

——塞缪尔·约翰逊

The most wasted of all days is that on which one has not laughed.

最白白浪费的日子，是一个没有欢笑的日子。

——尚福尔

When work is a pleasure, life is a joy! When work is a duty, life is slavery.

当工作成为一种乐趣，生活是快乐。当工作成为一种责任，生活是苦役。

——高尔基

If A equals success, then the formula is A equals X plus Y plus Z, with X being work, Y play, and Z keeping your mouth shut.

假如 A 等于成功，那么 A=X+Y+Z，其中 X 代表工作，Y 代表游戏，Z 代表保持缄默。

——爱因斯坦

苏格拉底小传

苏格拉底 （公元前469—前399）古希腊著名哲学家。出生于离雅典城不远的阿洛佩凯。青少年时代跟父亲学习雕刻。他在欧洲哲学史上最早提出唯心主义的目的论，认为一切都是神所创造与安排的，体现神的智慧与目的；在逻辑学方面，亚里士多德认为苏格拉底提出归纳论证，从具体事实中找出确定的论点，并注意一般定义的方法，对概念作出精确的说明。苏格拉底本人无著作传世，其言行大抵见于其弟子柏拉图的一些对话体著作和色诺芬的《苏格拉底言行回忆录》中。

苏格拉底的故事——雷霆过后必有甘霖

据说苏格拉底为了修身养性，以便在一群恶女人烦死人的唠叨和呵斥声中净化自己的精神，才娶了一个心胸狭窄、冥顽不化的悍妇做妻子。婚后，苏格拉底不能在温柔乡享受细腻缠绵的爱情，倒是在与悍妇交往中训练了超人的耐性和机智。

有一次，当苏格拉底受到悍妇一串责骂后，他本想走出门去，不料刚到门口，悍妇将一桶冷水从窗口对着他泼去。苏格拉底轻松地笑着对她说："我早就知道，雷霆过后必有甘霖。"

人们问苏格拉底娶悍妇为妻的真实动机是什么，他说："擅长马术者总是挑烈马骑，骑惯了烈马，驾驭其他的马就不在话下了。我如果能忍受得了这样的女人，天下还有什么样的人不能相处呢？"

Few men drop dead from overwork, but many quietly curl up and die because of undersatisfaction.

很少有人因为过度劳累而死，倒是有很多人未尽全力，悄然无息地死去。

——哈里斯

Work is half one's life——and the other half too.

人的半辈子是工作，另外一半也是工作。

——卡斯特纳

Work is much more fun than fun.

工作比快乐本身更让人快乐。

——利沃德

Only work which is the product of inner compulsion can have spiritual meaning.

只有发自内心地工作才会有精神意义。

——格罗皮厄斯

To find joy in work is to discover the fountain of youth.

寻找工作中的乐趣就是探寻青春的源泉。

——赛珍珠

If you have a job without aggravations, you don't have a job.

如果你的工作没有压力，就等于没有工作。

——马尔科姆·福布斯

Without work all life goes rotten.

不工作，就堕落。

——加　缪

My philosophy of life is work.

我的人生哲学就是工作。

——爱迪生

Pains of love be sweeter far than all other pleasures are.

爱情的痛苦胜过任何一种甜蜜。

——德赖登

Gather therefore the Rose, whilst yet is prime…

Gather the Rose of love, whilst yet is time.

采摘怒放的玫瑰，

采撷盛开的爱情。

——斯宾塞

There is no paradise on earth equal to the union of love and innocence.

人世间最大的幸福莫过于拥有纯洁无瑕的爱情。

——卢　梭

Love and a cough can not be hidden.

爱情和咳嗽一样，都没法掩饰。

——乔治·赫伯特

Change everything, except your love.

什么都可以改变，唯独你的爱。

——伏尔泰

All love is sweet, given or returned.

爱总是甜蜜的，无论是给予还是回报。

——雪　莱

…love, first learnt in a lady's eyes, lives not alone immured in the brain.

爱不会独自在脑海中生长，爱流露在女子的眼中。

——莎士比亚

There is only one happiness in life, to love and be loved.

生活中唯一的幸福便是爱与被爱。

——乔治·桑

Life has taught us that love does not consist in gazing at each other but in looking outward together in the same direction.

生活告诉我们,爱的真谛不在相互凝视,而在选定一个方向共同凝望。

——圣埃克苏佩里

Youth is the season made for joys,love is then our duty.

在青春这样一个欢乐的季节,相爱是我们的职责。

——盖　伊

And if I lose your love,I lose my all.

失去了你的爱,我将一无所有。

——亚历山大·蒲柏

True love is a durable fire,in the mind ever burning,never sick, never old,never dead,from itself never turning.

真正的爱是永远燃烧在心头的火焰,永不疲倦,永不衰老,永不停息,永不回头。

——洛　利

Happy is the families where the government of parents is the reign of affection,and obedience of the children the submission of love.

幸福的家庭父母靠情感管孩子,孩子的顺从也是出于对父母的爱。

——培　根

Marriage is a covered dish.

婚姻是一道盖着的菜。

——西方谚语

Home is the kingdom of the father,the world of the mother and the garden of the child.

家是父亲的王国,母亲的世界,孩子的家园。

——爱默生

To marry means to half one's right and double one's duty.

结婚就意味着平分个人权益,承担双份义务。

——叔本华

He is the happiest, be the king or peasant, who finds peace in his home.

无论是国王还是农夫，家中和睦便是最幸福的。

——歌　德

It was the policy of the good old gentleman to make his children feel that home was the happiest place in the world; and I value this delicious home feeling as one of the choicest gifts a parent can bestow.

让孩子感到家庭是世上最幸福的地方，这是有涵养的大人明智的做法。这种美妙的家庭情意，在我看来，同大人赐给孩子们的那些最精致的礼物一样珍贵。

——欧　文

Home is where all the love starts.

所有爱都开始于家庭。

——科贝特

How deeply we love life! We cherish it like the light of the bright stars in the heavens, and are fascinated by its fragrance of colourful flowers in the forest.

我们是那么的热爱生活啊！就像珍惜天边璀璨的群星的光芒，迷恋林中百花争艳的芬芳。

——佚　名

There are mothers who make life beautiful by what they say and what they do, mothers who brighten the lives they touch…wonderful mothers like you.

世上有这样的母亲，她们用自己的言行使生活变得绚丽多彩，她们使抚育的生命火花闪耀……您就是这样的母亲。

——佚　名

A good wife and health are a man's best wealth.

贤妻和健康是一个男人最好的财富。

——富　勒

There is a skeleton in every house.

家家都有一本难念的经。

——萨克雷

知识·勤奋

In travelling, a man must carry knowledge with him, if he would bring home knowledge.

旅行时要想把知识带回家,那就得把知识带上路。

——塞缪尔·约翰逊

Knowledge is power.

知识就是力量。

——弗朗西斯·培根

Our knowledge is a little island.

我们的知识在无知的汪洋中只是一叶小岛。

——辛　格

The only way modern books are readable is by reading between the lines.

阅读现代图书的唯一方式便是从字里行间去读。

——佚　名

Knowledge is a rich storehouse for the glory of the creator and the relief of man's estate.

知识是上帝光荣和人类慰藉的富贵仓库。

——弗朗西斯·培根

Doubt grows wlth knowledge.

知识越多,怀疑越多。

——歌　德

Knowledge is a treasure, but practice is the key to it.

知识是一座宝库,而实践是开启宝库的钥匙。

——托马斯·富勒

In order to build, you have to know, you have to master science. But in order to know, you have to study, to study steadfastly, patiently.

为了建设，你们要求知，要掌握科学。可是为了求知，你们必须学习，必须坚持不懈、孜孜不倦地学习。

——斯大林

Knowledge rests not upon truth alone, but upon errors also.

知识不仅依赖真理，也依赖错误。

——荣　格

All men by nature desire knowledge.

人类生来渴望知识。

——亚里士多德

Help me with knowledge.

请用知识拯救我。

——罗伯特·勃朗宁

Man can learn nothing unless he proceeds from the known to unknown.

人类除非由已知向未知迈进，否则什么也学不到。

——贝尔纳

I knew no such things as genius; it is nothing but labour and diligence.

我不相信有天才这种东西；它只不过是劳动和勤奋的结果。

——霍格斯

Industry is fortune's right hand, and frugality her left.

勤奋是幸运的右手，节俭是幸运的左手。

——约翰·雷

He who labours diligently need never despair, for all things are accomplished by diligence and labour.

勤奋劳动的人无须失望，因为一切都可以靠勤奋和劳动实现。

——米南德

Diligence is the mother of good fortune, and idleness, its opposite, never brought a man to the goal of any of his best wishes.

勤奋是幸运之母，懒惰则不会使任何美好的愿望实现。

——塞万提斯

Diligence overcomes difficulties, sloth makes them.

勤奋克服困难，懒惰制造困难。

——谚　语

No gains without pains.

不劳则无获。

——谚　语

Well done is better than well said.

说得好不如做得好。

——谚　语

Speak little, do much.

少说多做。

——谚　语

科学·民主

Science is organized knowledge.

科学是有组织的知识

——斯宾塞

Science is not everything, but science is very beautiful.

科学不是一切，但科学真的很美丽。

——奥本海默

True science teaches, above all, to doubt and be ignorant.

真正的科学首先教会人怀疑和自觉无知。

——乌纳穆诺

As a broad principle, science has been too successful in observing human life.

作为一个普遍的规律，科学在用于观察人生方面是极为成功的。

——弗洛里

Science is nothing but trained and organized common sense.

科学只不过是训练有素、组织得当的常识。

——赫胥黎

It is only fear first in the world made gods.

最早在这个世界上造就众神的，无非是恐惧而已。

——塞缪尔·约翰逊

Contemporary science, with its system and methods, can put blockheads to good use.

当代科学以其体系和方法使得愚蠢的人也变得天生我材必有用。

——奥铁加·伊·加赛

Science knows only one commandment——contribute to science.

科学只知道一条戒律，即献身于科学。

——布雷赫特

What science can not tell us, mankind can not knowledge.

只有科学能告诉我们一切。

——伯特兰·罗素

Science admits no exceptions; otherwise there would be no determinism in science, or rather, there would be no science.

科学不允许存在例外，否则在科学上就不会有决定论，或者确切地说，将不会有科学。

——克劳德·贝尔纳

Science is an exercise of the human brain to grasp the principles by which the universe works and to write them down, if possible, in crisp, precise, mathematical term.

科学是一种用人类思维掌握宇宙运转规律，如果可能的话，还要用活泼、准确的数学语言把它们记录下来的练习。

——派　克

There can be no daily democracy without daily citizenship.

没有普遍的公民权，就没有广泛的民主。

——纳　德

Democracy is direct self government, over all the people, for all the people, by all the people.

民主是民有、民享、民治的直接自治。

——帕　克

The world must be made safe for democracy.

欲行民主事,则社会必先治。

——托马斯·W·威尔逊

A democracy is predicated on the idea that ordinary men and women are capable of governing themselves.

民主的基础便是相信普通百姓有能力管理自己。

——伯　利

Democracy is based on the conviction that man has the moral and intellectual capacity, as well as the inalienable right, to govern himself with reason and justice.

民主建立在这样一个信念之上:用理智和公正来约束自己是人不可剥夺的权力;而人的道德力和智慧力使之成为可能。

——哈里·S·杜鲁门

I believe in democracy because it releases the energies of every human being.

我信仰民主,因为民主把每个人的力量都释放出来。

——托马斯·W·威尔逊

Democracy alone, of all forms of government, enlists the full force of men's enlightened will.

在所有政府形式中,唯有民主完全调动起了人的进步意志。

——富兰克林·D·罗斯福

Man's capacity for evil makes democracy necessary and man's capacity for good makes democracy possible.

人有趋恶之心,因而民主必需;人有向善之心,所以民主可行。

——尼布尔

安徒生小传

安徒生 (1805—1875)丹麦19世纪的一个杰出的批判现实主义童话作家。1805年4月2日生于丹麦中部的一个小城市奥登塞。幼年上过几年贫民学校,因家境贫穷,很快就辍学了。后来在他人的帮助下,他进拉斯哲斯和厄耳息诺的学校读了5年书。他勤奋学习,在17岁的时候就发表了一部诗剧《阿尔芙索尔》,从此就走上了文学创作的道路,成了一名作家。

他生前专心致志地为儿童创作,直到他去世前两年为止,整整写了43年的童话,一共发表了160多篇童话和故事,世界各国都有选译本。此外,他还写了不少诗剧、游记和小说。他的童话《小克劳斯和大克劳斯》、《皇帝的新装》、《丑小鸭》、《卖火柴的小女孩》、《园丁和主人》等都广为人知。

安徒生的故事——帽子下面那玩意

丹麦著名童话作家安徒生一生简朴,常常戴顶破旧的帽子在街上行走。有个不怀好意的人嘲笑道:“你脑袋上面的那个玩意是个什么东西,能算是顶帽子吗?”

安徒生回敬道:“你帽子下面那玩意是个什么东西,能算是个脑袋吗?”

时间 · 惜时

An inch of time is worth an inch of gold.

或 Every second counts.

或 Time is gold.

或 Time is money.

或 Time is precious.

一寸光阴一寸金。

——中国谚语

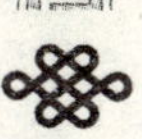

Time has three different speeds: the future comes slowly, today is passing quickly, and the past can not be changed. Those who grasp today can steer the future.

时间的步伐有三种:未来姗姗来迟,现在箭般飞逝,过去永远静止。能把握现在的人,就能把握自己的未来。

——中国谚语

Time cancels young pain.

时间抹去年轻人的痛苦。

——欧里庇得斯

A day is a miniature of eternity.

一天是永恒的缩影。

——爱默生

Time is but the stream I go a fishing in.

时间不过是我去钓鱼的小溪。

——梭　罗

Today is today. Tomorrow, we may be ourselves gone down the dram of eternity.

今天就是今天。明天,我们将消失于永恒之中。

——欧里庇得斯

The present is the necessary product of all the past, the necessary cause of all the future.

现在是过去的必然产物，是未来的必然依据。

——罗伯特·G·英格索尔

The time of life is short, to spend that shortness basely, it would be too long.

人生短暂，但如果把那短暂的人生浪掷虚度，那人生就太长了。

——莎士比亚

What's past is prologue.

往事只是一首序曲。

——莎士比亚

If you do not think about the future, you can not have one.

如果你不考虑未来，那么你就不可能拥有未来。

——约翰·高尔斯华绥

Never look for birds of this year in the nests of the last.

永远不要到去年的巢里寻找今年的鸟。

——塞万提斯

Time is man's angel.

时间是人类的天使。

——席　勒

Lost time is never found again.

失去的时间再也找不回来。

——本杰明·富兰克林

Time tames the strongest grief.

时间可以抚平莫大的悲伤。

——沃尔特·凯利

The first twenty-five years of one's life are worth all the rest of the longest life of man.

人生的第一个二十五年等于最长寿者所有的剩余时间。

——乔治·博罗

Do you love life? Then do not squander time; for that's the staff life is made of.

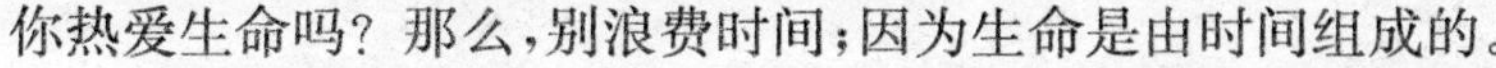

你热爱生命吗？那么，别浪费时间；因为生命是由时间组成的。

——本杰明·富兰克林

Remember that time is money.

时间就是金钱。

——本杰明·富兰克林

Time flies over us, but leaves its shadow behind.

流逝的是时光，留下的是影子。

——纳撒尼尔·霍桑

Yesterday will not be called again.

昨日不再来。

——约翰·斯凯尔顿

Time is an illusion. Lunch time doubly so.

时间是幻想。午餐时间更是双倍的幻想。

——道格拉斯·亚当斯

附二:中外部分名人小传

【墨子】名翟,鲁国人(一说宋国人)。战国初期思想家、政治家、教育家,先秦诸子散文代表作家。曾为宋国大夫。早年接受儒家教育,后聚徒讲学,创立与儒家相对立的墨家学派。因出身小生产者阶层,当过造车工匠,与平民比较接近,故能了解当时社会实际,从“农与工肆”的利益出发,反映当时人民的要求与渴望。

【李斯】秦代政治家、文学家,楚上蔡(今河南上蔡)人。初为吕不韦舍人,后献灭六国、成统一之计,得秦王嬴政(秦始皇)赏识,任为客卿。秦统一六国后,任丞相。反对分封制,设郡县,主张焚《诗》、《书》,禁私学,以法为教,以吏为师,以加强中央集权的统治。公元前 210 年,秦始皇死于巡游途中,李斯追随赵高,合谋伪造遗诏,迫使秦始皇的长子扶苏自杀,立少子胡亥为二世皇帝,后遭赵高疑忌,诬以谋反罪,腰斩于咸阳,灭三族。工于书法,曾以小篆为标准整理文字。相传泰山、琅琊等刻石,均为他手书。著有《谏逐客书》和《仓颉篇》。

【司马迁】字子长,夏阳(今陕西韩城)人,西汉史学家、文学家、思想家。太史令司马谈之子。少时受其父熏陶,得以诵读古文经典,又曾受业于经学大师董仲舒、孔安国。20 岁后,多次漫游全国各地,周览名山大川,考察风土人情,采访旧迹史料。初任郎中,元封三年(前 108),继父职,任太史令,饱读皇家藏书及文学档案。太初元年(前 104),与唐都、落下闳等对历法进行改革,共订“太初历”以适合农事需要,同时开始编著《史记》。天汉二年(前 99 年),为兵败而投降匈奴的李陵辩护,得罪入狱,受腐刑。出狱后任中书令,发愤继续著书,于太始四年(前 93)前后,完成《史记》这部历史巨著。

【班固】(32—92)东汉著名历史学家和文学家。字孟坚,安陵(今陕西咸阳)人。因为接续他父亲写的《史记后传》,被人诬告为私改国史,被捕入狱。他弟弟班超上书极力辩护,被汉明帝释放,任命为兰台御史。后随窦宪远征匈奴,窦宪因擅权被杀,他也受牵连死于狱中。一生主要从事历史著作《汉书》的写作,历时 28 年,死后由妹妹班昭最后完成。他还写过两篇大赋:《西都赋》和《东都赋》(合称《两都赋》)。有《班兰台集》。

【陶渊明】(365—427)东晋大诗人。一名潜,字元亮,号靖节,浔阳柴桑(今江西九江)人。家境贫困,性爱自由,不慕荣利。29岁出任江州祭酒,不久辞官归隐。其后做过参军一类的小官,为时很短。39岁时因生活穷苦,亲身参加劳动。后来在亲友劝告下又做了80多天的彭泽令,因为不愿向上司卑躬屈膝,决心永远去职归田,其后直到去世,一直以务农为生。晚年饥寒交迫,有时甚至不免于乞食,却拒不和统治者同流合污,终于在忧愤贫病中离开了人世。他是我国第一位杰出的田园诗人。在他留下的120多首诗中,歌唱农村美景和田园劳动生活的作品占多数,最著名的是《归田园居》、《移居》、《饮酒》等组诗。

【孟浩然】(689—740)襄阳(今湖北省襄阳县)人,早年隐居鹿门山,后漫游巴蜀、吴越之地。终身布衣。唐代诗人,擅长写五言诗,形成清新淡远的艺术风格,但也不乏气势磅礴之作。他是唐代第一个大量以山水题材作诗的人,在当时颇负盛名,与王维齐名,世称"王孟"。

【王昌龄】(698—756)字少伯,京兆长安(今陕西省西安市)人,一说并州(今山西省太原市)人。唐开元十五年(727)中进士,二十二年又中博学宏词科,迁秘书省校书郎。二十八年贬江宁(今江苏省南京市)丞,后再贬龙标(今湖南省黔阳)尉。安史之乱时,在还乡途中被濠州(今安徽省亳县)刺史闾丘晓所杀。唐代著名诗人,当时有"诗家夫子王江宁"之誉。

【王维】(701—761)字摩诘,太原祁(今山西省祁县)人,后迁居蒲州(今山西省永济县)。唐开元九年(721)进士,历任大乐丞、右拾遗、监察御史。唐乾元二年(759)升尚书右丞。他是唐代著名诗人,同时还是著名画家,后人评他"诗中有画,画中有诗",诗、画均有很高的美学价值。

【杜甫】(712—770)字子美,别号少陵,原籍湖北省襄阳市,曾祖时迁居巩县(今河南省巩县)。曾任左拾遗、检校工部员外郎,携家出蜀时病死在途中的船上。他是唐代伟大的现实主义诗人,与李白并称"李杜"。他的诗内容十分丰富,有的抨击统治集团的荒淫无耻,有的反映劳动人民的深重苦难,有的感时忧国,有的慨歌今昔,记述了当时许多重大政治事件,深刻地揭示了社会矛盾,被称为"诗史",在中国文学史上占有极其重要的地位,对后世产生了深远的影响。

【孟郊】(751—814)字东野，湖州武康(今浙江省德清县)人。早年隐居嵩山，后在湖州组织诗会。唐贞元十年(796)中进士，授溧阳(今江苏省溧阳县)尉，不久辞官。元和元年(806)被荐任河南水陆转运判官，因母丧去职。他性格孤直，不苟同流俗，一生穷愁潦倒，世人称之为“寒酸孟夫子”。他是中唐时期与韩愈并称的诗人，与贾岛齐名，有“郊寒岛瘦”之称。

【柳宗元】(773—819)字子厚，河东解县(今山西省永济县)人。唐贞元九年(793)进士。他积极参加了王叔文集团的政治革新，任礼部员外郎。革新失败后，贬永州(今湖南省零陵县)司马，后改柳州(今广西柳州市)刺史。他是唐代著名诗人、文学家，与韩愈及宋代的欧阳修、王安石、苏洵、苏轼、苏辙、曾巩并称为“唐宋八大家”。

【刘禹锡】(772—842)字梦得，洛阳(今河南省洛阳市)人。唐贞元九年(793)进士，又中博学鸿词科，授太子校书，任监察御史。他参加了王叔文集团的革新活动，失败后被贬为朗州(今湖南省常德县)司马，终任检校礼部尚书。唐代政治家、思想家和著名诗人。他写了不少揭露现实社会、反映人民疾苦的诗。他的诗沉着稳练、风格自然、格律精切，在艺术上形成了自己独特的风格，为时人推崇，被誉为“诗豪”。

【白居易】(772—846)字乐天，生于新郑(今河南省郑县)，祖籍太原(今山西省太原市一带)，下邽(今陕西省渭南县)人。唐贞元十六年(800)进士，曾任秘书省校书郎、周至县(陕西省周至县)尉，继任翰林学士、左拾遗。唐元和十年(815)贬为江州(今江西省九江市)司马，历任杭州(今浙江省杭州市)、苏州(今江苏省苏州市)刺史，太子少傅，刑部尚书，晚年辞官闲居洛阳(今河南省洛阳市)香山，自号“醉吟先生”、“香山居士”。唐代伟大的现实主义诗人，早年与元稹齐名，称“元白”，晚年与刘禹锡齐名，称“刘白”。他的诗深入浅出，以平易、通俗著称，通畅、朴素、内容充实。他那些揭露政治黑暗、反映人民疾苦的诗，流传很广。

【杜牧】(803—852)字牧之，号樊川，京兆万年(今陕西省西安市)人。出身高门士族，祖父杜佑是中唐有名的宰相和史学家。少年时家道衰落，生活贫困，但诗文颇负盛名。他虽胸怀辅国安民的大志，但政治理想一直得不到施展。他是晚唐著名文学家、诗人，诗的风格雄姿英发、豪迈艳丽、爽朗明快、内容深刻、艺术成熟，在晚唐浮浅轻靡的诗坛上独树一帜，代表了晚唐诗的最高成就。

【李商隐】(813—858)字义山，号玉溪生。怀州河内(今河南省沁阳县)人。唐开成二年(837)进士。他热衷革新，但始终被排斥，郁郁不得志，在卑微的幕僚生活中度过了一生。他是晚唐著名诗人，以自己的创作实践开创新的风格和流派，是对后世诗歌发展有影响的唐诗代表作家之一。

【李贺】(790—816)字长吉，唐代诗人。他自幼聪慧勤学，才思敏捷，据说童年时代即能作诗。十五六岁时，以善作乐府诗而开始知名。他创作非常勤奋刻苦，常常带一个小奴仆，骑着毛驴，背着破“锦囊”，早起出游，得到诗句，立即记下来放入囊中，晚上回家取出来，在灯下细细加工，补足成篇。他的诗大多是抒发个人情怀的，有积极入世的政治抱负，也有怀才不遇的消极伤感情绪。有些诗揭露讽刺统治者的骄奢残暴，表现对劳动人民疾苦的同情。还有一些诗写神仙鬼魅，这是失意中的追求和宽慰，也是对现实的不满和否定。他继承了屈原、李白的浪漫主义传统，其诗构思新颖，想象丰富，意境奇特，色调浓艳，善于运用比兴手法，很有感染力，开拓了我国古典诗歌的新境界，对后世产生了深远影响，在诗歌发展史上占有重要的地位。

【李煜】(937—978)初名从嘉，字重光，号钟隐、蓬峰居士，五代南唐最后一位国君，世称“李后主”。他前期的词多写宫廷生活，多才多情，内容空虚；后期的词多写亡国之痛和身世感慨，感情浓重，缠绵悱恻，备受后人推崇。李煜的词情感浓郁，出语超群，音韵和谐，节奏鲜明，艺术造诣极高。

【陆游】(1125—1210)字务观，号放翁，越州山阴(今浙江省绍兴市)人。南宋绍兴二十三年(1153)曾考中进士第一名，因触怒秦桧被黜免，秦桧死后才出仕，赐进士出身。因坚决主张抗战、收复失地，一直受到排斥、压制，多次被罢官，最后失去了官职，过着清贫、忧愤的生活，临死前还念念不忘收复失地。他是南宋著名爱国诗人，在诗、词、书法、史学方面都取得了很高的艺术成就。他写下了大量诗篇，抨击南宋统治集团中投降派的祸国殃民、苟且偷安，抒发着北定中原、统一祖国的战斗激情。他的诗感情强烈、想象丰富、语言奔放，洋溢着爱国主义精神。

【晏殊】(991—1055)字同叔,抚州临川(今江西临川)人。北宋词人。他官至宰相,喜好文学,一生富足,所作的词多为歌酒风月、闲情逸致。但是,他的词没有堆砌雕琢,能以疏淡闲雅的语言写出较深的含意,音律和谐,意境清新,具有一定的美感。

【王安石】(1021—1086)字介甫,晚号半山。抚州临川(今江西省临川)人,北宋庆历二年(1042)进士。他幼年聪明好学,曾随父在南北各地游历,看到农民被官僚、地主剥削的痛苦,认识到社会现实的深刻矛盾。在任地方官的十多年里,做了许多有益于百姓的事,积极主张革新政治。北宋熙宁二年(1069)拜参知政事,次年任宰相,以"天变不足畏,祖宗不足法,人言不足恤"的精神,全面实行变法革新。在保守派攻击下,北宋熙宁九年(1076)改封荆国公,卒后赠太傅,谥"文"。北宋崇宁三年(1104)追封舒王。他是中国古代伟大的政治家、思想家、文学家、诗人,诗文清峻高古,为"唐宋八大家"之一。

【辛弃疾】(1140—1207)字幼安,自号稼轩,南宋山东历城(今山东济南)人,我国文学史上杰出的爱国词人。辛弃疾一生始终以抗金报国为己任,却长期赋闲,心情非常愤懑忧郁。他常作词以言志,表达奋力向前、坚决抗金的雄心,倾诉壮志难酬的悲壮,笔力雄厚,善于用典,不拘一格,与苏轼并称"苏辛",是继苏轼后杰出的豪放派词人。著有词集《稼轩长短句》。

【文天祥】(1236—1283)字宋瑞,又字履善,号文山,南宋吉州吉水(今江西吉水)人。我国历史上伟大的民族英雄和爱国诗人。文天祥的诗歌创作成就主要体现在后期,后期创作结合抗元经历,充分表现了崇高的民族气节和伟大的爱国精神。他的诗风格沉郁悲壮,继承了唐代诗人杜甫的优良传统。他的《扬子江》、《指南录》、《正气歌》以及《过零丁洋》皆成为千古传诵的名篇。著有《文山先生集》。

【蒲松龄】(1640—1715)清代杰出的小说家。字留仙,一字剑臣,号柳泉,淄川(今山东淄博)人。祖籍为蒙古族。出生于没落官僚家庭,父从商,家境贫困。早年即有文名,但屡试不第,直到71岁才当上贡生。除中年一度当过幕宾外,终生在家乡当塾师。困窘的生活、低下的社会地位,使他得以接近广大群众,了解人民生活,用20年时间搜集、加工和创作了不朽的短篇小说集《聊斋志异》，还著有《聊斋文集》、《诗集》，写作“俚曲”14篇、戏剧3出，并编写了《日用俗字》、《农桑经》等通俗读物。长篇小说《醒世姻缘传》相传也是他写的。

【郑板桥】(1693—1765)名燮，字克柔，板桥为其号。江苏兴化人。清代书画家、文学家。早年家贫，应科举为康熙秀才、雍正举人、乾隆进士，曾官山东潍县等地县令。因荒年为民请赈，又帮农民打官司，得罪豪绅，弃官至扬州卖画为生。为“扬州八怪”之一。工诗词，尤以书画名世。主张诗文要“沉着痛快”，“道着民间痛痒”，反对拟古文主义和形式主义的诗风。其诗反映的生活面较宽，感情真挚，文笔清新，很少用典，语言明白如话，如《还家行》、《逃荒行》、《悍吏》等，同情人民疾苦，憎恨贪官污吏，反映出愤世不平的情怀。所写《家书》、《道情》，叙述家常，坦率自然，抒情议论，直达肺腑，为世人所称道。

【曹雪芹】(1716—1764)清代伟大的小说家。名霑，字梦阮，号雪芹，又号芹圃、芹溪。祖先汉族，后入满洲旗籍。从曾祖起，世袭江宁织造，为亲信贵族。父因事获罪，被削职抄家，家境急剧衰落。性格傲岸，不合于俗，中年后住在北京西郊，生活穷苦，靠卖画为生。用10年时间写作《红楼梦》，写到80回时，贫病交加而死，终年不到50岁。

【龚自珍】(1792—1841)一名巩祚，字瑟人，号定庵。仁和(今浙江省杭州)人。清道光九年(1829)进士，授县令，官至礼部主事，48岁时辞官南归。回乡后任丹阳书院讲席，教授学生。他在经学、文学、历史学、地理学方面有极深的造诣，是中国近代史上第一位启蒙思想家，主张废除科举，力主“更法革新”，因而屡触时忌。他是清代具有批判现实精神的杰出思想家、文学家，学识渊博，精通诗文，善于用诗歌揭露社会弊病，呼吁社会改革，追求光明和真理。

【周作人】(1884—1967)现代散文家，鲁迅胞弟。原名櫆寿，字启明，晚年改名遐寿，浙江绍兴人。青年时代留学日本。五四运动时任北京大学等校教授，并从事新文学写作。作小品散文，力主平和冲淡、恬静闲适。后来思想日趋消极。20世纪30年代和林语堂一起鼓吹“闲适幽默”小品。抗日战争时期任伪华北政务委员会教育总署督办。著有《自己的园地》、《雨天的书》、《瓜豆集》及《中国新文学的源流》等。解放后从事翻译工作，

莫扎特小传

莫扎特 (1756－1791)奥地利古典乐派最典型的作曲家,与海顿、贝多芬并称为维也纳古典乐派三大作曲家。1756年1月27日,莫扎特出生于奥地利的萨尔茨堡一个宫廷乐师之家。从1762年起,在父亲的带领下,6岁的莫扎特开始漫游整个欧洲大陆进行演出。1781年他毅然决定脱离院团独立自主,走上艰难的自由音乐家道路。1791年逝世,年仅35岁。莫扎特的主要代表作有:歌剧22部,以《费加罗的婚礼》、《唐璜》、《魔笛》最为著名;交响曲41部;钢琴协奏曲27部;小提琴协奏曲6部。

莫扎特的故事——忠告贵族

莫扎特很早就成名了,素有"音乐神童"之美称。

有一天,一位贵族带着自己的孩子特意来向莫扎特求教,类似这样的事情几乎每天都会发生,但这位作曲家还是尽量耐心地听着那位孩子的弹奏,一曲终了,莫扎特照旧很有礼貌地勉励贵族的小孩说:"你有天赋,好好干吧!你会有作为的。"

那位贵族听了十分高兴,说:"我这孩子很喜欢作曲,请大师再告诉他应该怎样开始!"

"首先要多多学习,再长大一些就会有时间考虑如何作曲的。"莫扎特克制着自己不耐烦的神情回答说。

"他已经14岁了,可您本人13岁就开始作曲了!"那位贵族显然对莫扎特刚才的回答不满意。

莫扎特微笑着说:"先生,您说得很对。但有一些不同的是:我可从来没有问过别人我应该怎样开始啊。"

译有《日本狂言选》、《伊索寓言》等;著有《鲁迅的故家》、《鲁迅小说中的人物》、《知堂回想录》等。

【林语堂】(1895—1976)现代散文家、小说家。原名玉堂,福建龙溪人。毕业于圣约翰大学。1919 年去美国留学,后转赴德国留学,获哲学博士学位。1922 年归国,任北京大学英文教授。曾参加鲁迅支持的"语丝社"。1926 年去厦门大学任文科主任。次年,到国民党武汉政府外交部任外交秘书。1932 年起,编辑《论语》、《人世间》、《宇宙风》等刊物,提倡"闲适幽默"小品文,成为论语派的主要代表。抗战开始后,赴美国任教,并从事写作活动。1976 年在香港病死。著有《剪拂集》、《大荒集》、《暴风雨中的树叶》、《语堂文集》、《幽默小品集》、《国语词典》、《当代英汉词典》等。

【邹韬奋】(1895—1944)现代著名作家。江西人。从 1926 年在上海主编《生活》周刊起,毕生从事新闻出版工作。1935 年把出国考察的文章集为《萍踪寄语》出版。1936 年和沈钧儒等爱国领袖一同被捕,出狱后主编《抗战》、《全民抗战》等进步刊物。病逝后被追认为中共党员。著作收在《韬奋文集》中。

【胡适】(1891—1962)现代诗人,著名学者。曾用笔名天风、希疆、茂晕、铁儿、H·S·C 等。安徽绩溪人。出身于官僚地主兼商人家庭,幼时在家乡读私塾,14 岁到上海读书。1910 年留学美国,初学农学,后改习哲学、文学,阅读了大量欧美文学作品,崇拜美国实用主义哲学家杜威。1917 年毕业于哥伦比亚大学,获哲学博士学位。同年 7 月回国后,曾任北京大学教授、校长、国民政府驻美国大使等职务。1962 年在台湾病逝。他的主要著作有:文集《胡适文存》,理论著作《中国哲学史大纲》、《戴东原的哲学》、《国语文学史》、《白话文学史》,诗集《胡适之先生诗歌手迹》。

【郭沫若】(1892—1978)原名郭开贞,号尚武,沫若为其笔名,曾用笔名还有麦克昂、易坎人、石沱等。四川乐山人。中国现代杰出作家、诗人和戏剧家,马克思主义历史学家和古文字学家。出身于封建地主家庭。童年时便开始广泛接触文学作品。1918 年开始写作新诗,1921 年出版的诗集《女神》,充满着雄伟壮丽的革命浪漫主义特色,突出地表现了彻底的不妥协的反帝反封建的时代精神,是我国新诗史上的奠基之作。

【茅盾】(1896—1981)原名沈德鸿,字雁冰,茅盾是他开始创作小说时使用的笔名，常用笔名还有郎损、玄珠、沈余等。浙江桐乡人。中国现代杰出的革命文学家、无产阶级文化战士。1926 年写有处女作《蚀》三部曲，1932 年完成长篇小说《子夜》和短篇小说《林家铺子》、《春蚕》等代表作。1940 年后又陆续写有长篇小说《腐蚀》、《第一阶段的故事》、《霜叶红于二月花》，短篇小说集《委屈》等，散文集《炮火的洗礼》、《见闻杂记》、《时间的记录》和剧本《清明前后》等。现有《茅盾文集》行世。

【徐志摩】(1897－1931)新月派诗人。浙江海宁人。曾留学欧美。先后在北京、上海等地大学任教，并主编《诗刊》、《新月》等文学期刊，是"新月派"的骨干，表现出对现实、对革命的迷惘、幻灭情绪。1921 年开始写诗，著有《志摩的诗》、《猛虎集》、《云游集》等。后期作品内容颓废消极，艺术上刻意雕琢，是新月派诗风的代表。

【郑振铎】(1898－1958)现代作家、文学史家。笔名西谛、郭源新，福建长乐人。"五四"时期在北京参加学生运动。1921 年与沈雁冰、王统照等组织文学研究会。1923 年后主编《小说月报》。1931 年起历任上海、北京各大学教授，致力学术研究，并编辑文学刊物。抗日战争期间留居上海，坚持进步文化工作。1945 年后积极参加民主运动。解放后任文化部副部长等职。1958 年出国访问阿富汗阿拉伯联合共和国，中途因飞机失事遇难。著有短篇集《取火者的逮捕》、《插图本中国文学史》、《中国俗文学史》等，编有《中国版画史图录》等，并有文学翻译多种。

【朱自清】(1898－1948)现代著名散文家、诗人、学者、民主战士。文学研究会早期成员，字佩弦，原名自华，号秋实，江苏扬州人。他早期以写诗为主，后来转写散文。他的散文继承了古典散文现实主义的传统，并有所创新，风格多样。有的感情激奋、文笔犀利，敢于揭露旧社会的黑暗和罪恶，如《生命的价钱——七毛钱》、《执政府大屠杀记》。有的淳朴真挚、绮丽缜密、清新隽永，长期以来受广大读者的喜爱，对我国现代散文的创作很有影响。他的主要作品有诗文合集《踪迹》，散文集《背影》、《欧游杂记》、《伦敦杂记》等。朱自清的著作共有 27 种，近 200 万字，大都收入《朱自清文集》里。

【丰子恺】(1898－1975)中国现代文学家，浙江崇德人。24 岁游学日本，学习提琴和绘画，一年后回国，任教员、编辑。后专事写作、画画和翻译。作品有《缘缘堂随笔》、《子恺近代散文集》等。翻译过屠格涅夫的《猎人笔记》、日本古典名著《源氏物语》等。解放后任上海文联副主席等职。

【郭小川】(1919－1976)原名郭大恩,笔名郭苏、湘云、晓船、伟倜、健风、登云、丁云等,河北丰宁人。现代诗人。他以强烈的革命责任感和炽热的战斗激情,创作了大量的诗歌。主要作品有政治抒情诗《向困难进军》、《投入火热的斗争》,抒情诗《甘蔗林——青纱帐》、《团泊洼的秋天》和长篇叙事诗《白雪的赞歌》、《深深的山谷》、《将军三部曲》等。其诗多取材于工农兵群众的斗争生活,歌颂社会主义革命和事业的胜利,洋溢着强烈的时代精神。

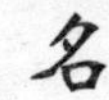

【魏巍】中国当代著名作家。原名魏鸿杰,曾用笔名红杨树。河南郑州人。1937 年参加八路军,后到延安,1938 年加入中国共产党。长期从事部队宣传工作。从 1939 年起发表诗歌。1942 年写长诗《黎明风景》,其后又写了许多短诗。1950 年赴朝参战,归国后写了许多报告文学,《谁是最可爱的人》是其中最著名的一篇,发表后博得高度赞扬,成为报告文学中最优秀的作品之一。1951 年访苏,写作《红场夜景》等诗歌。后与宋之的、丁毅合写歌剧《打击侵略者》,与白艾合写中篇小说《长空怒风》,与钱小惠合写电影剧本《红色的风暴》。1958 年又写了《依依惜别的深情》等动人散文。1977 年完成长篇小说《东方》。解放后任《解放军文艺》副主编、北京军区文化部部长,是我国当代最优秀的散文作家之一。

【张爱玲】(1921－1995)现代作家,河北丰润人。早年就读于伦敦大学、香港大学。1941 年起在上海发表小说,数量很多。1952 年去香港。1955 年去美国,任加利福尼亚州立大学中国研究中心研究员。发表的作品有小说集《传奇》,中短篇小说《半生缘》、《秧歌》、《赤地之恋》、《怨女》和《倾城之恋》,散文集《流言》、《余韵》等,理论著作有《红楼未完》、《红楼梦魇》,译著有《老人与海》、《鹿苑长春》等。

【金庸】当代作家。原名查良镛,曾用笔名林欢、姚嘉农、姚馥兰等。浙江海宁人,毕业于上海东吴大学法学院。1948 年去香港从事新闻报业工作,为香港《明报》创办人之一。他出身书香门第,自小喜欢文学,中学时便向报刊投稿。1955 年他的第一部新武侠小说《书剑恩仇录》问世,引起文坛震动。接着他连续创作了《射雕英雄传》、《神雕侠侣》、《笑傲江湖》、《天龙八部》、《倚天屠龙记》、《碧血剑》、《鹿鼎记》等15部武侠小说，其中多部拍成了电影、电视剧。为梁羽生、古龙台港新派武侠小说三巨头之首。他集前人之大成，将文化、哲学、宗教、政治学等观念，用通俗的武侠小说形式表现出来，以探索人生的价值和意义，呈现出独具的风格特色，影响海内外。

【李大钊】(1889－1927)字守常，河北乐亭人。1913年天津北洋法政专门学校毕业。赴日本留学，开始接触社会主义思想。1914年组织神州学会，进行反袁活动。次年为反对日本灭亡中国的“二十一条”，以留日学生总会名义发出《警告全国父老》通电，号召国人以“破釜沉舟之决心”誓死反抗。1916年5月回国，在北京创办《晨钟报》，任总编辑。后辞职，任《甲寅日刊》编辑，推动新文化运动的发展。

【莫里哀】1622年1月15日生。莫里哀是他参加剧团以后用的艺名。莫里哀10岁丧母，外祖父经常带他去看闹剧、喜剧和悲喜剧。莫里哀30岁以后开始编演一些闹剧及喜剧《冒失鬼》。1658年回巴黎，主要从事古典主义喜剧创作，有一系列作品问世，如《可爱的女才子》、《斯卡纳莱尔》、《丈夫学堂》、《太太学堂》。1661～1668年是莫里哀的创作高峰阶段，主要剧作有《伪君子》、《唐璜》、《吝啬鬼》等。1668年以后，莫里哀还写了一些讽刺作品。莫里哀一生写了30多部喜剧，为喜剧艺术的发展作出了卓越贡献。

【普希金】(1799－1837)俄国诗人。全名亚历山大·塞尔盖耶维奇·普希金，出生于俄国莫斯科的一个古老贵族家庭。他一生共写了800多首叙事诗和抒情诗，内容丰富、形式多样，主要代表作有《鲁斯兰和柳德米拉》、《高加索的俘虏》、《茨冈》、《强盗兄弟》、《巴赫奇萨拉伊的泪鬼》、《自由颂》、《童话》、《致恰达耶夫》、《致普柳斯科娃》、《乡村》等。小说作品有《杜布罗夫斯基》、《别尔金小说集》和诗体小说《叶甫盖尼·奥涅金》等。1825年还以独特的现实主义创作方法创作了历史悲剧《鲍利斯·戈都诺夫》。1836年创办《现代人》杂志。他的创作对俄国文学和语言的发展影响很大。

【诺贝尔】(1833－1896)瑞典化学家，产业家，甘油炸药的发明者。

出生于瑞典斯德哥尔摩的一位普通的机械师家庭。1850年到美国学习与实习，4年后回国从事化学研究和改进炸药。诺贝尔一生中研制成功了多种炸药，共获得过355项发明专利，他对文学也颇为爱好，不仅写诗，还写过小说，是一位名副其实、才华横溢的学者。诺贝尔在研究中多次经受爆炸创伤，后来又患心脏病，于1896年12月10日与世长辞。诺贝尔临终前留下遗嘱，将他遗产的一部分共920万美元创立了举世闻名的诺贝尔奖金。

【弗洛伊德】(1856—1939)奥地利心理学家，精神医师，精神分析学派创始人。出生于捷克斯洛伐克约摩拉维亚省，1881年修完医科，获得医师资格，1882年供职维也纳全科医院神经病理(脑错乱)科。1885年到巴黎，随后十年弗洛伊德的兴趣从观察神经过敏症转移到检验一般心理活动和更深层的文化问题上。其学说被西方哲学和人文学科各领域吸收和运用。主要著作有《释梦》、《精神分析论》、《精神分析引论新编》等。1938年奥地利被纳粹德国兼并，弗洛伊德被迫流亡到伦敦。1939年死于口腔癌。

【莎士比亚】(1564—1616)伟大的英国剧作家，英国文艺复兴时期文学最光辉的天才的代表。1564年4月23日生于艾河河畔斯特拉福镇上的一个富商家庭。当过剧场杂差、演员，编剧等。现存作品37部，长诗2首，十四行诗154首，其主要作品有喜剧《仲夏夜之梦》、《威尼斯商人》；悲剧有《罗密欧与朱丽叶》、《哈姆雷特》、《奥赛罗》、《李尔王》、《雅典的泰门》等；历史剧有《查理三世》、《亨利四世》。其剧作人物性格鲜明、情节生动丰富、语言精炼而富于表现，对欧洲文学和戏剧发展有重大影响。1608年从伦敦回到故乡定居，于1616年4月23日与世长辞。

【亚里士多德】(公元前384—前322)古希腊著名哲学家，自然科学家，西方文艺理论的真正奠基者。出生于爱琴海北岸哈尔基迪凯半岛上的达吉罗斯。年少丧父，17岁赴雅典，就读于柏拉图的“学园”，受教20年。公元前335年在雅典创办吕克昂学园，从事讲学与研究。在哲学上提出关于第一哲学、实体、四因、潜能与现实、第一推动力、灵魂等于蜡块等学说。相传他一生著作400余卷，但大多数散失，遗留下来的也残缺不全。他的著述可分为形而上学、物理学、伦理学、政治学、心理学、自然科学和美学、逻辑学等部分。

【毛姆】(1874－1965)英国著名作家,文艺评论家。其作品题材多样,创作丰富。一生创作剧本 30 多部,其中最为著名的有《圆卷》等。长篇小说有《月亮和六便士》、《寻欢作乐》、《刀锋》等。短篇小说《全在一起》。最著名的有自传体小说《人类枷锁》和权威的文艺评论。

【武者小路实笃】(1885－1976)日本作家、画家。生于东京贵族家庭,父亲实世是子爵,祖父实藏为著名的歌者,1910 年与有岛武郎、表贺直哉等创办《白桦》杂志,成为白桦派的代表作家之一,前期写有中篇小说《天真的人》,长篇小说《幸福者》(1919)、《友情》,剧本《他的妹妹》、《一个青年的梦》等,后期从事美术工作,并写有小说《爱和死》、《幸福的家族》,1951 年以后完成长篇小说《真理先生》。

【尼采】(1844－1900)德国现代哲学大师,唯意志论和生命哲学的主要代表之一。其著作与相关研究已译为中文的达 30 多种,主要著作有《悲剧的诞生》、《道德的世界》、《上帝之死》、《查拉斯图如是说》、《瞧!这个人》、《善恶的彼岸》、《强力意志》等书。

【池田大作】(1928－　)日本现代思想家。1928 年 1 月 2 日出生于东京,幼年在东京受教育,年青时代在第二次世界大战期间度过。1960 年,池田大作继承户田城圣出任创价学会第三任会长。迄今,他被誉为世界著名的佛教思想家、哲学家、教育家、社会活动家、作家、桂冠诗人、摄影家、世界文化名人、国际人道主义者。1983～1999 年获联合国和平奖、联合国难民专员公署的人道主义奖、爱因斯坦和平奖。在中国获得的奖项有:中国艺术贡献奖、中日友好“和平使者”称号、“人民友好使者”称号和中日文化交流贡献奖。

【培根】(1561－1626)英国杰出的政治家、哲学家。英国唯物主义和现代实验科学的始祖。剑桥大学毕业。历任律师、下院议员、掌玺大臣、大法官、检察长。1621 年晋封为子爵。1597 年其第一部重要作品《论说文集》出版,该书是一部富有科学精神和人生哲理的精湛之作。重要作品还有《学术的推进》、《新工具》、《新大西岛》等。

【达尔文】(1809－1882)全名查理·罗伯特·达尔文,英国博物学家,进化论的创始人。出生于英格兰的绝鲁伯里。22 岁从剑桥大学毕业后,以博物学家的身份乘海军勘探船“比格尔号”作历时 5 年的环球旅行,观察并搜集了动植物和地质等方面的大量材料，经归纳整理与综合分析，形成了生物进化的概念。于 1859 年出版震动当时学术界的《物种起源》一书，成为生物学史上的一个转折点。提出以自然选择为基础的进化学说。1871 年出版《人类的由来及性选择》，在书中他把人纳入一个进化体系，从而击败了《圣经》中《创世纪》的上帝创造世界论，使人类进入了一个崭新的相信科学的时代。

【王尔德】(1854－1900)英国作家、戏剧家、诗人。他生于都柏林，毕业于牛津大学。虽然他主要以成人作家而著称，但他的早期作品中有两本童话集:《快乐王子故事集》和《石榴之家》已载入英国儿童文学史册。他被誉为“才子和戏剧家”。

【爱默生】(1803－1882)美国散文作家、思想家、诗人。毕业于哈佛大学。早年受英国浪漫主义文学和德国唯心主义哲学的影响形成自己的超验主义哲学观，发起“美国文艺复兴”运动。先后发表有《论自然》、《论美国学者》等重要著作，提倡民生主义精神，主张民族化的文学。他的代表作有《散文集》两卷、《诗集》、《五月的日子》等。作品气势宏伟，语言精练，哲理性强，具有独特的艺术风格。

【伽利略】(1564－1642)意大利物理学家、天文学家。出生于意大利比萨市一个没落贵族家庭，主张研究自然界必须进行系统的观察和实验，是近代实验科学与机械唯物主义的奠基者之一。通过实验，推翻了向来奉为权威的亚里士多德关于“物体落下的速度和重量成比例”的学说，建立了落体定律。还发现物体的惯性定律、摆振动的等时性、抛体运动规律，并确定了伽利略相对性原理，因而被认为是经典力学和实验物理学的先驱，也是利用望远镜观察天体取得大量成果的第一个人。他在天文学上的重要发现有力地证明了哥白尼的日心说。1632 年发表《关于两种新界体系对话》，次年遭到罗马教廷异端裁判所判罪管制。此后他完成了《两种新科学的对话》。伽利略的晚景极为凄凉，于 1642 年 1 月 8 日含冤离开人世。1683 年，罗马教会终于为伽利略冤案作了公开平反，肯定他是一位科学巨人。

【黑格尔】(1770－1831)德国哲学家，德国古典唯心主义的集大成者。杜宾根大学哲学博士。曾任纽伦堡文科中学校长，海德堡大学、柏林

大学教授。1830年任柏林大学校长。创立欧洲哲学史上最庞大的客观唯心主义体系,并极大地发展了唯心辩证法。认为思维和存在统一于绝对精神,绝对精神是独立主体,是万事万物的本原与基础,它的辩证发展经历了逻辑、自然、精神三个阶段。他的哲学是对这三个阶段的描述。因而相应地由逻辑学、自然哲学与精神哲学三个部分组成。在美学上,提出"美就是理念的感性显现";强调艺术与人生重大问题的密切联系以及理性的内容对艺术的重要意义。主要著作有《精神现象学》、《逻辑学》、《哲学全书》、《法哲学原理》、《哲学史讲演录》、《历史哲学》、《美学》、《宗教哲学》等。

【狄德罗】(1713—1784)法国唯物主义哲学家、美学家和文学家,启蒙运动的重要代表。狄德罗学问广博,著作丰富。哲学著作中阐述物质的客观存在,运动为物质所固有的特点。剧作有《私生子》、《一家之主》,美学和文艺论著有《美之根源及性质》、《论戏剧艺术》、《绘画论》等。他对绘画、雕刻、音乐、戏剧、表演艺术等方面都有创造性的见解,创造了一种介于悲剧和喜剧之间的戏剧体裁:正剧。他的剧本着重从人物的社会身份(商人、工人、法官等)或家庭关系(父子、夫妻等)来刻画人物性格,注意人物性格和客观环境的联系。狄德罗的小说有《拉摩的侄儿》、《修女》、《宿命论者雅克和他的主人》,这三部小说是在他死后出版的。

【雨果】(1802—1885)法国民族诗人,是法国人民最喜爱的作家之一。1802年2月26日,维克多·雨果出生在法国东部贝桑松城的一个平民家庭。他的诗慷慨激昂、感情充沛,他的小说具有惊人的独创性和丰富的想象力。雨果逝世于1885年5月22日,送葬者有百万之众。巴黎公社的参加者在报纸上发表宣言,号召公社社员参加伟大作家的葬礼。法国人民为自己伟大的诗人举行国葬。雨果的遗体被送到专门安葬伟人的先贤祠。雨果的一生几乎跨越了整个19世纪,他从事创作前后长达60年之久。不同历史时期的社会斗争,在他的文学活动中都留下了印记。他给人类留下了丰富的文学遗产,对后世产生了巨大的影响。

【莫泊桑】(1850—1893)法国最负盛名的中短篇小说作家。出身于诺曼底一个破落贵族家庭,很年轻的时候就开始写诗。他参加了普法战争,战争结束后曾在海军部和教育部当了十几年小职员,同时从事文艺创作。他初期作品的手稿曾得到福楼拜的指点，福楼拜成了这位青年作家在文学上的启蒙老师。莫泊桑以短篇小说《羊脂球》在文坛上一举成名。莫泊桑既是写短篇小说的卓越能手，同时也是法国现实主义散文园地中第一流的作家。他写了近300篇中短篇小说和6部长篇小说，反映了法国社会的各个阶层。这些小说都以主题的完美、情节的变化多端、长于突出的性格描写和肖像塑造著称。莫泊桑的长篇小说以《一生》(1883)和《俊友》(1885)为最佳。

【罗曼·罗兰】(1866—1944)法国进步作家，世界闻名的反战主义者。罗曼·罗兰出生于克拉美西城的一个中产者家庭，父亲是公证人，母亲是旧教教徒，爱好音乐。1882年全家移居巴黎，同年罗兰考入大路易中学，毕业后于1886年考入巴黎高等师范学校，先学文学，后攻历史。罗兰青年时代曾受到18世纪启蒙思想的影响，向往法国资产阶级革命；同时他对巴黎公社表示出崇敬的感情。他还接受了法国民主主义文化的优秀传统，对法国资本主义社会的丑恶现实深恶痛绝。他的长篇小说《约翰·克利斯朵夫》曾获1913年度法兰西学院文学奖金和1915年度诺贝尔文学奖金。在两次世界大战之间，他完成了第二部长篇小说《欣悦的灵魂》(1922～1933)，发表了论文集《战斗十五年》和《以革命手段取得和平》(1935)，并以正确评价人民力量的历史剧《罗伯斯庇尔》(1939)作为他一生从事文学创作的总结。

【马丁·杜加尔】(1881—1958)法国作家。受过良好的教育，年轻时曾就读于巴黎大学文学系、文献学院，毕业后当过古文学文库管理员，这些都为他日后从事文学创作打下了很好的基础。1908年发表了第一部小说《变化》，1913年发表了《让·马鲁瓦》，接着写出了《勒娄神父的遗嘱》、《膨胀》、《沉默的人》等剧本。从1922年起到1940年，他用了近20年的时间写出了代表作《蒂博一家》，引起了轰动，并获1947年诺贝尔文学奖。

【加缪】(1913—1960)法国存在主义小说家和戏剧家。1913年生于阿尔及利亚，幼年丧父，母亲是西班牙人，女仆。加缪因家境贫困，不得不靠助学金和半工半读念完中学及大学哲学系。他酷爱戏剧，当过演员和导演，也曾在左翼报纸当新闻记者。二次大战中，他参加抵抗运动，先后

哥伦布小传

哥伦布　1451 年生于热那亚，1476 年移居葡萄牙，向该国国王建议探索通往印度和中国的海上通道，未被采纳。1485 年又移居西班牙，1492 年终于遂愿，携带着西班牙国王致中国皇帝的国书，率 87 名水手，驾三艘快船扬帆探索世界。他羡慕权势，渴求财富，具备多方面的条件和世间少有的才干，有丰富的天文地理知识，相信地圆说。1493 年 4 月，海军元帅唐·克里斯托弗·哥伦布首次横渡大西洋，返回西班牙后，受到西班牙王室的隆重欢迎，在盛大的庆祝活动上，他向王后伊莎贝拉献上《航海日记》。以后，他又三次西航到美洲，陆续发现了牙买加、波多黎各、多米尼加等，并到达中美洲的洪都拉斯和巴拿马等地，为西班牙人的殖民事业打下了基础。但直到临死，哥伦布一直以为他所发现的是亚洲边缘地区，而不知道那就是“新大陆”。

哥伦布的故事——鸡蛋游戏

皇室成员为哥伦布发现新大陆举行庆功宴，一位官员嫉妒地说：“任何一个人坐上船航行，都能到达大西洋的对岸，发现新大陆有什么稀奇，值得大家这样大惊小怪的？”有几个大臣也在一旁附和。

哥伦布没有为自己辩解，而是叫仆役从厨房拿来几个熟鸡蛋，请大家玩将鸡蛋竖立在桌上的游戏。

许多人都作了尝试，却没有一位能将鸡蛋竖立起来。这时只见哥伦布拿起一个蛋，对准蛋的一端朝桌面砸下去，蛋的一端破了，蛋也稳稳地直立在桌上。满桌的王公大臣嘲笑说这算哪门子游戏，三岁小孩也会做。哥伦布不紧不慢地说：“虽然是很简单的游戏，你们却没有一个会做；知道怎么做之后，大家却都说太简单了！”

任《法兰西晚报》、《战斗报》的编辑,以后又成为《战斗报》的主编。加缪一生写过不少中、长、短篇小说,剧本及文集、论著等。1957 年,他荣获诺贝尔文学奖。1960 年不幸死于车祸。

【席勒】(1759－1805)德国伟大的戏剧家和诗人。生于内卡河畔的马尔马赫。他是一个团队军医的儿子,幼年曾被迫在符腾堡公国设立的军事学校受训,毕业时曾获得团队医师的称号。他很早就接触了法国启蒙学者的作品,接受了当时的进步思潮,对统治者的暴政和专横满怀仇恨。席勒终生贫苦饥寒,只活到中年就不幸逝世,这就是德国一位最伟大的作家的悲惨命运。在席勒一生创作中占据重要地位的不只是诗作,他也花费了不少精力从事哲学、美学和历史的撰述。他在耶那一座规模宏大的德国大学里教过多年历史。席勒的美学和史学著述虽然在思想观点方面是唯心的,但是作为德国进步社会思想发展的某一时期的代表来看,直到今天仍然引起人们的注意。

【屠格涅夫】(1818－1883)19 世纪中叶俄国杰出的小说家。1818 年 10 月 28 日出生于奥勒尔市的一个贵族家庭。他的母亲是一个专横暴虐的女地主。贵族领地上的生活使屠格涅夫自幼目睹地主阶级对农民的残酷迫害,唤起了他对农奴制度的强烈仇恨。15 岁时入莫斯科大学语文系学习,后转入彼得堡大学哲学系语文专业,后赴德国,攻读哲学。在欧洲他受到了卢梭等启蒙思想家的影响。屠格涅夫早期写过一些诗歌。19 世纪 40 年代,他在农民运动的影响和革命民主主义者别林斯基的教育下,开始了自己的批判现实主义文学创作活动。他的优秀作品主要有《前夜》、《父与子》、《僻静的角落》、《阿霞》、《初恋》等。

图书在版编目(CIP)数据

名人名言:学生版/杨非编写. -南京:南京大学出版社,2010.7(2018.1重印)
(青少年课外阅读系列丛书)
ISBN 978-7-305-06862-1

Ⅰ.①名… Ⅱ.①杨… Ⅲ.①格言-汇编-世界-青少年读物 Ⅳ.①H033-49

中国版本图书馆CIP数据核字(2010)第054111号

出版发行 南京大学出版社
社 址 南京市汉口路22号 邮 编 210093
出版人 金鑫荣

丛书名 青少年课外阅读系列丛书
书 名 名人名言(学生版)
编 写 杨 非
责任编辑 赵海山 编辑热线 025-83207098
审读编辑 韩 磊

照 排 南京新洲印刷有限公司
印 刷 皖南海峰印刷包装有限公司
开 本 787×1092 1/16 印 张 29 字 数 431千
版 次 2010年7月第1版 2018年1月第6次印刷
ISBN 978-7-305-06862-1
定 价 39.80元

网 址 http://www.njupco.com
官方微博 http://weibo.com/njupco
官方微信 njupress
销售咨询热线 025-66665152